湖南大学出版社
图书出版基金资助项目

学群众体育发展研究

尹新 著

湖南大学出版社
·长沙·

内 容 简 介

本书以大学群众体育的独特视角，对新中国成立以来大学群众体育的发展进行历史回顾，总结不同社会背景下大学群众体育的实然状态；结合我国的发展现状和大学群众体育发展的新使命提出可参考的建议；对我国大学群众体育的发展进行展望，构建中国大学群众体育应然状态，以期能够助力我国体育事业的蓬勃发展。

本书可供高校体育教学领域的研究者与管理者使用。

图书在版编目（CIP）数据

大学群众体育发展研究/尹新著 . —长沙：湖南大学出版社，2020.9

ISBN 978-7-5667-1963-8

Ⅰ.①大… Ⅱ.①尹… Ⅲ.①高等学校—群众体育—发展—研究—中国 Ⅳ.①G812.4

中国版本图书馆 CIP 数据核字（2020）第 121392 号

大学群众体育发展研究
DAXUE QUNZHONG TIYU FAZHAN YANJIU

著 者：尹 新
责任编辑：肖艳红
印 装：广东虎彩云印刷有限公司
开 本：710 mm×1000 mm 1/16 印张：15 字数：286 千
版 次：2020 年 9 月第 1 版 印次：2020 年 9 月第 1 次印刷
书 号：ISBN 978-7-5667-1963-8
定 价：48.00 元

出 版 人：李文邦
出版发行：湖南大学出版社
社 址：湖南·长沙·岳麓山 邮 编：410082
电 话：0731-88822559(营销部),88821594(编辑室),88821006(出版部)
传 真：0731-88822264(总编室)
网 址：http://www.hnupress.com
电子邮箱：wanguia@126.com

目　次

第一章　大学群众体育概论 ……………………………………… 1

　第一节　大学群众体育的定义 …………………………………… 1

　第二节　大学群众体育发展研究综述 …………………………… 6

　第三节　大学群众体育发展的方法论 …………………………… 17

　第四节　大学群众体育发展研究的意义 ………………………… 20

第二章　大学群众体育发展沿革 ……………………………… 23

　第一节　大学群众体育发展阶段的划分依据 …………………… 23

　第二节　大学群众体育的发展历程 ……………………………… 24

　第三节　大学群众体育的发展特点 ……………………………… 35

　第四节　大学群众体育发展的启示 ……………………………… 39

第三章　大学群众体育教学与训练 …………………………… 43

　第一节　大学群众体育教学与训练的发展 ……………………… 43

　第二节　我国大学群众体育教学与训练的现状 ………………… 58

　第三节　大学群众体育教学与训练的困境与对策 ……………… 74

　第四节　大学群众体育教学与训练发展的启示 ………………… 88

第四章　大学群众体育竞赛活动 ·· 91

　　第一节　大学群众体育竞赛活动的分类 ························· 91

　　第二节　大学群众体育竞赛活动开展的现状 ···················· 95

　　第三节　大学群众体育竞赛活动发展的问题 ··················· 102

　　第四节　大学群众体育竞赛活动发展环境分析 ················· 109

　　第五节　大学群众体育竞赛活动发展的对策 ··················· 118

第五章　我国大学群众体育社团的发展 ······························ 122

　　第一节　大学群众体育社团发展的现实意义 ··················· 122

　　第二节　大学群众体育社团组织目标和价值分系统 ············· 122

　　第三节　大学群众体育社团技术分系统 ······················· 126

　　第四节　大学群众体育社团结构分系统 ······················· 129

　　第五节　大学群众体育社团管理分系统 ······················· 135

　　第六节　大学群众体育社团发展中的困境与对策 ··············· 139

第六章　大学群众体育场馆研究 ···································· 146

　　第一节　大学群众体育场馆的现状 ··························· 147

　　第二节　大学群众体育场馆使用的 SWOT 分析 ··············· 160

　　第三节　大学群众体育场馆的发展对策研究 ··················· 170

第七章　国外一流大学群众体育比较与借鉴 ······················· 174

　　第一节　德国大学体育发展及启示 ··························· 175

　　第二节　英国大学体育发展及启示 ··························· 191

　　第三节　美国大学体育发展及启示 ··························· 205

第八章　　"世界一流大学"目标下中国大学群众体育展望 ……………… 223

第一节　吸纳国外大学群众体育的发展理念　开拓我国大学群众体育
的新道路 ……………………………………………………… 223

第二节　丰富大学群众体育文化的新内涵　助力我国"双一流"高校
建设 …………………………………………………………… 225

第三节　健全大学群众体育组织管理机构　实现教职工与学生一体化
的融合机制 …………………………………………………… 226

第四节　加强高校体育场馆设施的信息化建设　推动全员参与的场馆
服务转型 ……………………………………………………… 227

第五节　促进大学群众体育与其他行业的融合　实现多行业协同发展
的新局面 ……………………………………………………… 229

参考文献 ……………………………………………………………… 231

第一章　大学群众体育概论

第一节　大学群众体育的定义

一、大学体育与群众体育的关系

（一）大学体育

"大学"是一个动态的概念，起源于12世纪。"大学"是拉丁文universitas一词的译名，后专指高等教育机构。① 大学体育这一概念正是在高等教育机构中诞生的，用以反映高等教育机构中体育工作的开展情况。与此同时，"高校体育""高等学校体育""普通高校体育"等词语也常常与大学体育混用，用以表示高等教育机构的体育工作。

虽说体育概念的讨论不属本研究的主题，但还是有必要对体育概念做一个简单的回顾。自1897年"体育"一词从日本引入我国后，"体育"受到政治、经济、文化等多方面因素的影响，社会各界对"体育"的认知也各持己见，故"体育"长期处于一种动态的变化中，其内涵和外延均呈现出显著的变化。对于"体育"的概念而言，不同学者有不同的见解，甚至有些学者将一些类似于体育的活动也归为体育范畴，如传统社会中的民间舞蹈、祭祀仪式、捕鱼打猎等具有体育性质的活动，造成了难以辨别的尴尬局面。《中国大百科全书·体育》认为："在中国，当体育活动在社会上发展起来以后，'体育'一词出现了广义和狭义的两种用法。用于狭义时是指身体教育；用于广义时是'体育运动'的同义词，是包括身体教育、竞技运动和身体锻炼三方面内容的总称。"体育的狭义与广义之分，让人在实际的使用过程中还是很难对"体育"有全面的认识。据此，笔者认为体育是"以促进健康为目标，通过身体活动的方式发展身心健康、丰富社会生活的教育活动"。本研究的体育更加偏向于促进身体健康的体育行为，也就是在大学空间范畴内所开展的促进学生身

---

① 田祖国，孙麒麟. 现代大学体育制度研究［M］. 上海：上海交通大学出版社，2016：17.

心健康的教育活动。

按照汉语习惯，两个叠加的名词往往前面的名词作定语，大学体育所表示的就是大学的体育。由于当时人们对体育概念的认识还停留于简单的身体教育，对大学体育而言，所指的就是普通大学生的公共体育教学。随着人们对体育概念的研究不断深入，其内涵也随着社会时代的变迁以及体育实践的不断发展而丰富和完善。① 我们不能再以狭义的公共体育教学作为大学体育的定义。潘懋元在《新编高等教育学》中对大学体育的定义是："促进大学生身体健康，增强大学生身体素质，学习体育知识、技能和培养体育道德的教育过程。"② 显然，潘教授的定义已在公共体育教学的基础上进行了延伸，更加突显出大学体育的教育意义。但上述定义又会让人们对大学体育的概念产生一定的疑惑，似乎不能体现出大学体育的实际内涵。为了客观地反映大学体育，我们将大学体育分为狭义概念和广义概念，狭义概念即"普通大学生的体育教育（公共体育）"，而广义概念则为"大学组织实施的各项体育及相关活动"。从广义的概念来看，"各项体育及相关活动"更加迎合"体育"概念的发展，而"大学组织实施"也满足了"大学"的论域，能够让人们更加清楚地认识大学体育。对大学体育概念有了进一步的了解后，众多学者对大学体育的内容进行了解析，以期能够更加清楚地了解大学体育。如彭庆文认为大学体育应分为大学体育课程建设、大学体育学科建设、大学高水平运动队建设、大学社区体育建设四大板块。③ 值得重点指出的是，将大学社区体育建设作为大学体育的一部分，可谓是首次突破大学校园的空间概念。还有学者从现代大学职能的视角出发，认为大学体育是"发生在高等教育层次的学校体育内容系统，以及为实现大学体育目标而发生的组织行为的总和"。④

综上所述，大学体育的概念经历了公共体育教学到校内体育活动，再到大学空间内与学生有关的体育活动，其概念上的变化也表明了大学体育在当代大学中至关重要。综合以上有关大学、体育、大学体育概念的分析，结合逻辑学的概念原理，大学体育的概念可概述为：在大学的体系内，以促进学生健康为目标，通过身体活动的方式培养学生运动能力、健康行为和体育品德的教育活动。

---

① 张翔，周琪，孟明亮."体育"概念核心内涵的剖析与再认识 [J]. 沈阳体育学院学报，2015，34（03）：40-43.

② 潘懋元. 新编高等教育学 [M]. 北京：北京师范大学出版社，2009：5.

③ 彭庆文. 广义大学体育导论：新时期中国大学体育角色定位研究 [M]. 成都：西南交通大学出版社，2011：34.

④ 刘会成. 大学体育与社区体育互动研究 [D]. 北京：北京体育大学，2013.

（二）群众体育

群众一词在中国古代并无使用，一直到19世纪康有为、严复等把西方的society一词翻译成"群"，从此中国学术界开始对"群众"一词进行广泛研究。① 群众一词的使用也发生了变化，今日我们以《辞海》中的定义为准，认为群众既表示人民群众，又表示没有加入中国共产党、中国共产主义青年团等组织的人，用以表示政治身份。本研究的群众则是以第一种含义为准，代表人民群众。

"群众体育"一词最早出现在1929年，张汇兰在《女子体育普及之我见》一文中曾提出："提倡群众体育，反对牺牲群众、专注重选手运动的体育。"② 这是首次提及"群众体育"，但是从该文的观点表达可以清楚地看出其作者对于群众体育的认识，即广大人民群众的体育活动，与竞技体育的路线相悖。虽然在学术界可以查阅到群众体育的使用，但是在所处的同时期内还是未能从政府文件中查阅到群众体育的相关信息。直至1952年10月，毛泽东主席向全国发出"发展体育运动，增强人民体质"的号召，之后我国宪法中也规定"国家发展体育事业，开展群众性的体育活动，增强人民体质"。群众体育才获得了官方的认可，并正式成为我国体育事业中的一部分。

对于群众体育的概念，学术界也有着不同的认识。其一，群众体育是指带有一定的目的性，广大人民群众在自己闲暇时间参与的体育活动，如工人下班之后与工友进行的体育活动，既能达到锻炼身体的效果，又能增进与工友之间的友谊；其二，各单位依据人们的需要所展开的群众体育活动，多以比赛的方式实现群众体育的目标，旨在通过体育活动促进团队文化的形成；其三，与竞技体育相对，除专业运动员参与的体育赛事外，其他体育活动均属于群众体育的范畴。上述对于群众体育的认知均是在一定的客观条件上所反映出来，与社会中人民参与的体育活动高度相关的。笔者认为，群众体育最核心的就是"群众"，所以群众体育活动一定具有广泛性，无论是自发进行还是企事业单位组织的，只要是针对广大人民群众的体育活动，均应该归为群众体育的范畴。本研究中的群众体育沿用李金龙、王超英主编的《体育社会学　群众体育学》中的概念"以社会全体成员为对象，以增强体质、丰富闲暇生活、调节社会情感为目的而进行的内容广泛、形式多样的体育活动"。③

① 刘艳芹，张矛矛. 群众体育、社会体育、草根体育概念辨析 [J]. 体育成人教育学刊，2015，31（04）：70-72.

② 成都体育学院体育史研究所. 中国近代体育史资料 [M]. 成都：四川教育出版社，1988：78.

③ 李金龙，王超英. 体育社会学　群众体育学 [M]. 南宁：广西师范大学出版社，2000：149.

（三）大学体育与群众体育

我国体育常被分为竞技体育、群众体育和学校体育，竞技体育的分类是没有问题的，但是仔细思索群众体育和学校体育后，我们就会发现群众体育和学校体育之间存在包含关系。正如1954年《中央体委关于加强人民体育运动工作报告》中指出的，"人民的体育运动是国家的一项新的事业，使群众性的体育运动首先在厂矿、学校、部队和机关中切实开展起来"。[①] 我们从上述文件中可以看出，群众体育首先通过上述单位进行推广，让人民保持体育锻炼的行为。学校作为群众体育开展的主力军，成为群众体育中最具有特色的单位。而大学体育作为学校体育的重要组成部分，其特殊的地位又使得大学体育的发展更加趋向于群众体育的整体发展趋势。

大学体育的服务对象主要是学生，而学生又属于群众的一部分。从群众体育的角度思考，群众代表的是社会中的全体成员，而群众体育就是社会中全体成员参与的体育活动。通过查阅文献资料得知，我国学校体育发轫于特殊的社会时期，这一时期学生的体质健康成为举国关注的重点，学校体育工作的重心集中在学生身上。但随着社会的发展，当我们再次审视大学体育工作时，发现我们的工作忽略了长年奋斗于三尺讲台的教师和其他服务人员，他们虽然身处体育资源充足之地，却无法享受到体育活动上的照顾。事实上，群众体育的发展是为了全体成员的体育行为，而大学体育却因历史原因常年关注学生的体育活动，忽视了大学这个空间概念中的教职工，所以要有更加精准的概念来指导大学群众体育的发展。

二、大学群众体育的界定

为了更加深入地描绘出学生和教职工的体育生活，笔者根据"大学体育""群众体育"的概念，提出了大学群众体育的概念。大学群众体育是指在高等教育体系内，全体学生、教师及其他服务人员以增强体质、丰富闲暇生活、营造校园文化氛围为目的而进行的内容广泛、形式多样的体育活动。它既能促进学生的体育核心素养的发展，也能为教师及其他服务人员参与体育活动提供保障，同时以实际行动促进我国群众体育的发展。从当前的高等教育的发展来看，学生学习层面和教学、科研层面的压力使教师们不堪重负，缺乏适量的体育锻炼，导致他们的身体健康水平不断下降，所以大学群众体育的开展具有一定的时代意义。大学群众体育作为群众体育的下位概念，既能促进大学体育的

[①] 袁莉萍. 中国高校体育教育研究［M］. 武汉：湖北科学技术出版社 .2013：148.

稳定发展，又能成为群众体育中不可缺少的一部分，因而具有大学体育和群众体育的双重特征。

三、大学群众体育的内涵与外延

（一）大学群众体育的内涵

从形式逻辑上讲，概念的内涵是指概念所反映对象的本质属性。对于大学群众体育而言，需要从它的定义中提炼出大学群众体育的特有属性，从而在现实的体育工作中明确"什么是大学群众体育""什么不是大学群众体育"。单从字面上去剖析大学群众体育，其包含了"大学""群众""体育"三个层面的含义，其内涵相对丰富。尽管如此，笔者认为，大学群众体育至少应该包含三个方面的内容：

1. 高等教育体系

大学群众体育首先是在高等教育体系内进行的体育活动，包括各学校的管理体系和教育部门的管理体系，即在教育部门的管理内的体育活动。与此同时，大学群众体育活动的空间大多在大学校园内，非大学校园内的体育活动也需在教育部门的直接管理和领导下进行。

2. 参与人群

大学群众体育的参与者一定是服务于大学管理体制的全体人员，如学生、教师及其他服务人员。这里的"群众"受到"大学"的限制，所以不属于大学体系内的人员即使在大学校内参与了体育活动，该体育活动也只能算为群众体育，不能称之为大学群众体育。为此，大学群众体育的参与人群是学生、教师、教学辅助人员和工勤人员。

3. 体育活动

大学群众体育的开展方式很多，经过多年的探索已经形成了相对稳定的模式。根据其开展的组织形式可以分为自主参与和行政管理两类。自主参与指师生根据自身的兴趣爱好不定时参与的体育活动，活动方式和时间均由自己控制，如同学之间相约球场、同事之间田径场漫步等方式；行政管理指具有一定组织化的体育活动，有专门的管理部门进行统一安排，如体育课、校内外体育竞赛、代表队训练等。众所周知，体育课属于学校体育的核心内容，为什么又可以属于大学群众体育的范畴呢？首先，大学群众体育是以大学管理体系内全体人员为对象，所以，笔者将学生在大学校园内发生的体育行为均归类为大学群众体育；其次，大学群众体育是以增强体质、丰富闲暇生活、调节社会情感为目的而进行的内容广泛、形式多样的体育活动，而体育课也是以增强体质为根本目的，与大学群众体育并不冲突；最后，体育课是帮助学生建立终身体育行为的方式，并不是唯一的方式。如果学生在进入大学前就掌握了 1～2 项运动技能，那么体育课这样的形式是不是也会受到质疑？所以，本研究认为大学群众体育的内涵为大学生和教职工在高等教育体系内参与的体育活动。

（二）大学群众体育的外延

为了进一步明确大学群众体育的概念，除了对其内涵进行剖析外，还要对其外延进行划分。概念的外延是指概念所反映的本质属性的对象，实则是对其内容进行分类。通过对大学群众体育内涵的充分解读，并基于对部分大学的实地考察，本书认为大学群众体育所涉及的内容众多，需从不同的视角进行全面分析。首先，不同时期的大学群众体育所呈现出来的主导思想是不一样的，作为这一时期内支撑大学群众体育发展的内在动力，需要对其进行更加深入的了解。简言之，要想了解大学群众体育，就必须了解不同时代背景下的指导思想，掌握其发展的内在源泉。其次，大学群众体育既然面向全体学生和教职工，那么就应该包括他们日常自主参与和官方组织的全部体育活动。对于学生而言，他们在校期间发生的所有体育行为均属于大学群众体育的范畴，本研究以体育课、课余体育活动、代表队训练和体育竞赛的形式来研究大学群众体育；对于教职工而言，同样是研究他们在校期间发生的一切体育行为，只不过他们没有体育课，课余体育活动、代表队训练和体育竞赛是他们参与大学群众体育的途径，只是在组织上与学生有一定的差异。最后是参与体育活动必须要有场馆设施，从场馆设施的供给及使用的层面分析大学群众体育。上述的大学群众体育内容均需要一定的组织管理，以此构建出整个大学群众体育的管理体系。

根据上述分析，本书认为大学群众体育的外延为核心理念、管理体系、活动形式（其中包括体育课、课余体育活动、社团活动、训练与竞赛）和场馆设施。

第二节　　大学群众体育发展研究综述

笔者对大学群众体育发展的文献进行了梳理，发现系统的研究十分薄弱，仅有少量成果发表。如果直接以"大学群众体育"为关键词，获得的信息量将非常有限，对本研究指导意义不大。因此在梳理大学群众体育发展研究成果时，从大学体育发展、群众体育发展等方面入手，尤其是对大学体育和群众体育发展的相关研究进行重点整理。大学群众体育作为群众体育不可或缺的一部分，其参与的对象在国家及社会的发展中有着承前启后的作用，对推动健康中国的发展有着重要意义，这也凸显出本研究的价值。

一、大学体育发展的相关研究

研究以"大学体育发展"为关键词在中国知网全文数据库进行检索，共计期刊文献 1346 篇（如图 1-1）。

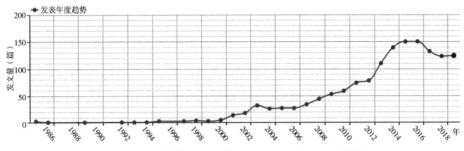

图 1-1　"大学体育发展" 1986—2018 年研究趋势图

鉴于本研究的需要，笔者重点梳理了国内大学体育管理、大学体育课程教学、大学体育的训练与竞赛和大学群众体育社团的发展研究，以及主要以美国、德国、英国、日本为代表的国外相关研究，以期更加深入地了解大学体育的发展状况。

（一）大学体育管理

以体育教学为主的大学体育管理是保障大学体育的实施路径。陈希（2002）在《变革时期我国大学体育的组织与管理》中表明：我国大学体育的组织与管理是实现大学体育目标的基本保障；新时期以组织管理观念现代化、形式多样化的特征呈现出我国大学体育师资队伍构成、大学体育资源获取方式多样的特点。[①] 隋晓航（2007）在《中美两国大学体育管理机构设置比较》中对比了中美大学体育管理机构，提出我国在大学体育管理机构的设置上应以大型体育中心为单位，下设大学体育管理机构分支部门，在大学体育专门性管理机构中增设关于体育法规、信息交流、网络技术等分支部门。没有体育院系的普通高校一般设置一个专门性机构负责大学体育管理事务，一般称作"体育教研部"或者"体育教学部"；拥有体育院系的则由体育学院或者体育系来承

① 陈希. 变革时期我国大学体育的组织与管理 [J]. 体育科学，2002（04）：1-4.

担大学体育管理工作，其中下设一个专门管理公共体育课程教学工作的部门。① 刘芳（2010）在《大学体育管理中实行全面质量管理的思考》中表明大学体育需要实行全程管理。大学体育作为学校体育的最后阶段，是培养学生终身体育意识、贯彻终身体育价值观念的重要阶段。大学体育教学管理的实施，需要建立体育教学质量保障体系、质量监控体系、教育质量评估与反馈体系。② 针对以大学体育教育为主的大学体育管理问题，董利升（2011）在《大学体育教育管理的瓶颈解析》一文中指出：大学体育教育管理是大学体育教学目标实现的关键，大学体育教育管理既是将宏观教学目标具体化的过程，也是相关管理规章制度的制定、落实、检查的过程，同时还是为一线体育教学工作提供服务并向上级部门反映一线教学需求的过程。目前大学体育教育中主要存在管理过于僵化、无法客观评价体育教学效果等问题。大学体育管理主要集中在体育教学的管理，使体育教学朝着更加规范、具体的方向发展。③ 张波等在《我国大学体育俱乐部课程化管理研究》一文中以大学体育俱乐部的形式对大学体育进行学分制课程化管理，把有基础的学生从课堂中解放出来，使课堂教学变得更有针对性，采用课程化管理的体育俱乐部除了以增强学生的体魄为主要目标，还可以培养学生的综合素质。④ 综观上述文献，大学体育的管理主要是针对大学体育课程以及课外体育活动的管理，这也是大学体育管理的主体部分，大学体育的管理主要依托于体育部（室），提高大学体育管理质量对提高大学体育教学质量有着重要意义。

（二）大学体育课程教学

以体育课程教学和课外体育活动为主的大学体育正面临课程改革和教学改革。以吴秋林⑤、余平⑥、周鹏⑦为代表的学者针对培养终身体育思想、树立终身体育意识推进大学体育教学改革。以终身体育为指导思想，建立具有现代化

---

① 隋晓航. 中美两国大学体育管理机构设置比较 [J]. 体育学刊，2007（07）：92-95.

② 刘芳. 大学体育管理中实行全面质量管理的思考 [J]. 重庆科技学院学报，2010（23）：184-185.

③ 董利升. 大学体育教育管理的瓶颈解析 [J]. 黑龙江高教研究，2011（03）：48-50.

④ 张波，崔树林，李永华. 我国大学体育俱乐部课程化管理研究 [J]. 体育文化导刊，2015（01）：132-135.

⑤ 吴秋林，胡婉珍. 终身体育与大学体育教学改革 [J]. 江西社会科学，2000（10）：115-118.

⑥ 余平，孙竞波. 培养终身体育意识　改革大学体育教学 [J]. 武汉体育学院学报，2000（02）：21-22.

⑦ 周鹏. 终身体育思想视角下我国大学体育教学改革研究 [J]. 广州体育学院学报，2015（01）：126-128.

特色的高校体育课程；培养终身体育意识，首先要转变观念，确立以终身体育为主的目标，体育课程的教学最终要向"我能，我会用"的方向发展，突出灵活多变的教学方法。周鹏认为：终身体育思想能够增加大学体育对人才培养的价值，有助于形成独具特色的学校体育理论体系，终身体育思想要深入发展必须要加大其宣传力度，在体育教学中营造和谐的师生关系，在实际中要养成积极锻炼的习惯。黄力生（1997）在《以终身体育为主导 深化大学体育改革》① 一文中指出了长期以来我国大学体育存在轻理论重技术、体育教学目标狭窄、缺乏创新精神等弊端，提出了以终身体育为主导，重建大学体育教学新体系的目标。深化大学体育教学改革，应该建立"少而精"的教学体系，增长体育课程年限，扩大学生锻炼身体的领域。陈晓荣、朱保成在《大学体育"教与学"的改革创新研究》② 中着重强调要解决好教学中心、师生关系等方面的问题，文章中提到目前体育教学观念上的偏差主要以体育教师过分重视学生课堂以外的体育教学，忽视学生在课堂上的一些反馈。高校体育发展正面临着"功能弱化，体育课程实际地位下降，教育制度对体育的忽视，社会舆论对体育的淡漠，学校体育理论对实践缺乏指导"③ 的困境。黄美蓉在《我国大学体育困境与出路探析》④ 一文中提出以大学生体育生活化为导向，要求大学体育坚持以大学生为本，确立生活价值取向原则，从而使大学体育渗透到体育课程之外。大学体育课外体育活动同课程教学一样也面临着改革的趋势，郁俊在《高校面向未来开展课外体育活动的对策》⑤ 一文中针对传统课外体育活动形式，提出建立新型的课外体育活动运行机制，采取强制性、有偿性、选择性相结合的办法，使学生掌握一些实用有效的、现代健身的、娱乐体育的锻炼方法，为终身体育打下坚实基础，使其终身受益。

（三）大学体育竞赛

"我国学生体育竞赛制度的大环境是现行的运动竞赛体制，其中包含了运动竞赛管理体制，运动竞赛制度及其运行机制。"⑥ 史为临等还提道：在政府

---

① 黄力生. 以终身体育为主导 深化大学体育改革 [J]. 福建体育科技, 1997 (01)：23-26.

② 陈晓荣，朱保成. 大学体育"教与学"的改革创新研究 [J]. 江淮论坛, 2013 (03)：180-183.

③ 杨辉. 高校体育的困境与出路 [J]. 体育学刊, 2014, 21 (04)：71-76.

④ 黄美蓉. 我国大学体育困境与出路探析 [J]. 体育与科学, 2017, 38 (03)：101-107.

⑤ 郁俊. 高校面向未来开展课外体育活动的对策 [J]. 北京体育大学学报, 2000 (04)：511-513.

⑥ 史为临，毛丽娟. 我国学生体育竞赛制度的发展现状、改革与实施方法的研究 [J]. 北京体育大学学报, 2008, 31 (03)：417-419.

竞技体育管理模式的背景下，管理大学生体育的中国大学生体育协会实际上只是一个没有实际职权的机构。这暴露出我国大学体育竞赛在管理制度上存在缺失。针对高校体育运动竞赛，以凌平①、张轶②等为代表的学者，对当前我国大学体育竞赛的现状做了一定描述：总体呈现制度管理不合理、竞赛项目少的特征。赵承磊在《普通大学生课余体育竞赛改革与发展路径研究》一文中总结说明了我国普通大学生课余体育竞赛存在的主要问题：重视不够，观念滞后；竞赛项目设置贫乏；组织管理和评价机制落后。③刘海元在研究中通过调查分析得出：我国大学竞技体育虽然在篮球和足球项目上有所突破，但总体上竞赛类型较少，举办数量少，时间跨度长，竞赛以综合性运动会为主，学生参加竞赛次数少，不利于提高学生运动员、教练员的水平，整体上不利于我国大学竞技体育的发展。④仇凯在对比中美两国大学校际体育竞赛时，指出我国大学校际体育竞赛法规体系尚未真正建立，竞赛的目的不明确，现行竞赛指导性文件量化、标准化程度低，可操作性不强，经费短缺，场馆少，高水平教练资源匮乏的现状。⑤面对高校体育竞赛存在的一系列问题，众多学者提出了解决方法："从国情出发，加快大学校际体育竞赛立法的进程；完善竞赛管理体制，提高量化、标准化程度，实行'分级''分区'竞赛；拓宽筹集资金渠道，形成多元经费来源结构。""学校各个职能部门要高度重视，不能视其可有可无，要建立规范化、组织化、制度化的课余竞赛体系，切实推进课余体育竞赛的层层落实；重视体育俱乐部的培育和发展，充分发挥体育俱乐部在办赛中的重要作用。"⑥

（四）大学群众体育社团

王瑞卿（2017）⑦从体育社团的作用、高校体育社团的管理模式、体育社团存在的缺陷与措施三个方面对国内高校体育社团进行研究，表明了高校体育

① 凌平. 中美高校体育管理比较研究 [M]. 杭州：浙江大学出版社，2003.

② 张轶. 对我国大学生体育运动竞赛现状及未来发展对策的思考 [J]. 湖北体育科技，2006，25（05）：564-565.

③ 赵承磊. 普通大学生课余体育竞赛改革与发展路径研究 [J]. 山东体育学院学报，2010，26（09）：82-87.

④ 刘海元. 中国大学竞技体育的发展研究 [M]. 北京：北京体育大学出版社，2007.

⑤ 仇凯. 我国大学校际体育竞赛立法现状及对策研究——美国大学校际体育竞赛立法的启示 [J]. 西南民族大学学报（人文社科版），2004，25（12）：215-218.

⑥ 仇凯. 我国大学校际体育竞赛立法现状及对策研究——美国大学校际体育竞赛立法的启示 [J]. 西南民族大学学报（人文社科版），2004，25（12）：215-218.

⑦ 王瑞卿. 宁波大学群众体育社团运行现状与策略研究 [D]. 宁波：宁波大学，2017.

社团为传播体育知识、发扬体育精神提供了实践机会。刘杰①在其硕士毕业论文中提到以"团委—学生会—学生社团部—高校大学生各（体育）社团、团委—大学生社团联合会—大学生各（体育）社团"为主的高校体育社团管理组织运行形式，形成了较为完善的高校体育社团管理模式。刘强德②、丁斌③对体育社团存在的缺陷分别进行了阐述：前者认为社团类型单一，人员流动性较大，社团的管理制度不完善；后者认为男大学生社团要远远多于女大学生的社团，项目开展也存在不平衡性。对此，两位学者也提出了相应的解决办法：首先是科学管理，加强高校体育社团与其他社团组织的联系，增强高校体育社团的制度化管理；其次是创建良好的外部条件，扩展社团经费来源。周小敏在《大学群众体育社团发展困扰及评价因素研究》④ 中得出活动经费、社团人数是困扰高校社团发展的主要因素，财务运作是大学群众体育社团评价的重要因素，而规章制度建设、活动开展情况、活动场地器材和指导老师是体育社团评价的重要指标。针对高校体育社团存在的评价体系不完整、财务运作开发不足等问题，周小敏提出了完善社团评价体系、拓宽经费来源渠道、高校社团与教学有机结合以及加强学校的管理等建议。

在整理国内大学体育发展的相关文献时笔者发现：不论是大学体育管理、大学体育课程教学、大学体育竞赛，还是大学群众体育社团，学者对其研究的重点主要在"显现状、凸对策"的模式上，而对位于高校范畴内的体育没有系统研究，这与本书凸显的大学群众体育相违背，目前学者们提出的种种解决大学体育发展的措施，更多的只是简单地作为一种设想，未能深入探究各高校的实际情况，也因此未能有效地解决当前存在的问题。

（五）国外大学体育发展研究

美国、英国、德国、俄罗斯及日本等国家尽管体育课程目标不尽相同，但在高校公共体育课程目标上具有高度一致性，都强调学生在技能学习过程中的主体性地位，注重学生个性的全面发展，融育人、育体、育心之功效于一体，从身体教育到人文关怀，全方位渗透公共体育教育教学全过程。美国大学体育

---

① 刘杰. 郑州市高校体育社团现状与对策研究［D］. 武汉：武汉体育学院，2008.

② 刘强德. 我国高校体育社团发展存在的问题及对策［J］. 辽宁体育科技，2006，28（3）：78–79.

③ 丁斌. 高校体育社团组织建设若干问题研究［J］. 吉林体育学院学报，2006（3）：21–22.

④ 周小敏. 大学群众体育社团发展困扰及评价因素研究［J］. 北京体育大学学报，2008（02）：156–158.

发展历经形成、本土化、多样化的阶段。① 在美国大学体育发展的今天，公共体育的教学目标是："通过运动提高学生对于空间、时间、力和质能（mass-energy）关系的理解与控制能力，使学生具备欣赏体育比赛的能力，成为明智的体育器材消费者；了解运动与身心健康的关系"。② 在课程内容方面，Trimble 和 Hensley 在 1995 年的研究证明："1970 年至 1995 年期间，在 66.6%（733 所）的大学中，健身运动是增幅最大的运动项目。在 42%（462 所）的大学中，团队运动是降幅最快的项目，这与个人运动的流行不谋而合。"③ 美国大学生健康协会（American College Health Association，简称 ACHA）2014 年调查表明：51.3%（男 54.6%、女 49.8%）的大学生达到了美国运动医学学会推荐的体力活动标准，即每周至少有 5 天参加至少 30 分钟的中高强度运动，或者每周至少有 3 天参加不少于 20 分钟的大强度运动。④ 英国公共体育课程则注重参加不同项目的体育俱乐部⑤，德国高校的学校体育俱乐部和社会俱乐部是学生开展体育活动的主要平台⑥，日本体育课称为"保健体育课"，有统一的教学大纲，课程设置分理论保健课和实践课，理论课时占体育总课时的 25%，实践课以专项课形式展开⑦。

二、群众体育发展的相关研究

以"群众体育发展"为关键词在中国知网搜索相关文献，共计检索篇数 3385 篇（如图 1-2）。

由于检索结果信息量大，整理过程难度较大，根据实际研究的需要，本研究主要是以学生以及教职工为主要人群，因此笔者在对文献的整理、分析过程

① George H. Sage. High School and College Sports in the United States ［J］. Journal of Physical Education Recreation & amp；Dance, 1990（2）：59-63.

② Hensley L D. Current status of basic instruction programs in physical education at American colleges anduniversities ［J］. The Journal of Physical Education, Recreation&amp；Dance, 2000（09）：34.

③ Trimble, Hensley. Physical education, exercise and sport science in a Changing Society（Seventh Edition）［M］. Sudbury：Jones&amp；Bartlett Learning, 2011：45.

④ American College Health Association. National College Health Assessment Ⅱ：undergraduate students reference group executive summary spring 2014 ［R］. Hanover, MD：American College Health Association, 2014.

⑤ Benford, D Robert. The College Sports Reform Movement：Reframing the "Edutainment" Industry ［J］. Sociological Quarterly, 2010（1）：1-28.

⑥ Emil L. Larson. How NACC Policies Affect College Sports ［J］. Journal of the American Association for Health, Physical Education, and Recreation, 2013（10）：20-22.

⑦ K Yamashita. Feudality of college sports in Japan ［J］. Journal of the Philosophy of Sport, 1986（1）：35-44.

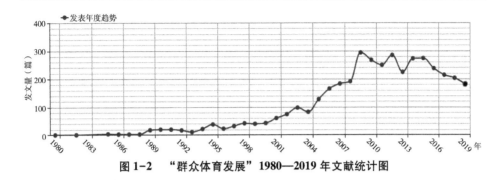

图1-2　"群众体育发展"1980—2019年文献统计图

中，着重以高校区域的教职工为主要对象对群众体育的发展进行研究，并对群众体育管理的相关文献也做了一定的梳理。

1. 高校教职工群众体育发展

其中，高惠兰在《新时期我国高校教职工群众体育工作对策研究》中对高校教职工群众体育工作开展现状及主要影响因素做了说明：以青年、中青年和老年教职工为主的锻炼群体使教职工体育参与者基本呈现"马鞍型"的走向，在谈及高校教职工参加体育锻炼的原因时，大多数人主要以健身和消遣娱乐为主，而教职工不参加体育锻炼的原因主要是没有相应的场地设施以及缺乏专业的指导。[①] 影响高校教职工群众体育开展的内在因素包括：教职工对群众体育的认识、锻炼观念、体育兴趣等；外在因素有群众体育的管理机构、群众体育组织形式、场地器材设施等等。在解决教职工群众体育发展问题上，高惠兰教授提出了高校有关行政管理部门要重视教职工的健康状况，引导他们树立正确的健康观念；完善高校群众体育活动管理组织格局；促进各类教职工体育社团、俱乐部的建设。蒋昌书在《浅析学校职工体育现状及发展对策》一文中说道：学校开展体育活动有其优越性，如时间、场地、器材有保证，人才荟萃，活动多样，具有自我锻炼的意识和能力，等等，而学校职工体育的现状却不容乐观，尤其是在中小学，参与人数少，没有建立组织机构，学校职工体育处于一种无管理、不全面、单调的场景。面对学校教职工对体育活动需求的增长，并且呈现多样化、个性化、家庭化、生活化的发展趋势，学校职工参加体育活动由体力型向智力型、娱乐型、兴趣型转变。[②] 张卓林、杨辉等在《我国普通高校工会开展教职工体育的管理现状研究》中也指出目前普通高校工会体育管理的组织结构单一；普通高校工会体育工作的规章制度不健全；虽然其

---

① 高惠兰. 新时期我国高校教职工群众体育工作对策研究 [J]. 福建体育科技, 2003 (05): 34-36.

② 蒋昌书. 浅析学校职工体育现状及发展对策 [J]. 三峡学刊, 1994 (01): 123-127.

中的工作人员受教育程度较高，体育社团指导员的级别较高，但结构不合理，获取体育相关知识的途径较窄；并且高校公共体育经费来源渠道单一，主要依靠工会经费和行政拨款。针对以上问题，张卓林、杨辉等提出要突破依靠行政命令推进，组织管理手段单一的局面；重视工会工作，推动高校工会干部年轻化；加强高校工会体育工作人员的素质建设。①

2. 群众体育管理

随着群众体育的高速发展，群众体育管理机制方面的研究也日益丰富。学者任海（1995）认为群众体育本身具有活动内容的适应性、与社会结合面的广延性、参与对象的异质性、动机的多样性、活动时间的业余性和组织的分散性等特点，使得群众体育管理出现了管理系统边界模糊、管理目标多样、管理环境多变、管理因素复杂等重要特征。② 苗治文等（2005）在《当代中国群众体育的管理体制》③ 中把我国群众体育管理体制称作是政府管理型与社会管理型的结合型管理体制，政府管理体制正朝着以公共体育利益为主，回应人民大众的体育要求的方向发展，社会管理体制以群众体育中的产业部分为主，为人民群众提供消费性体育服务。赵晓玲等学者在《21 世纪我国群众体育发展组织管理机制的建立》④ 中指出，我国群众体育 21 世纪的发展与管理，其核心问题是在新的经济体制下建立和管理好群众体育的运行机制，对群众体育的发展有一定的预见性，并根据其发展动态，建立起相关的管理机制。

3. 国外群众体育研究

国外的群众体育概念大多是以"大众体育"和"社会体育"的形式出现，在国外群众体育发展现状研究中，Jay J. Coakley 在 *Sport in society：Issues and Controversies*（《社会中的体育：问题与争议》）一书中介绍了美国社会体育发展的概况，认为社会体育的发展呈现四个明显的特点：一是贫困家庭子女向社会上层流动的途径，比如美国 NBA 有些球星来自乡村贫困家庭或社会中下阶层；二是乡村居民休闲、健身、娱乐的手段；三是社会成员发泄情绪的场所、社会稳定的调节器；四是越来越多的社会成员参与，吸引商家投资。⑤ Roland

———————

① 张卓林，杨辉，曹建承，张源. 我国普通高校工会开展教职工体育的管理现状研究［J］. 北京体育大学学报，2010（03）：78-80，104.

② 任海. 论群众体育管理［J］. 武汉体育学院学报，1995（01）：1-5.

③ 苗治文，李刚，秦椿林. 当代中国群众体育的管理体制［J］. 北京体育大学学报，2005（06）：735-736，748.

④ 赵晓玲，毛晓荣. 21 世纪我国群众体育发展组织管理机制的建立［J］. 体育学刊，2003（01）：35-37.

⑤ Jay J. Coakley. Sport in society：Issues and Controversies［J］. Int. Rev. Sport，2006（21）：289.

Naul 和 Ken Hardman 在 *Sport and physical education in Germany*（《德国的体育教育》）一书中指出，德国体育不论是竞技体育还是大众体育的发展，都离不开国家正确的政策引导。在德国的发展历程中，非常注重体育的发展，认为体育在发展社会的独特个性上发挥了重要的作用。① 作为现代体育的发源地，20世纪 80 年代，英国先后出台《未来十年的社区体育》《90 年代的社区体育：1988—1993 发展战略》两个战略性文件，前者明确了大众体育的发展目标，后者则对发展目标进行了具体的细化和量化，大众体育设施不断完善，一大批示范项目得到推广实践。② 《未来的全民体育》的颁布代表英国政府进一步明确了群众体育的战略目标；《奥运会计划》的核心目标是提高群众体育参与水平和竞技体育的成绩。③ 日本社会生活以"地缘"为中心，把社区体育称之为"生活圈体育"，认为社区体育是"以人们的定居为基础，通过一定范围内生活上的相互联系，共同利用那里的生活环境和设施，旨在加强人们的相互联系，产生和巩固社区感情而进行的体育活动过程和结果的总称"。④

三、大学群众体育发展的相关研究

大学群众体育更多以高校群众体育代替，其中朱小平（2003）在《对高校大学生群众体育活动的研究》中将高校群众体育提到了一个新的高度，着重从体育教学、竞赛、大学生体育社团三个方面阐述了群众体育工作，并在开展高校群众体育工作上提出要加强组织协调，各部门积极落实体育组织工作，群众体育开展需要有效的指导，要发挥体育老师、班主任、辅导员以及学生群体工作的创造性和主动性。⑤ 现阶段我国群众体育的发展存在人民日益增长的体育需求同体育场地资源稀少的矛盾，高校群众体育以较为健全的体育场馆设施，优秀的体育人才资源为群众体育的发展提供指导与服务。针对高校群众体

---

① Roland Naul, Ken Hardman. Sport and physical education in Germany［M］. London：Routledge, 2000.

② Lamartine P Dacosta, Ana Miragaya. Worldwide experiences and trends in sport for all［M］. Oxford：Meyer Verlag, 2002：497-499.

③ Department of Culture, Media and Sport（DCMS）. Coaching TaskForce-Final Report［Z］. London：DCMS. Sport and Division, 2002.

④ 日本体育协会. 日本大众体育白皮书［R］. 2003.

⑤ 朱小平. 对高校大学生群众体育活动的研究［J］. 安徽工业大学学报（社会科学版），2003（01）：150.

育的发展，胡强①、郭法②、程路明③等提出了类似观点：转变观念，加快改革，勇于创新。长期以来，高校的群众体育主要面向学生开展，随着全民健身计划的展开，广大师生的体质和健康服务成为高校群众体育工作的一个显著特点。郭法认为高校群众体育工作一直由体育教师包揽，大到宏观的规划、计划的制订，小到具体比赛和活动的组织以及裁判工作，在特定的计划经济条件下，依靠学校的体育拨款。他提出由办群众体育工作向管群众体育工作的转变，增加高校群众体育工作的主动性，同时要开发和推广全民健身新项目，建立和完善与新时期高校群众体育工作相适应的新体制和新机制。大学群众体育这一概念，国外研究尚未提出，因此没有列举相关研究成果。

综观上述国内外的相关研究成果，主要有以下不足：

第一，对大学群众体育的认识不够。从目前国内的研究来看，大学体育和群众体育的相关文献所占比重远远大于大学群众体育的研究，并出现逐年上升的趋势，而对大学群众体育的研究寥寥无几。这从侧面反映出人们对大学群众体育研究的不重视。而从事实研究的角度来看，大学群众体育对改善群众体育质量，推动群众体育朝着更加科学、有序的方向发展有着重要的现实指导意义和理论价值，应该加以重视。

第二，大学群众体育所涉及的人群主要是各高校的学生和教职员工，许多研究只侧重于与学生相关的体育活动的研究，忽略了高校教职工这一群体的体育锻炼活动的研究，事实上，高校教职工体育的发展恰恰是衡量高校群众体育发展的重要标准。目前的研究没有将高校群众作为整体研究的对象，而本研究是专门针对大学群众体育开展的研究，以整体的视角对大学群众体育发展进行分析，对比前人的研究，体现了本研究的完整性。

第三，前人对大学体育和群众体育的发展研究为大学群众体育的发展研究提供了很好的理论指导和实践借鉴，但相应的大学群众体育这一领域的研究远远赶不上其发展速度。在大学这一空间范围内开展的群众体育活动，不光可以利用高校丰富的人才资源，而且体育场地设施相对完备，也能缓解当前群众体育发展下场地不足的情况。我国群众体育的发展与发达国家还存在一定的差距，在研究国外大学体育与群众体育的发展时，许多学者提到要借鉴国外的先进经验，加快我国群众体育改革的步伐。大学群众体育的发展需要整合大学的资源，依靠学校的综合力量才能办好。已有的研究在这一方面的涉及相对较

---

① 胡强，郝保润. 对高校群众性体育发展之研究 [J]. 天中学刊, 2003 (02): 79-80.
② 郭法. 论高校群众体育的发展 [J]. 今日科苑, 2009 (24): 153.
③ 程路明. 高校群众体育发展的研究 [J]. 浙江体育科学, 2007 (03): 79-81, 97.

少，通常是学生仅参与体育课堂教学，教职工的体育活动零散、不集中、无组织。本研究将抓住大学群众体育的本质属性，对其发展进行全面剖析，力求完整。

综上分析，对大学群众体育的发展进行系统全面的研究，尤其是在我国全民健身计划广为推广，构建健康中国的体育背景下探讨大学群众体育的发展问题，是我国由体育大国向体育强国迈进的坚实步伐，对填补大学群众体育这一领域研究的空白十分重要。

第三节　大学群众体育发展的方法论

一、研究思路

本研究依循历史分析、中外对比、审视反思、探索与展望的总体思路，采用文献资料和逻辑分析，对大学群众体育的形成与内涵特征进行归纳，回顾新中国成立以来大学群众体育发展的真实情况；运用文献资料分析、实地考察、专家访谈、案例分析等方法对新中国成立以来的大学群众体育工作开展的历史轨迹进行分析，探论在不同时代背景下大学群众体育是如何发挥其特殊使命的；通过文献资料分析、实地考察等方法对国外一流大学的群众体育发展进行研究，总结出国外大学群众体育发展的内在逻辑，并通过与国内高校的对比，提出对我国大学群众体育发展具有前瞻性的建议；通过对国内外大学群众体育的发展有一个较为深刻的认识，全面审视当下大学群众体育发展过程中的困境，结合"世界一流大学"的目标对我国大学群众体育的发展进行展望。

研究技术路线图如图1-3所示。

二、研究对象

本研究以国内外大学群众体育作为研究对象，通过对大学群众体育的发展进行研究，为其未来的发展提供一定的理论参考。

三、研究论域

本研究的论域从时间和空间两个方面界定如下：

第一，时间域的界定。由于本研究主体偏向于国内大学群众体育的发展，因此国内的大学群众体育发展的时间域是新中国成立至今，即1949年至今。而国外的资料侧重于大学群众体育的发展优势，因此在时间域的选择上更加自由。

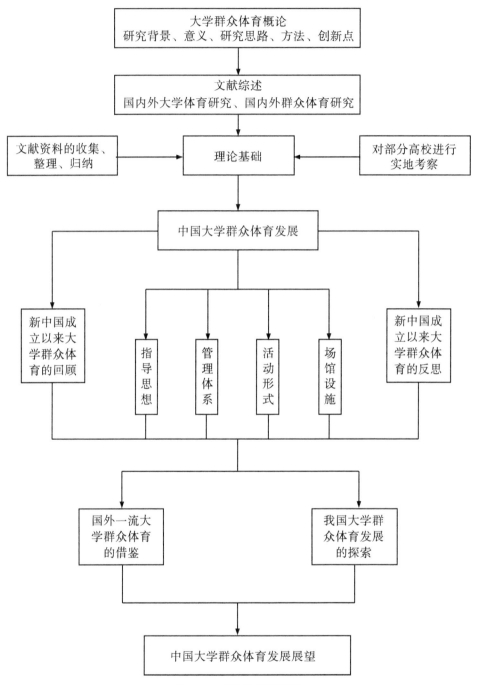

图1-3　研究技术路线图

第二，空间域的界定。本研究国内大学群众体育发展的空间范围界定在"中华人民共和国大陆地区"。但实际上"我国"应是指中华人民共和国大陆地区、香港、澳门及台湾地区，由于香港、澳门、台湾等地区的历史、政治、文化等诸多原因，大学群众体育所反映出来的实际情况与大陆还是有一定的差异，为此仅选择大陆地区作为研究范围。在选取国外大学时会优先选择知名的大学。本书中的"大学"，如无特殊说明，就是指我国大陆地区的大学，"大学群众体育"中的"大学"既具有高等教育机构管理方面的限制，又具有大学校园空间范围的限制。

四、主要研究方法

本研究在文献研究的基础上，采用文献资料法、历史研究法、访谈法、实地调查法，了解我国大学群众体育发展过程中的实际状态，并通过比较法、案例分析法与国外一流大学群众体育的真实案例进行对比，探索我国大学群众体育发展过程中可能面临的困境，有针对性地提出相应的解决措施，从而对我国大学群众体育的发展进行展望。

（一）文献资料法

通过对中国知网、外文数据库、期刊、报纸进行查阅，收集有关大学体育、群众体育、学校体育的文献资料；查阅部分高校的历史年鉴及竞赛获奖情况；查找有关大学体育、群众体育的政策文件资料。上述文献资料的收集是本研究的重要理论及实证依据。

（二）历史研究法

对我国大学群众体育的发展进行全面的梳理。在已有的史料基础上对1949—2019 年大学群众体育发展历程做全面的分析，分别从核心理念、管理体系、活动形式和场馆设施四个方面分析其内在机理，结合不同时期的社会背景对大学群众体育的实际情况进行总结。

（三）访谈法

通过面谈、电话、电子邮件等形式对教育部体育卫生与艺术教育司、国家体育总局政策法规司的相关负责人，部分大学的管理者、教师、大学生和相关专家进行访谈。

（四）实地调查法

利用周末和寒暑假对国内外一流大学进行走访、调查。笔者先后赴北京、上海、广州、武汉、西安、天津、长沙、南京、济南、长春、兰州、西宁、昆明、合肥、南宁、太原等地对部分大学进行实地考察，观察各个大学群众体育的活动形式、训练与竞赛及场馆设施等，并通过与各高校大学群众体育负责人交流，以此了解各校大学群众体育的基本情况。

（五）比较法

运用社科研究中常用的比较法，采用纵向比较的方式对比新中国成立以来不同时期的大学群众体育，进而根据其发展脉络对未来的发展提供理论依据；以横向比较的方式，与国外一流大学群众体育进行比较，从中挖掘国外大学群众体育的发展经验，进而为我国大学群众体育的发展提供一定的启示。

（六）案例分析法

借助文献资料和实地考察，选择新中国成立以来中国知名大学群众体育的经典案例展开深入分析，通过理论思辨、分析、对照、映照，为后续中国大学群众体育的发展提供参考。此外，选择国外知名大学的群众体育经典案例进行深入分析，重点对开展方式、组织架构、参与人群和赛事运营进行深入研究，以期能够对我国的实践探索有所裨益。

第四节　大学群众体育发展研究的意义

一、促进中国大学群众体育的基础研究

我国对大学群众体育的研究相对较少，尤其是有关大学群众体育发展的研究更是少之又少，这无疑限制了大学依托有利条件发展体育的机会。现有文献中虽然有涉及大学群众体育的内容，但对于大学群众体育的概念、性质、形式、人员、管理等方面的研究却停留于简单的描述，以致很多人对大学群众体育没有一个准确的认识。为此，笔者根据近几年对国内部分大学的走访，了解到来自这些大学的硕士、博士及教职工们的体育需求，并结合当代大学群众体育发展的新目标进行本研究，填补了大学群众体育研究中的不足，希冀能够起到抛砖引玉的作用。

本研究立足于大学群众体育发展的当代使命，力图通过回顾新中国成立以

来大学群众体育的发展脉络，根据其发展过程中所呈现出的特点，积极完善我国大学群众体育方面的基础理论研究。另外，本研究通过对国外一流大学群众体育的深入研究，总结其发展过程中的经验，能够促进国内大学群众体育的基础理论研究，并为我国大学群众体育的发展提供实践指导。

二、营造和谐健康的校园体育氛围

随着生活水平日益提高，人们的健康意识也随之增强，越来越多的人通过参与体育活动的方式锻炼身体。对于大学的学生和教职工而言，需要保证每天参与体育活动，以此来缓解学习、工作带来的压力。笔者常年处在大学校园内从事教学科研工作，深知适量的体育活动对身体的益处，也在以实际行动引导周围的师生积极参与体育活动。然而，真实的情况是广大硕士、博士及教职工每天沉浸在繁忙的学业和工作中，常常忙到废寝忘食，这样的情况下他们怎么会自主参与体育活动呢？所以，大学群众体育的发展刻不容缓，应积极打破单一服务于本科生的大学体育模式，快速转换到服务于全体学生、教职工的大学群众体育模式，组织学生、教职工积极参与丰富多彩的体育文化活动，并通过体育活动积极传递健康理念，引导不经常参与体育活动的群众积极参与，营造出和谐健康的校园体育文化。

大力开展大学群众体育活动，能够扩大现有的大学群众体育的规模，拓宽其辐射范围，让更多的人从大学群众体育中获益。和谐健康校园体育的构建需要大学中全体人员的共同努力，尽可能以多层次、多类别、多娱乐的体育活动贯穿整个大学校园，让每一个个体都能找到属于自己的"体育之家"。在此基础上，根据各个学校自身的特点，开展一些有特色的传统体育项目，注重参与和体验，以传统文化填补校园体验文化氛围。

三、促进全民健身事业的发展

党的十九大报告中指出"广泛开展全民健身活动，加快推进体育强国建设"，这是国家层面对于体育强国建设的最新论断。[1] 这足以表明我国的体育强国建设仅需要竞技体育是不够的，它还需要全民参与的群众体育。众所周知，群众体育的发展除了广大人民具有体育行为外，更重要的是需要他们能够融入体育活动中，这就需要一定的运动基础来支撑。然而，我国的群众体育基础相对薄弱，人们只能掌握一些简易的运动。近几年来，我国人民群众参与体

① 朱伟，徐卫华. 从十九大报告解读体育强国视角下全民健身事业发展策略 [J]. 广州体育学院学报，2018，38（04）：1-4.

育的热情空前高涨，这就使得一些群众体育赛事变得火爆起来，如全国各地举办的马拉松赛事。从表面上看是我国人民参与的体育活动，但实际上他们只是参与"跑步"这样没有技术壁垒的活动。为此，在全民健身事业的发展过程中，应该更加注重帮助广大群众掌握运动技术，并且让他们从参与中获得健康、快乐。

大学作为推动社会发展的主阵地，更应该时刻服务于国家战略发展的需要。从大学的角度思索当下的群众体育，面对广大人民群众无法融入具有一定技术性运动的难题，显然在大学体系内率先发展群众体育具有一定的引导作用。首先，场地设施的齐全为群众提供了物质保障，信息化场馆建设让大家无需排队，大大提高了场馆的运转效率，能为更多人提供享受运动的机会；其次，大学校园内具有良好的体育氛围，能够吸引更多的人参与其中；最后，各个大学均有体育部门，能够为大家的运动提供正确的指导，帮助大家快速融入具有一定技术壁垒的运动项目。所以，大学群众体育的发展能够促进全民健身事业的发展，以点带面地不断增强群众体育的影响力，能够有效解决群众体育发展过程中的技术障碍。

第二章　大学群众体育发展沿革

第一节　大学群众体育发展阶段的划分依据

由于大学群众体育尚未在学术界有一个清晰的界定，根据大学体育、群众体育的相关研究，笔者从所收集的资料中梳理出大学群众体育的发展轨迹。从某种程度上讲，大学群众体育虽然在高等教育体系中被官方忽略，但学生、教职工的积极参与不断促进着大学群众体育的发展。简言之，新中国的成立标志着殖民主义、帝国主义和封建主义压迫我国人民的历史彻底结束，面对强敌来犯唯有自身强大，通过体育活动强健体魄是我国人民心中最真实的需求。在这样的历史背景下，大学的体育工作虽主要面向广大学生，但教职工却有着一颗积极参与体育活动的炙热之心，他们会选择在课余时间与同事相约在操场，共享运动时刻。所以，大学群众体育长期存在于大学体育工作中，成为广大学生、教职工生活中必不可少的一部分。

关于新中国成立以来大学群众体育发展历程的阶段划分，由于学界对于大学群众体育的研究较少，尚未出现相关的划分依据。为此，笔者通过对新中国成立以来大学群众体育的发展进行梳理，理清不同时期发展的关键要素，并结合了韩慧①、孙葆丽②、陈宝③、徐霞④等诸多学者对于新中国成立以来体育工作的划分观点，对大学群众体育的发展历程进行阶段划分。根据 1978 年改革开放、1992 年计划经济转为市场经济、2014 年《关于加快发展体育产业促进体育消费的若干意见》的指导性文件，将大学群众体育发展历程分为大学群众体育的发轫期（1949—1977 年）、大学群众体育的恢复期（1978—1991

---

① 韩慧，郑家鲲. 新中国成立 70 周年我国体育社会组织发展：历程回顾、现实审思与未来走向[J]. 体育科学，2019，39（05）：3-12.

② 孙葆丽，孙葆洁，潘建林. 我国群众体育发展的历史回顾[J]. 体育科学，2000（01）：13-16.

③ 陈宝. 我国大学体育政策的历史演进与现实思考（1949—2016）[D]. 武汉：华中师范大学，2018.

④ 徐霞，高银花. 中国职工体育的历史回顾及发展趋势研究[J]. 忻州师范学院学报，2009，25（05）：58-60.

年）、大学群众体育的发展期（1992—2013 年）和大学群众体育的崛起期（2014 年至今）四个阶段。

第二节　大学群众体育的发展历程

一、艰难探索：大学群众体育的发轫期（1949—1977 年）

新中国成立伊始，国家正处于百废待兴之际，各项工作均面临着重大考验。饱受战争磨难的人民，唯有强健体魄才能御敌，体育对于我国人民有着一份特殊的意义。正如毛泽东同志所指出的："过去的中国是'老大帝国''东亚病夫'，经济落后，文化也落后，又不讲卫生，打球也不行，游泳也不行……"新中国的体育事业就是在这样的基础上艰难起步的。① 换言之，中国的群众体育面临着严峻的考验，一方面要面对来自其他国家的歧视，另一方面还要从我国人民入手，让他们接受群众体育的发展。1949 年 9 月，中国人民政治协商会议通过的《共同纲领》第 48 条规定"提倡国民体育"；1952 年，毛泽东同志发出了"发展体育运动，增强人民体质"的号召，明确了我国体育事业的基本目标；1954 年，国家体委《关于加强人民体育运动的报告》中指出，"改善人民健康状况，增强人民体质是一项重要政治任务"。② 由此可见，新中国成立初期国家对群众体育高度重视，为群众体育的发展提供了良好的政策支持。对于高等教育机构的体育工作，政府的卫生部、教育部、高等教育部、体委等单位，相继发布了多个"文件"和"通知"，明确指出："高等学校的根本任务是培养为社会主义服务的、体格健全、热爱祖国和具有一定马克思列宁主义思想水平、掌握先进科学技术的专门建设人才。"③ "体格健全"正是需要体育工作去实现的，体育课、课外体育活动、大学社团、训练与竞赛正是在这样的环境中应运而生的。然而，体育活动最大的特点就是人与人之间的互动，在大学的校园里，体育活动的开展无法将教职工拒之门外，大学群众体育一直存在于大学体育工作中。最具有代表性的是课余群众性体育活动，多是依据个人兴趣爱好，自发组织进行的体育活动。如高校中拥有篮球、排球等项目基础的老师身边总会有一群固定的教职工和同学，他们尽情地在场地内奔跑。大学群众体育正是在这样良好的环境下生存，大学教师、学生及其他工作

---

① 国家体育总局. 拼搏历程　辉煌成就——新中国体育 60 年 [M]. 北京：人民出版社，2009.
② 国家体育总局. 拼搏历程　辉煌成就——新中国体育 60 年 [M]. 北京：人民出版社，2009.
③ 郝光安. 北京大学体育史 [M]. 北京：人民体育出版社，2008：51.

人员迅速投入到大学群众体育中，为大学群众体育的发展奠定了坚实的基础。

第一个五年计划的超额完成，为我国国民经济的发展打下了必要的物质基础，但由于反右派斗争的扩大化和错误地进行"大跃进""反右倾"等运动，① 使得新中国的发展再度陷入困境。此时的国家虽然面临经济上的困难，但始终重视群众体育的发展，顶着财政赤字修建体育场馆设施，保证我国人民"有场可动"。1961 年，教育部颁发《高等学校普通体育课教材纲要》，并出版《高等学校普通体育课教学参考书》，指出体育的教材大纲要分为男生部分、女生部分，每个学校要根据自身情况，从实际出发，选择、撰写教材。② 在群众体育的发展热潮中，高等院校的师生在如此氛围下更是积极参与，营造出繁荣之景。对学生而言，在校期间的体育课程、课外体育活动、课余体育训练和校内外体育竞赛，都全面地反映出高校对学生参与体育锻炼所做的努力。除体育课外，教职工的身影也会出现在课外体育活动、课余体育训练和校内外体育竞赛中，他们在生活中也需要体育活动来提高身体素质，也同样需要体育活动来丰富业余生活。因此，他们除了自发地组织一些小型体育活动外，校工会也会牵头定期举办具有高度组织化的竞赛活动，成为检验教职工日常锻炼水平最直接的途径。

1966 年之后，我国开始为期 10 年的"文化大革命"，体育社会组织在这次浪潮中受到了极大影响，基本陷入瘫痪状态。③ 这 10 年之中，我国的体育事业遭受到严重的破坏，大量体育场地设施被捣毁，群众体育管理雏形被打破，一切自发组织的文体活动停止了。中国的教育事业也遭受到严重的破坏，进而摧毁了学校的体育事业，由劳动、军训等代替了体育课程。学生、教师及工作人员在这 10 年中无法进行正常的体育活动，因而使得这期间的大学群众体育回到原点。当时在民间流传着这样一句话："操场种了地，篮球放了气，体育老师被改造。"虽然"文革"期间课外体育活动较之前严重减少，但还是有"摩托车赛""自行车赛""掷手榴弹"等活动，最大的特点就是以体力活动的方式代替了技能练习，因而在这一时期学生及教职工的技术水平几乎没有提升。④ 简言之，大学群众体育在这一时期进入停滞阶段，学生与教职工的

① 孙葆丽，孙葆洁，潘建林. 我国群众体育发展的历史回顾［J］. 体育科学，2000（01）：13-16.

② 田祖国，孙麒麟. 现代大学体育制度研究［M］. 上海：上海交通大学出版社，2016：111.

③ 韩慧，郑家鲲. 新中国成立 70 周年我国体育社会组织发展：历程回顾、现实审思与未来走向［J］. 体育科学，2019，39（05）：3-12.

④ 储志东. 百年南师　百年体育：中国高等体育师范教育创立暨南师高等体育师范教育百年华诞［M］. 南京：南京师范大学出版社，2016：128.

体育活动均受到限制。这段时间内学生与教职工的体育需求得不到满足，他们会愈加清楚地认识到曾经的体育活动给他们带来的好处，也会在心中期盼能尽快重新站在运动场上，短暂的停滞让他们日益清楚体育在自己心中的位置。

"文革"后，我国的社会主义建设事业进入了新的历史时期，群众体育也步入了恢复和调整的新阶段。10年的"文革"虽然破坏了我国人民参与体育的环境，但未从根本上消除人们对体育的热爱，反而让人们意识到体育对他们的重要性。在恢复阶段，原国家体委提出了"以学校体育为重点，积极加强对职工体育的领导"的工作方针①，旨在全面恢复群众体育工作，并从方针政策、制度、机构、社会组织等方面积极营造群众体育的良好氛围。"文革"期间，人民的体育需求得不到保障，"文革"结束后，人们带着更强烈的热情参与体育活动，这使得我国群众体育的发展迎来转折时期。良好的外部环境对大学群众体育的发展具有一定的引导作用，能够使大学群众体育涅槃重生，超过其原有的规模。

综上所述，这一时期的大学群众体育主要是以学生体育为发展重心，但教职工在国家整体的体育氛围中自主参与体育活动，初步形成了以学生为主，教职工自发参与的大学群众体育的基本雏形。纵看这起伏不定的二十余载，大学群众体育有过对其他国家的借鉴，有过对学生、教职工需求的兑现，也有过经济下行导致的形式变化，甚至还有"文革"时期的艰苦岁月，但这些都没能从根本上影响大学群众体育的发展，反而在国家快速发展的背景下如雨后春笋般涌现，表现出大学群众体育强大的民众基础。所以这段时期更像是大学群众体育发轫时期的探索之路，道路虽曲折蜿蜒，但却丝毫不改肩负大学群众身心健康发展的重任。总体而言，虽然新中国刚刚成立，在国际社会上孤立无援，但不能阻挡人们追求高质量生活的脚步。那个时候的人们每天能在操场上运动一会，享受运动带来的乐趣，这样的幸福是多么简单又纯粹，所有的体育事业发展均是为他们提供更好的环境，但这一切都需要我们在实践中探索。大学群众体育的发展亦是如此，在漫漫长路中艰难前行，带着学生和教职工的期望，在崎岖的道路中初露头角。

二、继承发展：大学群众体育的恢复期（1978—1991年）

1978年，党的十一届三中全会做出了把国家工作重心转移到经济建设上

---

① 国家体育总局. 拼搏历程　辉煌成就——新中国体育60年［M］. 北京：人民出版社，2009.

来，实行改革开放的重大决策。① 1978 年 4 月，邓小平在全国教育工作会议上重申国家对于"德育、智育、体育"几个方面都要发展的教育方针，也确定了学校体育的位置。② 经过前一时期的艰难探索，高校对大学体育工作的开展有了一定的经验，并在国家的宏观引领下开启了恢复大学体育的工作。1979 年 1 月教育部颁布了第三部《高等学校普通体育课教学大纲》（下文简称《大纲》），针对"文革"时期学生体质普遍下降的问题，1979 年《大纲》再次明确了体育教育的目的是"有效地增强学生体质，向学生进行共产主义教育以便于他们能够更好地承担建设和保卫祖国的光荣任务"。③ 1979 年的"扬州会议"进一步明确了学校体育的目的，并提出"学校开展体育卫生工作的根本目的在于增强学生体质。要从实际出发，认真上好体育课……必须坚持'三好'方针，正确处理德、智、体三者的关系，纠正忽视体育、卫生的思想，摆正体育、卫生工作位置，切实把学校体育、卫生工作搞好，使学校培养出来的人才，能够为祖国健康地工作五十年"。④ 20 世纪 80 年代，各个高校针对提升学生体质采取了系列措施，主要是从体育课程方面入手，希冀能够从科学的体育课程方面教会学生技能，并能在教学过程中达到教育目的。清华大学率先进入改革先列，将体育课改为三年制，一年级以教学班级为单位，教学内容以"国家锻炼标准"项目为主，辅以田径、体操、武术等项目；二、三年级开设专项课，个别项目设提高班。⑤ 清华大学的教学改革既为学生提供体育锻炼时间，又从项目上采用因材施教的方式提供基础班和提高班。除此之外，其他高校均针对学生体质健康下降的问题，对原有的教学体系进行改革，基本上都是以增加体育课时量的方式弥补前期的损失。大学群众体育学生这部分的体育活动围绕"学生体质健康"日益开展起来，除了在体育课方面进行革新外，课余体育活动也成为各高校关注的重点，如东南大学的早操就成为国内比较有特色的项目，其出勤率能保持在 90%，重点是让学生养成早起锻炼的好习惯。

　　大学群众体育的发展中，广大教职工的贡献也是不可忽略的，他们的体育

　　① 季浏，马德浩. 改革开放 40 年我国学校体育发展回顾与前瞻［J］. 体育学研究，2018，1（05）：1-11.

　　② 储志东. 百年南师　百年体育：中国高等体育师范教育创立暨南师高等体育师范教育百年华诞［M］. 南京：南京师范大学出版社. 2016；135.

　　③ 储志东. 百年南师　百年体育：中国高等体育师范教育创立暨南师高等体育师范教育百年华诞［M］. 南京：南京师范大学出版社. 2016；136.

　　④ 熊晓正，钟秉枢. 新中国体育 60 年［M］. 北京：北京体育大学出版社，2010；181.

　　⑤ 田祖国，孙麒麟. 现代大学体育制度研究［M］. 上海：上海交通大学出版社，2016；120.

生活也直接影响着高校的综合实力。1978年，各个学校的校工会相继恢复，重新组织开展有益于教职工身心健康的体育活动，并指导教工体育协会的日常工作。对于教职工而言，除了定期参加校工会组织的体育活动外，他们还需要经常参与体育锻炼，并希望能接受专业的指导。正是因为广大教职工都有这样的需求，所以在校工会的牵头下成立了教职工的体育协会，主要以常见的体育项目为主。如1984年清华大学校工会相继成立了中国象棋、围棋、桥牌、太极拳、健美操、气功、网球、乒乓球、羽毛球、足球等体育协会，成为广大教职工日常体育活动的管理组织。① 协会可以为教职工们提供和安排技能辅导和小型比赛，成为教职工日常参与体育活动的最有力的保障。

20世纪80年代的"女排精神"正以其特有的光辉和巨大的魅力，感染、激励着广大人民群众。② 女排姑娘们在国际赛场上接连问鼎，其拼搏精神直接影响着广大人民群众对体育的认识，并成为他们参与体育锻炼的内在动力。对于大学群众体育工作的开展来说，这无疑是最好的催化剂。尤其是北京大学，中国女排五连冠极大地激发了北大师生对排球运动的热爱，一段历史时期内，排球成了北京大学的校球，不同专项特长的老师也均把排球作为主项进修，原北京女排队长王东到北大任教，课余时间为自发组织起来的教师系统培训，令诸多年轻老师受益匪浅。③ 其实，通过查阅历史资料可以发现，大学群众体育虽一直处于发展阶段，但对于学生和教职工的运动能力并没有很大的改观。资料显示，这个时期的大学群众体育活动多以体能类项目为主，技术性项目虽然有所涉及，但是他们对于技术动作的掌握不够，缺乏专业的指导。这说明这一时期大学群众体育的发展过多地偏向了体能活动，对类似于球类项目的技战术学习还是处于弱势，人们虽热衷于体育活动，但是团队项目的竞技水平增长空间不大。这就是为什么原北京女排队长王东来北大任教能够受到众人的追捧，这就足以表明此刻的群众心中对于高水平技战术的渴望，他们希望自己的竞赛能力能够有所提升。大学群众体育在这一时期具有很强的时代特点，学生和教职工对体育的认识越来越深入，渐渐地从中找到适合自己的运动，并能够从中获得参与运动的喜悦，也就是这个时期大学群众体育已经由集体性向个人喜好转变。

"迎着改革春风，享受幸福生活"，这是对改革开放以来人民生活的真实记录。改革开放以前，生活物资十分匮乏，日常的生活必需品都是凭票兑换，

---

① 方惠坚，张思敬. 清华大学志：上 [M]. 北京：清华大学出版社，2001：640.
② 编辑部. 让"女排精神"在体育科研中开花 [J]. 体育科学，1981（02）：1.
③ 郝光安. 北京大学体育史 [M]. 北京：人民体育出版社，2008：112.

人们的生活用品也具有统一性。然而，改革开放后，随着经济水平的提高，人们的生活水平也日益提高，人们有了更多选择物质享受的机会，家家户户都相继拥有了电视机等家电产品，彻底改变了人们对世界的认知。对于大学群众体育的发展来说，这无疑促进了人们对国际赛场的了解，能够获取更多中国健儿站在最高领奖台上的故事，这也成为一直激励大学群众参与体育活动的精神支柱。换言之，大学群众体育活动的方式在改革开放的影响下发生了改变，前一时期的"劳卫制"模式已经不足以满足人们的需要，进而促使大学群众体育朝着更加科学的方向发展。

总体而言，这一时期的大学群众体育借助改革开放的春风，发展势头强劲，快速恢复到大学群众体育的初期规模，并在人民生活水平的提升下走出了这一时期的特有风格。首先，1978 年后大学群众体育快速恢复，继承了前期的成功经验，在保留原有体系的基础上进行改革，旨在为学生和教职工的身体素质保驾护航；其次，改革开放给我国带来了翻天覆地的变化，人们对于体育的认知也越来越全面，体育项目日渐由体能类向技巧类过渡；最后，人们对于体育活动的积极性很高，个体的选择性在这一时期获得重视，并在学校的支持下成立协会，直接促进大学群众体育的发展。

三、砥砺奋进：大学群众体育的发展期（1992—2013 年）

1992 年，邓小平同志南方谈话以及中共十四大召开之后，确定国家的根本任务是集中力量进行社会主义现代化建设和市场经济的改革。为适应社会主义现代化建设的需要，人民体质亟待增强，体育事业也要进入一个快速发展的时期。外部体育环境的改变对于大学群众体育而言无疑是锦上添花，经济水平的提高使得高校的体育场馆设施也进行了更新，更大程度地为学生和教师提供了良好的运动环境。计划经济向市场经济模式的转变，必会造成社会各行各业的变革，为响应国家政策，体育应该加速改革的步伐，由国家主导型体育逐渐过渡到国家与社会相结合，并以社会型为主导的体育模式。对于大学而言，经济体制转型让大学的发展更趋向于现代化，大学群众体育的发展也越来越科学化。在学生的体育教学方面，国家教委颁布实施的《全国普通高等学校体育课程教学指导纲要》中明确了体育课教学的指导思想、课程类型、教材选编及教学组织等。[①] 从此学校对体育课教学有了更高的要求，将学生的体育课作为学生学习体育技能最有效的途径，以此来促进他们养成终身体育的行为。据

---

① 陈宝. 我国大学体育政策的历史演进与现实思考（1949—2016）［D］. 武汉：华中师范大学，2018.

1993 年张世民等对北京大学等 30 所高校的调查研究显示，有 29 所高校开设基础体育课，26 所高校开设保健课，21 所高校开设专项选修课。[①] 在学生课外体育活动方面，1995 年国家教委办公厅下发的《关于加强学校体育活动中安全教育和安全管理工作的通知》中指出："各学校在开展校内外体育活动时要加强安全教育，防止各类事故的发生。"此时的课内外体育活动已经逐渐呈现多元化局面，学生在社团的组织管理下进行体育活动，安全问题成为了国家层面重点关注的内容。对于教职工而言，经济水平的快速增长，他们的生活质量也有了很大的提高，他们更加注重身体健康，会自发地进行体育活动。由于工会的活动并不是经常举行，这样就需要他们在大学的校园中自行融入，主动适应大学群众体育环境。国家于 1995 年 6 月 20 日颁布了《全民健身计划纲要》（后简称《纲要》）。《纲要》的颁布不仅可以提升国民素质，促进全民参与体育活动，更可以借体育手段来推动国家政治、经济、文化建设，进而提升国家综合国力。《纲要》在普及体育知识、增强人民群众的体育意识以及促进体育理论发展的同时，对学校体育、群众体育实践的推广也产生了深远的影响。这对于我国的群众体育事业来说是一个绝佳的时期，对于大学群众体育的发展的重要性更是不言而喻。首先，将体育手段用以推动国家政治、经济、文化建设，这对于体育来说可谓是责任重大，国家需要群众体育快速发展。然而在实际的发展过程中，面对众多的群体活动难以进行管理，需要在体育文化氛围相对集中的单位率先进行，高校无疑是最佳选择。其次，市场经济的转型使我国人民的生活水平提高了不少，人们的追求也由物质层面日益过渡到精神层面，高校的师生能快速适应经济转型，并能快速适应新的环境，为大学群众体育的组织化发展奠定了基础。最后，大学群众体育作为群众体育中的一部分，在外部环境和内在需求的双重推动下，具有快速发展的动力。

　　奥林匹克运动为世界交流搭建了一座桥梁，促进了世界文化的沟通与融合，促进了世界和平与发展。2001 年 7 月 13 日，在莫斯科举行的国际奥委会第 112 次全会上，北京申奥成功。这无疑是在《纲要》的基础之上再度推动了体育的传播与发展。2001 年 11 月 9 日，江泽民同志指出，2008 年我国举办奥运会，对我国的体育工作是一个极大的促进；体育建设要抓住机遇，争取竞技体育和群众体育都上一个新台阶。同时还提出了竞技体育和群众体育共迎奥运、共谋发展的基本思路。[②] 此时大学群众体育的发展较之前的模式变得更加

---

① 张世民，徐宝庆，忻洪福. 深化学校体育教学改革的研究［M］. 北京：人民教育出版社，1994：383-390.

② 国家体育总局. 拼搏历程　辉煌成就——新中国体育 60 年［M］. 北京：人民出版社，2009：11.

具体，制定了一系列切实有效的措施，如东南大学明确了"面向全体学生坚持学生在校体育全过程管理，以育人为本，以增强学生的身心全面发展为目标，以体育教学为中心环节，积极开展群众体育活动"。[①] 东南大学在大学群众体育的发展中以强制性早操、举办丰富多彩的群众体育活动为主，从形式上看已经较上一时期更加丰富，项目也名目繁多，大大增加了学生的选择性。更难能可贵的是东南大学的校内群众体育活动打破了传统竞赛中的"精英参与"的格局，以组织形式上的创新使得学生积极参与，真正开展了面向全体学生的体育活动。在这样的背景下，大学群众体育的发展进入相对稳定期，除了学生正常的体育课外，学生与教职工的课余体育活动和竞赛活动均具有高度组织化的特点，整个规模较之前有了很大改变。主要体现在参与人群、活动形式、场馆器材及赛事影响度上，不同学校均推出具有一定地域特色的校本项目。申奥成功不仅是对我国体育事业的肯定，同样激发了我国人民参与体育的热情，人们愿意利用闲暇时间参与体育活动。作为肩负服务社会重任的大学，一方面要快速为群众体育的发展输送人才，另一方面也要在校内积极营造良好氛围。各大学群众体育发展过程中也需要及时总结经验，将经验反馈于群众体育的发展，以此形成良好的文化引领。

"大学体育文化节"日益成为大学校园内的文化盛会，也是检验大学体育工作最有效的手段，成为高校体育事业发展中的重要部分。校园体育文化节以体育元素贯穿其中，包括体育竞赛、文化展示、趣味游戏及体育表演，是在校领导的组织下、学校师生的精心设计下打造出的精品活动。通过对资料进行收集与整理，笔者发现这类体育文化节是大学体育的发展中最接近大学群众体育概念的实例，通过大型活动打破了大学体育中"学生参与，教职工服务"的模式，学生与教职工共同参与的场面出现在大学校园中，甚至有些领导也会在活动中展示自我，真正地营造出大学群众体育的真实景象。值得一提的是教职工的体育表演，那些平日里甘守三尺讲台的教师，随着音乐舞动着自己的身体，尽情地感受体育所带来的快乐。从教师们整齐划一的动作中可以看出，他们的业余生活中肯定经常参与这样的活动，否则短时间内绝不会有如此效果。

2000 年，中共中央、国务院出台《关于进一步加强和改进新时期体育工作的意见》。同年 12 月国家体育总局出台《2001—2010 年体育改革与发展纲要》。2005 年 4 月教育部出台的《教育部关于进一步加强高等学校体育工作的意见》中明确指出："高等学校要把开展丰富多彩、形式多样的学生课外体育活动作为学校日常教育工作的有机组成部分。学校体育部（室）、学生处等有

---

① 刘维清，徐南国. 东南大学百年体育史 1902—2002 [M]. 南京：东南大学出版社，2002：2.

关职能部门要紧密配合，充分发挥党、团组织以及学生会和其他学生社团组织的作用，积极组织开展课外体育活动。"这说明前期高校自发进行的体育活动受到了重视，并希望通过科学管理给予大学群众高质量的课外体育活动。在教职工方面也相继出现了俱乐部，如西北工业大学在体育运动委员会下成立了篮球、排球、足球、乒乓球、羽毛球、女子健身六个俱乐部，以及离退休人员自发成立的西工大本部、西院、南院的太极拳、太极剑、扇子舞、老年迪斯科、老年时装模特队等辅导站。① 此外，2008 年北京成功举办奥运会是我国体育发展的一个里程碑。奥运会的成功举办不仅对提高国家威望，提升国家的政治地位，表明政治立场，向其他国家展示经济繁荣和社会昌盛起到重要作用，而且为我国体育事业开拓了一个更为广阔的发展空间，使体育以更为丰富和多样的形式进入人们的视野。人们对待体育也产生了思想上的转化，由不重视到成为生活中必不可少的一部分。为了巩固群众体育与竞技体育齐头并进的形势，国务院批准每年的 8 月 8 日为"全民健身日"，其目的是为了普及大众的体育意识，提高国民素质，进而促进体育的现代化发展。现代奥运会创始人顾拜旦提出"一切体育为大众"的口号，他把大众体育看成是奥林匹克运动的基础。从大众体育的构成来看，以青年为教育对象的高校体育是大众体育最广泛、最坚实的基础。② 将奥林匹克精神与高校体育相结合，有助于增强学生的体质以及全民健身活动在高校的普及。所以要更加重视高校体育，着重培养大学生的终身体育意识，更好地为群众体育服务。

综上所述，这一时期的大学群众体育已具有基本的架构，各部门之间分工明确，为大学体育工作营造了良好的文化氛围。这一时期对于中国体育而言，也是意义非凡的一个时期，同样也是中国竞技体育勇攀高峰的时期，这一时期整个国内的体育文化氛围浓厚，人们参与体育的热情也高涨。具体而言，学生在校期间的体育活动越来越多，各协会、俱乐部的兴起为普通学生参与体育活动提供了良好的空间，与大学体育课程体系相适应，大学群众体育的发展进入相对稳定的时期。对于教职工而言，他们也有业余的体育活动和体育竞赛，但重视程度不高、项目种类少、形式单一、受众较少且时间跨度大，与大学校园的融合度还是不够高。所以，这一时期大学群众体育的发展虽然进入相对稳定的时期，为学生和教职工均开设了相应的群众体育活动，但是对于整个大学校园体育文化来说，教职工尚未融入其中，更像是在边缘地带"独自起舞"。

---

① 周平，翟素琴. 西北工业大学教职工体育锻炼与健康的分析研究 [J]. 西北工业大学学报（社会科学版），2005，25（02）：92-94.

② 高湘红. 北京奥运会对我国高校体育的影响 [J]. 武汉科技学院学报，2007，25（05）：85-87.

四、复兴伟业：大学群众体育的崛起期（2014年至今）

2014年9月，国务院总理李克强主持召开国务院常务会议，部署加快发展体育产业、促进体育消费推动大众健身的有关工作，并指出"发展体育产业对于刺激消费、扩大内需和就业、培育新的经济增长点具有重要意义"。① 从宏观层面来看，经济体制的改革重点偏向了第三产业，而体育产业恰好作为第三产业中的朝阳产业，既有巨大的发展空间，又有助于我国人民的身心健康发展，为此国家层面的积极布控具有很强的时代意义。大学群众体育的发展在这样的背景下也发生着变化。随着科技水平的提升，高校在场馆设施这块已迈入现代化水平，除教学外的其他群众体育活动也均能够"有场可依"，为群众参与体育活动提供更加舒适的环境。除此之外，群众体育活动的举办也日渐呈现融合的景象，师生同场竞技成为大学群众体育发展的重要转折。2014年10月，国务院发布了《关于加快发展体育产业促进体育消费的若干意见》（以下简称新《意见》），与2010年国务院办公厅出台的《关于加快发展体育产业的指导意见》有所不同的是，新《意见》在指导思想中明确提出了"推动体育产业成为经济转型升级的重要力量"的基调，为加快体育产业发展方式转变提供了契机。② 对于大学群众体育的发展而言，深入研究大学群众的真实需求有助于大学体育工作的快速发展。

《2015年全国学生体质与健康调研》显示，近几年我国大学生的身体素质呈下降趋势，③ 这样的背景下我们不得不对当下的大学体育教学工作进行反思。笔者通过走访部分高校，实地考察了部分高校的公共体育课程，发现其还停留在单一的技术教学层面，大学公共体育教学两年的课程还没让学生掌握竞赛的能力就结束了，以致学生的体育活动全凭自觉参与，进而逐渐呈现出两极分化的情况。反观教职工，他们则更加愿意自行参与体育活动，除了校工会组织的体育活动外，他们也会参与其他的活动，有时还希望可以加入学生的体育活动中，与学生同场竞技。如湖南大学每两年会有一届学生与教职工共同参与的田径运动盛会，教职工的积极性非常之高，并且表示很希望可以参与这样的体育活动，既能锻炼身体，又能增强团队的凝聚力。虽然早些年也曾出现过学

① 肖磊涛. 李克强主持召开国务院常务会议，研究完善预算管理促进财政收支规范透明的相关意见，部署加快发展体育产业促进体育消费推动大众健身 [EB/OL]. [2014-09-03]. 中国政府网. http://www.gov.cn/guowuyuan/2014-09/03/content.2744699.htm.

② 姜同仁，张林. 我国体育产业发展面临的机遇与挑战——对国务院"新政策"的解读 [J]. 北京体育大学学报，2015，38（12）：27-32.

③ 刘勇. 新时期我国大学体育与健康课程改革研究 [J]. 课程教育研究，2018（49）：190.

生与教职工共同参与的运动盛会，但教职工参与的项目、人数等均受到限制，很多教职工又担心自己实力不强给团队抹黑，因此拒绝参加这类活动。然而，当下的教职工却比学生的积极性更高，尤其体现在趣味运动项目上，营造出大学群众体育发展的良好态势。笔者看到教职工和学生都在运动场上尽情挥洒汗水，不禁思索大学群众体育经历了这么多年的发展，总是将学生体育活动作为重要方向，但从近几年学生的体质上却看不到付出的回报，反而我们不是特别重视的教职工体育，凭借着教职工的一份热爱，在大学校园内茁壮成长。为此，笔者认为大学群众体育的发展应注重学生与教职工的融合发展，更好地体现大学群众体育的群众性。

经过多年的发展，大学群众体育主要由两大部分组成，一是公共体育教学课，主要是服务于非体育专业的学生，为他们提供专业的技术指导，培养他们终身参与体育的行为；二是服务于广大群众的各个项目的协会，主要服务于全体学生和教职工，他们根据个人的喜好加入协会，并在协会的统一组织管理下参与体育活动。如同济大学一切体育活动都是在体育运动委员会的指导与监督下进行的，是同济大学体育活动的最高组织机构，负责群众体育活动以及全校运动会等大型体育赛事，分为体育教学、学生体育和教职工体育三个板块。① 笔者通过对具有体育运动委员会的部分高校进行走访，发现体育运动委员会对大学群众体育的发展起到了很大的积极作用，但也从中发现了问题。如今高校体育运动委员会的职能主要体现在赛事筹办上，我们经常可以看到各个高校举办的篮球、足球、排球、羽毛球、乒乓球等项目的竞赛活动，但会发现很多人都是穿梭在众多比赛之中，竞赛活动成为了"体育精英"的活动，其服务广大人民群众的初心被大打折扣。大学群众体育的真正宗旨是为了服务全体学生和教职工，但是竞赛化的体育活动却成为精英展示自我的平台，失去了其真正促进全民健身的意义。当然，在大学群众体育发展中也有真正为全体人员考虑、弱化竞技性、突出大众性的群众体育活动。如湖南大学位于岳麓山下，依托有利地势开展的爬山活动和定向越野，成为广大学生与教职工每年必参加的活动，真正突出了大学群众体育的群众性。

综上所述，自从国内的体育产业进入高速发展时期，广大人民群众的体育参与需求也日益旺盛，虽对群众体育的发展有积极的影响，但还是有需要改进的地方。大学群众体育的发展可谓是我国群众体育发展的先驱，学生和教职工日常接受着世界上最前沿的信息，接受新鲜事物的能力很强，进而成为群众体

---

① 叶宇，沈佳丽. 中德大学群众体育的比较分析——以中国同济大学和德国波鸿—鲁尔大学为例[J]. 运动，2012（09）：150-152.

育发展的探路者。经历了探索期、恢复期、稳定期的发展，大学群众体育在学生和教职工两个方面均取得了一定的成绩。在服务学生方面形成了公共体育教学、课余体育活动、代表队训练和各级竞赛的发展模式，各个部门分工明确，尤其是在各级竞赛中屡创佳绩，更是体现出高校的付出；教职工方面主要从自发进行的活动和校工会组织的活动两个方面进行服务。其中校级的教工竞赛成为教职工最欢快的时刻，各代表队均利用业余时间组织训练，以期能够在赛场上获得佳绩。大学群众体育的发展之路任重而道远，需要更多的人参与并付出努力，从而实现大学群众体育的良景。

第三节　大学群众体育的发展特点

一、由集体向个体：学生和教职工需求的不断满足

我国的大学经历了新中国成立初期的接管与改造、"左"倾冒进影响、"文革"灾难洗礼的曲折发展；高等教育评价也经历了"全盘苏化"思想下成绩考评法时期、中苏交恶之下无所适从时期的曲折阶段。[①] 对于大学群众体育来说，它正是在这样的恶劣环境下茁壮成长。早期的大学群众体育，除了学生的体育课外，其他体育活动均带有一定的集体主义色彩，整体上体现出来的就是"全员参与"。1952 年，毛泽东提出了"发展体育运动，增强人民体质"的口号，我国人民迈着整齐而统一的步伐朝着目标迈进，也取得了一定的成效。1957 年，高校开展"劳卫制达标满堂红"活动，要求高校 90% 以上的学生和教职工达到一年的体育锻炼，劳卫制达到三级以上或其他单项体育项目的任意一个达到三级运动员标准。显然，这份标准放在现在肯定会有很多人完成不了，那么是出于什么原因在那个年代能够完成呢？刚刚结束战乱的人们需要的是什么？除了能够解决温饱问题外他们需要强健的体格，所以只要是能够强身健体的活动他们都会踊跃参加，希望自己能够通过运动强健体魄。正如法国社会心理学家古斯塔夫·勒庞的《乌合之众》中提到的"孤立的个人很清楚，孤身一人时，他有很多事完成不了，即使受到诱惑也容易抵制。但在成为群体的一员时，他就会意识到人数赋予他的力量"。[②] 从新中国成立初期大学群众体育的发展状况也可以看出来，学生和教职工总是在群体中参与体育活动，即

① 屈鑫森，厉亚辉. 我国高等学校体育评价历史回顾与探析 [J]. 河北体育学院学报，2014，28（04）：45-48.

② ［法］古斯塔夫·勒庞. 乌合之众 [M]. 李阳，译. 北京：作家出版社，2017.

使是跑步、体操这样的简单活动，他们也能在集体中找到真正的存在感，并不会因为运动而感觉到累，这正是因为群体带给了他们无限的力量。

随着我国大学群众体育事业的发展，我们从高校的课外体育活动的组织中可以清楚地看出，从最初的强制性的要求参与逐渐过渡到根据个人兴趣自愿加入的形式，究其内在的原因，无论是新中国初期的集体式体育活动，还是当下依据个人意愿的自发活动，都是个体对体育活动的实际需求。正如新中国初期的国内外形势迫使我们只能参与集体性的体育活动，既是人民对于祖国繁荣昌盛的期盼，又是个人为报效国家而强健体魄，这足以说明当时的条件开展集体性活动的必要性。然而，随着时代的发展，经济水平的快速提升，人们接触到了更多的体育活动，且每个人都有自己的喜好，体育开始从重视群体转移到重视个体，以人为本的人本主义思想开始萌发。① 外部的环境和内部的环境均发生了变化，人们内心真实的声音表露了出来。因此，课外体育活动的组织形式日益出现多样化的格局，人们很快地找到属于自己的地盘。直至今日，我国大学群众体育发展已经形成了稳定的体系，在活动的举办中尽可能地满足学生和教职工的需求，以期能够为他们提供良好的运动环境。

大学群众体育的发展由集体向个体发展，满足不同时期学生和教职工的体育锻炼需要，成为我国大学群众体育发展中的显著特点。这样的特点足以表明我国大学群众体育不断满足学生和教职工的需求，呈现出整体发展的特点，预示着我国大学群众体育的茁壮成长。

二、由单一向多元：学生和教职工对体育功能的认知

何谓体育功能？体育功能是对其自身和社会的作用及影响，它是由多种单元功能构成的有机复合体。② 从新中国初期人们的体质急需增强的时候，人们把强身健体的希望寄托于体育，体育的功能就被认为是强身健体最有力的途径。从当时全民参与体育活动的热情可以看出人们对于强健体格的需求，他们不想让历史的悲剧再度重演，因而人人都愿意以参加体育活动的方式强大自我。人们参与田径、体操及球类活动，就是为了强健体格，为了彻底地摘掉"东亚病夫"的帽子。改革开放以来，我国加速了社会主义事业建设的步伐，经济水平的提升给体育事业的发展带来了新的局面，体育的功能也发生着改变。

---

① 汪烨. 从高等体育院校的发展看体育功能的转变［C］//中国体育科学学会体育管理分会. 2013 全国体育管理科学大会论文集. 北京：中国体育科学学会，2013：3.
② 汪烨. 从高等体育院校的发展看体育功能的转变［C］//中国体育科学学会体育管理分会. 2013 全国体育管理科学大会论文集. 北京：中国体育科学学会，2013：3.

　　长时间地参与体育活动，人们除了收获到身体的健康外，其他方面也得到了收获，体育的功能在人们的参与中日益扩大。在大学群众体育发展的过程中，由于长期以学生的体质健康为重心，所以从对学生的体育教学中挖掘出教育功能，成为后期学校体育发展中的重点。同时，教职工在参与体育的过程中也心情愉快，常常能在参与体育活动后感觉到身心愉悦，这成为教职工长期参与体育活动的一个重要原因。人们在实际的参与过程中，真实地感受到了体育活动的功能，从而在之后的体育事业发展中尤为重视体育的多方面功能。

　　从强健体魄到全面发展，体育的功能在人们的实际参与中被发掘，也成为人们日后发展体育的参考依据。从郝勤教授对体育概念的界定可以明显感觉到其功能由单一到多元的变化，即"体育是人身心同步参与的，以满足人的健身、情感、娱乐、社会、归属等多元需求，并在社会、政治、经济、文化、教育、外交等诸多领域具有重要意义和价值的身体活动、情感活动和竞技比赛"。① 其中的"健身、情感、娱乐、社会、归属"正是当代体育所拥有的功能，从最初的强体日益壮大成为今天的多元体，正是人们参与体验的步伐，不断挖掘着体育的功能。笔者通过走访众多的高校，从中也发现了各高校开展大学群众体育活动，除了是为学生和教职工提供运动的舞台外，同时也注重人与人之间的情感交流、消除学习或工作压力等，希望通过活动的举办能够让学生和教职工从中收获满满。

三、由强制向自主：学生和教职工生活中的体育元素

　　1951 年，北京在参照苏联"劳卫制"精神和个别学校经验的基础上，先后制定实施了《暑假体育锻炼标准》和《冬季体育锻炼标准》。② 随后，各个学校依照标准纷纷制定了校级锻炼标准，实际操作过程中体现出了一定的强制性。当时的"劳卫制"规定学生和教职工都要进行考核，所以学校不得不采取一些强制性的手段监督学生和教职工完成日常锻炼。如清华大学除了学生的体育课外，每天下午都会安排学生和教职工的体育活动，主要以田径和体操项目为主，其目的就是达到"劳卫制"标准。还有像东南大学的早操制度，学生每天早上出早操，教师要进行监督，出勤率高达 90%。种种迹象表明，特殊的时代背景下，需要强制性的手段帮助学生和教职工养成良好的习惯。

　　随着时代的更迭，我国体育事业蓬勃发展，大学群众体育项目也日渐呈现

　　① 郝勤. 体育史观的重构与研究范式的转变——兼论体育的源起与概念演进 [J]. 成都体育学院学报，2018，44（03）：7-13.

　　② 陈宝. 我国大学体育政策的历史演进与现实思考（1949—2016）[D]. 武汉：华中师范大学，2018.

出多元化的景象，学生和教职工可以从众多的项目中找到自己喜爱的项目，并自主参与其中。通过对比不同时代的运动项目和人物特点，发现强制性的群众体育时代已经过去。从运动项目的角度来看，当时的运动项目单一，难以调动人们的积极性，如果不采取强制措施很难保证参与度，就不能达到锻炼身体的目标，也算是不得已而为之。从人物特点来看，当时的人们更加偏向于参加集体性活动，而现代人的个体意识越来越突出，不再愿意参加自己不喜欢的活动。所以，强制性的体育活动逐渐退出了历史的舞台，今天的大学群众体育活动多以自愿的方式参与。

从强制性的存在于人们的生活到今天成为人们生活中必不可少的一部分，这正是大学群众体育的发展特点。"以人为本"的理念强调人是管理的根本，各项管理措施要充分体现人的发展要求，充分挖掘人的主观能动性和学习创造性。① 所以，今天的大学群众体育的管理也充分地考虑到"以人为本"，各项群众体育活动的筹备均考虑到学生和教职工的发展需要，并以精心的布局来吸引他们的参与，真正将"以人为本"的理念运用于实践当中。走进学生和教职工的日常生活，我们可以发现体育早已成为他们生活中的一部分，无论是运动场上的挥汗如雨，还是日常交谈中的体育故事，这些体育元素的存在证明了由强制到自主过渡的成功。

四、由分离向融合：大学群众体育真谛的体现

大学群众体育是全民健身的重要内容，为广大师生的体质和健康服务，高校群众体育面临着量更大、面更广、要求更高的新局面。② 从这些年的发展来看，大学群众体育工作主要分为学生和教职工两套系统，整体的侧重点仍然在学生身上，投入的人力、物力和财力均高于教职工。而大学群众体育的真谛就是服务在校的全体人员，让学生和教职工都能够感受到体育带来的乐趣。但受制于大学的管理体制，往往在实际的操作过程中有意地将学生和教职工分为两个体系，使得教职工的体育活动往往容易被忽略。事实上，体育活动是拉近人与人之间距离最好的方式之一，师生之间也需要通过体育活动的方式进行情感交流，但由于种种原因却始终没能实现大学群众体育的群众化发展。

随着时代的发展，人们生活水平的日益提升，健康意识的不断增强让大家对体育有了新的认识，以体育活动为健康生活方式的观念获得了大众的普遍认

---

① 宁江. "以人为本"理念在高校教育管理中的具体实施探讨 [J]. 当代教育实践与教学研究，2016（11）：68.

② 程路明. 高校群众体育发展的研究 [J]. 浙江体育科学，2007，29（03）：79-81，97.

可。在这样的氛围下，大学的教职工参与体育活动的需求也不断增加，他们有时也会主动参与学生的体育活动。如在西北民族大学的 CBCA（Class Basketball Challenge Association）篮球联赛中途，突然加入了一支教职工队伍。据说这些教职工因校园篮球氛围浓厚，主动和联赛负责人沟通，在再三申请下最终参与其中。这足以说明对于大学的学生和教职工而言，他们根本不在乎体育活动参与人的身份，他们因共同的兴趣爱好聚在一起，一同体会体育活动带来的乐趣。另外还有湖南大学每两年举办一次的全校师生的体育盛会——校田径运动会，在这里可以看到学生和教职工为了各自队伍的荣誉挥洒着自己的汗水。从这些真实的案例可以看出，大学群众体育正在从两个体系有意地向中心靠拢，真正实现无身份区别的群众体育。

　　大学群众体育的真谛就是服务在校的全体人员，人们也渐渐地意识到对教职工和学生的身份划分反而阻碍了整个校园体育文化的构建。尤其是对于教职工而言，他们需要等待工会安排的体育活动，但面对庞大的教职工体系，工会安排又不可能样样俱全，所以他们的体育活动得不到保障，迫使他们有意参与学生活动。所以，笔者认为面对大学教职工体育需求的日益提升，大学群众体育势必会走向融合，为更多的学生和教职工提供优质的体育活动。

第四节　大学群众体育发展的启示

一、转变观念：促进大学群众体育融合发展

　　随着我国人民参与体育的积极性不断提高，现有的大学群众体育发展模式不足以满足全体学生和教职工的锻炼需要，因此急需进行融合式的发展。观念的转变是改革的先导，同样也是改革的难处所在。大学群众体育经历 70 年的发展已经形成了相对稳定的体系，在学生和教职工强身健体方面取得了丰硕成果。但是随着时代变迁，大学群众体育的发展也应该与时俱进，着力解决发展不平衡、不充分的问题。一方面，现有的体育活动的开展还是偏向于有运动基础的人们，成为了群众中的"精英"展示自我的舞台，整个活动的组织忽略了不具有运动基础的人们，这样势必会出现"马太效应"，即强者愈强，弱者愈弱。所以，学校应尽可能以趣味性的体育活动为主，引导和鼓励一些不经常参与体育活动的人参与其中。如举办趣味性运动会，没有运动技术壁垒的趣味游戏。另一方面，现有的运行机制下学生和教职工的活动由不同的部门管理，只有极少数的活动才会出现师生共同参与的情况。随着学者们对体育概念的深入剖析，发现体育除了有锻炼身体的功能外，还有提高人们精神层面追求的功

能，人们会积极地利用业余时间参与体育活动。反观我们的大学校园，学生和教职工身份上的界限直接影响着大学群众体育的开展，阻碍了学生和教职工追求体育生活的热情。其实在大学校园的学生体育活动中，不少教师表示过想一同参与，但是由于观念上尚未转换，有不少负责人表示这是学生的活动，教师负责组织就可以了。另外，大学校园中其他岗位的职工，他们也是大学群众体育经常被忽视的群体，他们的体育活动就只能苦苦等待工会的安排。所以，大学群众体育应该打破管理上的界限，以学生和教职工的兴趣作为标准，由体育部门牵头开展群众性的体育活动，这样既能满足"精英"们展示自我的机会，也为普通爱好者提供一个参与体育活动的机会。

通过对一些居民区的体育场馆进行调查，发现群众体育的发展已经形成了没有年龄和身份之分的群体性活动，大家因为热爱体育而聚在一起，一同为热爱而"出汗"。这说明了在参与体育运动的过程中没有身份之分，只要大家带着热爱之心就可以同场竞技。与外部群众体育的融合发展，无疑是大学群众体育发展的趋势，学生和教职工身份上的界限总有被打破的一天。改革涉及利益的重新分配与调整，因此，很多人在心灵深处惧怕改革甚至抵制改革，同时也存在一部分人想改革但不知道如何改革，以至于乱改，以及知道如何改革但又怕触及矛盾等现象。[①] 为此，改革成功的关键在于从上到下对大学群众体育观念的转变。只有让管理者及学生和教职工感受到大学群众体育的真正内涵，才能打破现有的管理体系。换言之，大学群众体育的发展需要与群众体育的发展接轨，充分运用大学校园内的体育资源，积极构建新的融合发展模式，为我国群众体育的发展探路。

二、勇于推进：提供专业体育技能的指导

现有的大学群众体育只针对本科生有两年的体育课程教学工作，但是从大学群众体育活动实际的开展过程中可以看出，两年的体育学习还是不能使他们掌握基本的运动技能，很多同学还是达不到参与比赛的水平。为此，我们需要从大学群众体育的视角重新审视一下大学体育教学工作存在的问题。其一，各高校的体育教学还是以技术动作作为教学重点，学生仅掌握了各个板块的技能，但不知如何运用。如篮球的教学中主要以运球、传球、投篮的技术动作为主要教学内容，经过两年的学习，学生虽然能模仿出动作，但却不能将其熟练应用于实战。其二，面对全民健身的热潮，学生和教职工参与体育活动的热情空前高涨，却只能进行基础性的体育活动，缺乏专业人士的技术指导。长期以

---

① 秦纪强. 韩国大学体育的发展及其启示 [J]. 体育文化导刊, 2011 (12)：106-109.

来，大学体育教师的工作以服务学生为主，忽略了对教职工团体的指导。教职工体育活动的参与群体主要是经常锻炼并具备一定体育素养的职工，所以在发展的过程中并未感觉到有什么问题。然而，在国内群众体育的发展热浪下，原本不经常参与体育运动的群体发声了，他们也想参与体育活动，但他们却没有运动基础，所以需要专业的人士进行指导。由此可见，需要进行教学工作的不单单是学生，而是整个大学体系内的全体需要体育锻炼的人员。其三，我们学习体育技能，就是为了能够参与体育活动，达到"学会、勤练、常赛"的目标。在现阶段的实践工作中，具备专业体育素养的群体可以达到"勤练和常赛"，而对于普通群体而言，他们难以从教学中感受到体育运动的乐趣，无法乐在其中。

基于上述问题，笔者认为应当勇于推进大学群众体育的教学工作，将体育辅导工作的辐射范围扩大至全体在校人员，尤其是让那些不经常参与体育活动的人群从参与中体会到乐趣，希望他们能够在今后的生活中自觉地参加体育活动。如湖南大学的体育课外辅导站，是由体育学院牵头主办的服务于全体在校人员的技术援助机构，在每周的固定时间指派专业的人员为学生和教职工解决运动中存在的问题，获得了大家的一致好评。事实上，大学群众体育的发展需要勇敢地迈出第一步，要从服务的组织、方式、对象等方面进行革新，尽可能帮助更多的人掌握运动技能，并从体育活动中寻求乐趣。笔者在实际的工作中就曾遇到很多教职工会谈到一些专业技能方面的问题，也是他们在实际锻炼过程中真实存在的问题，足以表示他们对体育的热爱。此外，还有些具有一定体育基础的教职工，在加入大学的代表队进行训练时，会学习一些专业方面较为前沿的理论知识和实践技能，作为自己专业提升的法宝。种种迹象表明在大学里开设专业体育技能培训，能够走进大学群众的体育生活，了解他们体育锻炼中的实际问题，并通过专业的知识为他们排忧解难，这就能促使大学成为我国群众体育发展道路中的先行者。

三、科技引领：场地设施的高利用化建设

改革开放以来尤其是 1999 年大学扩招以来，我国大学体育场地设施建设有了实质性进展，为大学体育改革起到很好的支撑与保障作用，但仍然存在一些问题。[①] 一是体育场地设施虽在数量上有了很大的提高，但还是无法满足学生和教职工日益提升的体育锻炼需求；二是学校体育场馆设施与群众体育锻炼需求不相符，明显的特征是有些场地人满为患，有些场地无人问津；三是管理

---

① 秦纪强. 韩国大学体育的发展及其启示 [J]. 体育文化导刊, 2011 (12): 106-109.

和使用方面的问题，场馆设施无法达到最大使用率，人们选择运动的时间相对集中，闲置时间的场地没有很好利用；四是场馆设施的保养与维护方面不合理，直接导致场馆设施的使用年限缩短，甚至还存在一定的安全隐患。场馆设施是大学群众体育工作开展的物质基础，只有保证群众参与体育活动时"有场可依"，才能保证大学群众体育的可持续发展。

针对上述问题，笔者认为对现有的场地资源进行高利用化的建设，能在现有场馆设施的条件下充分发挥其使用功效。如利用信息化手段对场馆进行有效管理，通过预约的方式实现场馆的精准服务，以尽可能地扩大其使用功效。此外，我们还应该延长体育锻炼场所的开放时间，让学生和教职工根据各自的情况选择锻炼场所、时间、项目等，最大限度地发挥体育场馆设施的功能。① 在实际的场馆管理过程中，总结不同场馆的人数变化规律，尽可能保证黄金时期的利用率，其他时间也可以组织一些体育活动，尽可能地调动学生和教职工的积极性。对于大学体育场馆资源的建设要有长久的规划，尽可能在有限的空间内发挥出最大的效能。如篮球场在日常使用时可以分为投篮消遣型、半场对抗型和全场竞技型，但是一个球场的容纳空间有效，能满足的类型也只有一到两个，这就使整个场地的使用受到限制。针对上述问题，可以考虑对所有的场馆设施进行功能划分，满足不同群体的运动需求。以篮球场为例，在现有场地基础上增加篮圈的数量，并将球场进行分区：一是投篮消遣区，专门针对只想投投篮，小运动量的群体；二是半场对抗区，专门针对喜欢进行半场对抗的群体；三是全场竞技区，专门针对具有一定篮球基础的人们，方便进行较正式的竞赛。其他场馆设施也可以在信息化建设的基础上进行功能划分，结合大学群众日常的锻炼习惯，尽可能用有限的资源满足不同群众的锻炼需求。

---

① 谢伦立. 美国苏必利尔湖州立大学体育活动及其启示 [J]. 体育文化导刊，2014（02）：154-157.

第三章　大学群众体育教学与训练

在对大学群众体育进行概念界定时，笔者论述了大学体育与群众体育的关系，大学体育、群众体育与大学群众体育的紧密联系，突出了三者之间互相关联、不可分割的关系。大学公共体育教学与训练面向高校学生和教师开展，突出大学群众体育在高校发展中的重要地位，大学群众体育是有效利用高校体育资源，针对学生、教师以及其他人员开展的体育活动。笔者通过梳理新中国成立以来大学群众体育教学与训练的发展情况，发现大学群众体育教学与训练的发展变化对大学群众体育产生了较为深刻的影响。大学校园的体育教学与训练活动是大学群众体育开展的基本形式，能彰显大学群众体育的价值。

第一节　大学群众体育教学与训练的发展

一、大学群众体育教学与训练的发展概况

新中国的成立开创了中国历史的新纪元，标志着旧中国半封建半殖民地性质的学校体育彻底结束，学校体育走向新民主主义性质，民主、科学、大众的教育最终目的是提高人民的文化水平，为我国的建设培养优秀人才。新中国成立初期，受"全盘苏化"的影响，我国的体育教学与训练几乎是照搬苏联，同时高等教育部还翻印了《苏联高等学校体育教学大纲》，供国内各高校学习借鉴；1956 年，在参照苏联教学大纲的基础上，教育部颁布我国第一部《一般高等学校体育教学大纲》，奠定了我国高校体育发展的基石；十一届三中全会的召开，标志着我国进入了改革开放的新时期，1979 年教育部颁布了《高等学校普通体育课教学大纲》，我国高校体育教学也开始在教育部正式出台的纲领性文件的指导下步入探索和改革的阶段；改革开放以后，我国高校体育教学在一定程度上得到了恢复和发展，1992 年教育部颁布的《全国普通高等学校体育课程教学指导纲要》，在大学体育课程教学的内容上，选择适合大学生身心发展特点的内容；进入 21 世纪，2002 年《全国普通高等学校体育课程教学指导纲要》对大学体育课程的教学目标、课程设置、师资力量、教材和教

学评价方面做了全面的阐述；2014 年《关于加快发展体育产业促进体育消费的若干意见》的指导性文件提高了体育教学的水平，同时为不断创新教学提供新一轮的契机。以国家出台的文件为指导，大学体育在不同高校展现出各自体育教学的特色与风格。在这个急需体育人才、学校体育亟待发展的新时期，高校作为人才培养和引领潮流的社会特殊文化形态担负着艰巨的任务，大学群众体育训练的开展已经刻不容缓。大学群众体育训练和大学其他体育活动一样，是实现高校教育目标和高校体育教育任务的基本途径之一。当然这里必须指出本书中大学群众体育训练是指在高等教育体系内，部分在体育方面有一定才能和爱好的学生和教职工利用学习和工作之外的时间，通过运动队、代表队等形式进行训练，使他们的运动才能得以发展和提高的一个专门组织的教育过程，比如学校足球队、篮球队以及健美操队等，大学体育训练的开展对高校来说具有特殊的意义。考虑到前述章节中对大学群众体育发展沿革的划分依据做了详细说明，为保证行文的严谨，在撰写大学群众体育教学与训练的发展概况时，主要是以 1979 年教育部颁发的《高等学校普通体育课教学大纲》，1992 年教育部颁发的《全国普通高等学校体育课程教学指导纲要》，2007 年《中共中央国务院关于加强青少年体育增强青少年体质的意见》以及 2014 年《国务院关于加快发展体育产业促进体育消费的若干意见》的指导性文件作为划分的主要依据，将大学群众体育教学与训练的发展分为曲折与摸索时期（1949—1977 年）、探索与恢复时期（1978—1991 年）、深化与完善时期（1992—2013 年）、稳定与创新时期（2014 年至今）。

（一）曲折与摸索时期：1949—1977 年

　　1949—1955 年是我国从新民主主义革命向社会主义革命过渡的历史时期，也是新中国高校体育初步创下基业的时期。这一时期高校体育是在接受和改造基础十分薄弱的旧高校体育的基础上开始发展的，大学群众体育教学与训练的发展在探索中前进。1952 年 6 月 10 日，毛泽东同志发表了"发展体育运动，增强人民体质"的题词，指明中国体育发展方向的同时，也为我国体育的发展奠定了重要的思想基础。"健康第一、学习第二""身体好、学习好、活动好"等重要指示以及 1951 年国家政务院通过的《关于改善各级学校学生健康状况的决定》，要求各级人民政府教育行政部门及各级学校纠正对学生健康不负责任的态度；紧接着高等教育部成立了体育处，加强对高校体育的领导。1952 年在《各级各类学校教育计划》中规定：从小学一年级到大学二年级，均开设体育必修课，每周两学时，以保证学校体育教学目标的实现。这一系列政策的出台，充分表明国家对体育发展的重视，体育教学与训练作为体育发展的重要手段，在大学群众体育发展的初期起到奠基性的作用。新中国成立初期，我国人民虽然有强烈的体育需求，但是因对现代体育认知程度偏低，技术动作掌握不够，这一时期的体育教学与训练还是处于借鉴阶段，因而就出现了"教师会什么教什么"和"放羊式"的体育教学。大学群众体育训练是针对大学体系下的所有人员，凡是对体育运动有兴趣的大学生或是教职工都可以参与体育训练，训练对象和训练项目都具有广泛性。受"全盘苏化"的影响，我国体育教学也发生了很大的变化，1953年高教部翻印的《苏联高等学校教育大纲》供国内各学校学习借鉴，次年公布的《准备劳动和卫国体育制度》被迅速推行，从此"劳卫制"成为各高校体育教学与训练的主要依据，在此期间，我国体育教学的模式基本上推行苏联体育课的"四段教学法"，即每节课分为开始、准备、基本教学、结束四部分。

　　表3-1中的信息显示，以北京大学为代表的高校对体育课进行了不同层次的划分，体现出高校体育在教学过程中区别对待、因材施教的原则。新中国成立初期大学体育教学内容普遍以田径、体操、球类为主，虽然开设的教学项目不多，但北大、清华依季节变化开设的游泳、滑冰课充分体现了我国北方高校开展体育项目的特色。

表3-1　20世纪50年代我国高等学校体育教学内容——以部分高校为例

学校	课的分类	教学项目	主要特点
北京大学	一般体育课、提高体育课	医疗体育、游泳（夏季）、滑冰（冬季）	分级授课、目标明确
清华大学	综合课、综合与专项结合课、专项提高课	田径、体操、球类、游泳（夏季）、滑冰（冬季）	小型、轻量、多样、效大
上海交通大学	——	田径、体操、球类、理论共二十几项	强调技能，多方法授课

　　注：表格内容整理自田祖国、孙麒麟所著的《现代大学体育制度研究》，上海交通大学出版社，2016年

　　1956—1965年，我国在社会主义建设上经历"反右扩大派""大跃进""三年自然灾害"以及中苏关系紧张等情况，社会主义建设探索一波三折，这一时期，大学体育受政治、经济的影响，也经历了曲折的历程，但从大学体育课程发展的历程来看，有着重要的意义。1956年，教育部参照《苏联高等学校体育教学大纲》的基本内容，结合我国的实际，以"劳卫制"为基础，制定了《一般高等学校体育教学大纲》。体育教学的主要内容以田径为主，球

类、体操为辅，高校根据各自优势进行因材施教，而体育训练则多以球类项目为主，学生和教职工依据兴趣参与技能训练。大学群众体育训练是发现和培养优秀运动员的摇篮，是培养竞技体育后备军的媒介。除高水平运动员的课余体育训练外，高校开展基础性的体育训练，对运动员竞技运动水平同样有重要的促进和强化作用。同年《关于加强领导　进一步开展一般高等学校体育运动的联合指示》的颁布，强调各高校必须加强措施，把体育运动作为学校活动的重要方面，还要求对体育活动实行校（院）长负责制，使各高校初步建立其体育活动制度。1957 年，我国政府提出了"我们今后的教育方针，应该是培养有社会主义觉悟的、有文化的、身体健康的劳动者"。这做出了学校体育不仅仅是一门课程，还是培养全面发展人才教育中一个不可缺少的组成部分的定位。高校体育在总结苏联经验和教训的基础上批判了教条主义，开始摸索自身发展的道路。1957—1965 年，教育部提出了增强体质的指导思想，将具有中国特色的武术正式列为教材内容，还在《高等学校体育工作暂行规定》的指导下，颁发了《高等学校普通体育教材纲要》，编写出版了《高等学校普通体育课教学参考书》，使大学体育教学内容和要求得到统一，促进了大学体育的发展。同时期我国体育课程的设置主要以竞技体育项目为主，课程结构单一，其指导思想基本以教师、课堂、教材三要素为中心。在教学过程中采用集体教学，教授整齐划一的动作，师生缺乏互动，整个教学体系形成一种教学法，这种单一的控制模式导致教学效率十分低下。同时，以"劳卫制"为基础的大学体育课程除了具有单独项目的特点外，意在考核学生的体育达标程度，要求高校学生在经过体育课程的学习后达到三级运动员标准。1958 年，我国高校体育教学呈现低谷状态，学生营养不足、体质下降，学校根据当时的情况开设了"气功保健课"和"太极拳保健课"。清华大学出台的新"五项锻炼标准"，分别是 60 米跑、立定跳远、引体向上、铅球或手榴弹、1500 米长跑或游泳，以使学生在体育锻炼上有一定的标准可循。上海交通大学针对学生体育运动能力的差异，对低年级学生开设普通课，对高年级学生采取辅导课的形式开设专项课。体育教学分为三类：结合专业生产劳动的基本训练，并规定六个基本项目；结合基本训练，要求学生根据自身特点任选一个专项训练。20世纪 50 年代，中国人民大学开设了普通体育课，在引进苏联体育课程结构的同时，首次意识到体育课可以分成基础、提高、保健班；随后针对全校各系开设的体育专项选修课，采用集体备课、集体练习的方式，培养全体教师的"一专多能"。但这一时期的体育教学主要还是以生产劳动为主要内容，大多以强化身体素质为主，并未专注于体育教学的发展。

　　1967 年，在"左"的错误思想的指导下，《关于大专院校当前无产阶级文化大革命的决定（草案）》《关于大、中、小学校复课闹革命的通知》等文件相继发出，要求全国各级各类学校开始"复课闹革命"，大学体育活动也相继停止或取消。刚刚建立起来的课程体系付之东流，大学体育也陷于瘫痪。教育体制和课程设置受到严重的破坏和扭曲，全国大学体育课程基本被取消。依据凯洛夫的教育学原理，强调体育教育的阶级性、工具性、统一性，重视知识传授，以及运动技术和技巧的形成，强调共产主义思想品德教育，主张学校体育面向全体学生，提倡体操教学。少数地方以"军事训练课"代替大学体育课程教学。直至 1978 年日渐恢复"文革"期间停办的 60 所重点大学，预示着大学体育的发展将重回正轨。新中国成立初期的大学体育教学学习苏联，教学内容主要以人体的自然活动为主，同时考虑到男女的差异，根据性别设立了不同的项目，这充分说明该阶段的体育教学考虑了健身性、时代性并朝着科学的方向发展。

从《准备劳动和卫国体育制度》到第一部《一般高等学校体育教学大纲》，我国高校体育教学主要是参照以苏联为首的社会主义阵营国家的教学大纲，这对我国大学群众体育的发展而言，无疑是滞后的一种表现。但由于新中国成立初期政治动荡不安，加之我国经济较为落后，体育教学几乎无法体现我国的特色，体育教学呈现出"有什么教什么"的现状，而体育训练更是缺乏系统性，使大学群众体育教学与训练变得死板、枯燥。但这并不影响我国大学群众体育向前发展的态势，在国家各项事业百废待兴之时，大学群众体育教学与训练在这一阶段呈现出的曲折探索，恰恰是新中国成立初期社会背景的反映。

（二）探索与恢复时期：1978—1991 年

党的十一届三中全会不仅指引我国社会主义建设进入新的历史时期，也给大学群众体育的发展带来了新的转机。1978 年 4 月，全国教育工作会议召开，拉开了教育改革的序幕，教育事业也进行拨乱反正，恢复发展。1979 年 5 月15 日至 22 日，原国家教委、国家体委、卫生部、共青团中央委员会在扬州召开了"全国学校体育卫生工作经验交流会"（即"扬州会议"），强调"锻炼身体，增强体质"是学校体育的首要任务，为学校体育步入正轨和日后的快速发展奠定了重要基础。而大学群众体育便在此基础上进行发展，教学与训练成为促进大学群众体育发展的动力，为学生和教职工的技能培养奠定坚实基础。教育部于 1978 年重新编订的《高等学校普通体育课教学大纲》《高等学校体育工作暂行规定》《国家体育锻炼》和《全国普通高等学校体育课程教学指导纲要》等文件，激发了高校体育新的活力，大学群众体育发生了根本性的变化。《高等学校体育工作暂行规定》指出大学体育的基本任务是"指导学生锻炼身体，增强体质，使学生掌握体育的基本理论知识和运动技能，学会科学锻炼身体的方法，养成经常锻炼的习惯，逐步提高运动技术水平；向学生进行共产主义思想、品德教育，树立良好的体育道德风尚。要贯彻普及与提高相结合的方针，要面向全体学生"。[①] 这一时期，由于"文化大革命"造成的学生体质普遍下降，"增强体质"成为大学体育课程的指导思想，《高等学校体育工作暂行规定》中突出"基本知识、基本技术、基本技能"的"三基"成为大学体育教学的显著特点。1979 年《高等学校普通体育课教学大纲》所规定的教材类别包括基本教材和选用教材两个部分。其中基本教材主要包括体育基本理论知识和卫生知识、田径、体操、球类、武术、游戏、考试等项目，考试的对象也是体育基本理论知识、运动技术、运动技能的考核，如下表 3-2 所示：

表 3-2　1979 年《高等学校普通体育课教学大纲》的课程内容分配表

教材类别	项目	课时数	百分比/%
基本教材	体育基本理论知识 卫生知识	8	5.71
	田径	34	24.29
	体操	24	17.14
	球类	18	12.86
	武术	8	5.71
	游泳	16	11.43
	考试	4	2.86
	小计	112	80.00
选用教材	—	28	20.00
总计	—	140	100.00

注：数据摘自 1979 年《高等学校普通体育课程教学指导纲要》

　　"文革"时期的体育教学与训练普遍被劳动和军训代替，致使学生的体质普遍下降，缺乏体育知识和基本技能的教学，给大学群众体育的发展造成了无法弥补的损失。上表中田径、体操、球类项目所占比重较大，突出了大学体育

---

① 中华人民共和国原国家教委、国家体委. 高等学校体育工作暂行规定（试行草案）[S]. 1979.

教学在朝着以增强学生体质的目标发展，增加游泳、武术等内容使大学体育教学内容渐渐丰富，但也从侧面反映以竞技运动项目为主的大学体育教学存在着一定的不足，学生性别的差异可能造成体育教学开展过程中出现分层现象，对于跑、跳、投项目男生相对感兴趣，而对于像羽毛球、乒乓球等小球运动女生较为青睐，却没有得到很好的开展；在教学考核方面，主要依据基本知识、基本技能和基本技术对学生进行终结性考核，一般是通过制定考核标准对学生进行考核，学生成绩评定需要达到一定的标准。这种终结性评价的考核方式充分考量竞技运动项目，对教学中开展的体育项目有一定的促进作用，但不利于激发学生对体育运动的兴趣和热情。"文革"后的复苏阶段，清华大学体育课改为三年制，一年级以学生班级为教学单位，教学内容主要以"国家锻炼标准"为主，辅以田径、体操、武术等项目；以东南大学为代表的高校十分重视体育教学，在 1990 年修订编写了一系列与教学相关的书籍和计划；在南京大学，学校从实际出发，率先开创了国内体育专项课和基础体育课相结合的体育教学工作，形成了"1-3-1-1"型的课程教学模式：第一个"1"是指一年级第一学期开始"体育基础理论与实践课"，以基础理论+体能训练为主，理论课采用统一时间、统一教室的方式集中授课；"3"是指一、二年级学生在第二至第四学期开设专项课（含保健体育课）；第二个"1"是指三、四年级和研究生开始各类选修课；最后一个"1"是指每年一次的暑假短学期特殊体育课程。① 大学群众体育囊括了学校体育、在职体育和退休后体育三个部分，但是在大学教育体系内，体育课程和其他与体育相关活动的安排并不能满足大学生和教职工群体对于锻炼身体和提高运动技术的需求，这时大学群众体育训练就发挥了重要的作用，大学群众体育训练的项目多种多样，有满足青年学生群体的，也有适合于老年教职工的，有助于激发他们对于体育运动的兴趣，培养保持运动的习惯，奠定体育的基础，为终身体育目标的实现提供了可能。针对"文化大革命"对大学群众体育造成的"负面影响"，大学群众体育教学与训练积极应对，尝试建立起自身教学与训练的特色，项目种类也朝着满足学生需求的方向发展。

（三）深化与完善时期：1992—2013 年

社会主义改革带动了我国科技、教育、体育、文化各方面的发展，邓小平同志在南方谈话时说："经济发展得快一点，必须依靠科技和教育。"大学群众体育发展在这一时期的理论和实践成果为高校体育的改革奠定了基础。在这

---

① 田祖国，孙麒麟. 现代大学体育制度研究［M］. 上海：上海交通大学出版社，2016：122.

种时代背景下，1992 年教育部颁布实施了首个以"指导"来命名的大学体育课程的纲领性文件——《全国普通高等学校体育课程教学指导纲要》，文件指出："学校体育工作应当面向全体学生，积极推行国家体育锻炼标准；体育课教学应当遵循学生身心发展规律，教学内容应当符合教学大纲的内容，符合学生的年龄、性别特点和所在地区的地理、气候条件。体育课的教学形式应该灵活多样，不断改进教学方法，改善教学条件，提高教学质量；通过合理的体育教学过程和科学的体育锻炼过程，使学生增强体育意识，提高体育能力"；等等。[①] 该指导纲要以学生作为体育教学的主体，突出"育人"的指导思想，明确了以增进学生体质、增进学生健康为体育课程的主要目标。对比 1979 年的教学大纲，"1992 年纲要"在沿用体育教学的基本知识、技术、技能的基础上，突出了对"增强体质"的重视，主要体现在体育教学中加入了一定的素质训练。随着终身体育逐步受到重视，学校对学生学习兴趣的挖掘开始受到广泛的关注，在田径、体操、武术等项目的基础上，我国高校体育教学内容增加了健美操、羽毛球、乒乓球等项目，使体育课程的教学内容得到进一步的拓展。此外，大学体育在教学与训练方面，在已有体育课和劳动课的基础上，增加了户外课，强调大学体育课程与户外课程相结合的方式，要求有条件的学校根据自身优势开展远足和夏令营等户外活动。大学群众体育训练是分项目、分团体进行的，虽然开设的目的和水平有所区别，但是都会有一定的组织和专门负责的人员，他们可能是专业教练、体育老师、学生或者技术较好的团队成员，相对于自己进行的体育锻炼来说，动作技术和专业程度会高很多。以团体组织形式进行体育训练不仅会增加参与人数，提高团队和个人的技术水平，而且对于整个校园体育运动水平的提升有重大的促进作用并有助于呈现高校积极向上、充满活力的精神风貌。另外学校要求大学一年级和二年级的学生必须上选修课，并且修够 144 个学时，同时重视学生运动技能目标，强调学生对于运动技术的掌握，但仅仅通过掌握运动技能，并不能够完整体现大学群众体育的发展目标。随着社会的不断发展，素质教育的不断推进，人们对体育的认知已经不仅仅是停留在简单的技术动作层面，而是出现了一些以培养终身体育意识、快乐参与其中的体育观念，这些观念的出现，使体育教学与训练不得不做出相应的调整。1995 年全民健身计划的实施，对大学群众体育的发展更是起到了推波助澜的作用，"科教兴国战略的实施，加速实现我国繁荣昌盛，人才培养是关键。""建设现代化强国，科教兴国战略是需要高素质人才，全民健身计划纲要是培养高素质的现代化人才，交汇在大学群众体育的集合点上，构

---

① 中华人民共和国原国家教委. 全国普通高等学校体育课程教学指导纲要 [S]. 1992.

成了大学群众体育在全民健身中的特殊地位。"① 全民健身计划要求保证学生和教职工每天1小时的体育活动，这与大学体育每周1次2学时的体育课是不相符的。以全民健身为契机，协调大学体育教学与训练在课内强化，课外延伸、补充，这给大学群众体育的教学与训练注入了新的目标。

如表3-3所示，不同高校针对不同年级的学生，设置了不同层次的教学内容，这充分考量了学生的身体条件。针对一年级学生的体能或身体素质开展的练习，主要是为今后教学的开展打下坚实的基础，随着年龄的增长，学习的深入，在提高竞技体育能力的同时意在指导学生自主锻炼，养成坚持锻炼的习惯。

表3-3　我国高校体育不同年级教学内容统计表——以部分大学为例

学校	一年级	二年级	三年级	四年级
清华大学	打好体能基础，增强体育意识	"四级教学制"，开展不同体能学生的因材施教	全面掌握一个专项的理论、技术、技能；开设保健课	—
东南大学	提升身体素质的"素质教学"	掌握1~2项运动技能的"技能教学"	培养体育专长的"能力教学"	早操、课外体育活动、体质达标考核

20世纪末，我国各项改革取得突破性进展，在1995年《全民健身计划纲要》的颁布实施下，大学群众体育教学与训练朝着形式多样、内容丰富的方向发展。面对高校体育课程的全面改革和快速发展，2002年8月国家颁布了《全国普通高等学校体育课程教学指导纲要》，并于次年新学年正式实施。与"1992年纲要"相比，"2002年纲要"实行学分制，学分与体育课的学时挂钩，大学体育课程必须修满足够的学分才能获得相应的毕业证和学位证。以"健康第一"为指导思想的高校体育，确立了以运动参与、运动技能、身体健康、心理健康、社会适应目标为支撑的目标体系，这充分体现高校体育教学朝着更加具体、清晰、全面的方向发展。"2002年纲要"提出的："弘扬我国民族传统体育，汲取世界优秀体育文化，体现时代性、发展性、民族性和中国特色。"② 民族传统体育项目的融入不仅是高校体育教学内容的创新，更是丰富

① 王景连，赵崇珍. 科教兴国的基石——大学体育在全民健身中的地位与对策 [J]. 体育与科学，1996（01）：26-28，11.
② 中华人民共和国原国家教委. 全国普通高等学校体育课程教学指导纲要 [S]. 2002.

学生体育生活、开阔学生视野的重大突破；民族传统体育项目众多，对传承有中国特色的体育文化有着重要意义。以我国"双一流"高校湖南大学为例，该校开展的民族传统体育公共课受到了各院系学生的青睐，以高脚竞速、三人板鞋、陀螺、蹴球、抢花炮、跳竹竿等为主的民族传统体育项目，因场地限制小、开展容易、趣味性强的特点取代了传统体育教学中枯燥、乏味的田径运动项目。另外传统的体育教学按照常规的准备活动、基本技术教学、结束放松的模式弱化了体育课堂应有的活跃和自由，使学生丧失了学习主动性，学习积极性也不高。新时期下的高校体育课程，增加了小球类、休闲娱乐类、时尚类项目等，体育教学项目拓展到了22项之多，迎合当代学生对高校体育要求的同时，① 无形之中培养了学生树立终身体育意识，对建立终身体育的健康观念有着重要意义。

（四）稳定与创新时期：2014 年至今

2014 年，教育部印发《高等学校体育工作基本标准》，加强了对高等学校体育工作的监督与评价。《2015 年全国学生体质与健康调研》显示，近几年我国大学生的身体素质呈下降趋势，我国大学体育与健康课程改革面临着很大的压力与挑战。在当前背景下，大学体育教学作为高等院校教育的重要组成部分，应该以"健康第一"为指导思想，健全"体育与健康"的课程体系，促进大学体育更好地发展。② 同时高校体育教学也提出了新的要求：深化完善学校体育发展，提高大学生身体素质，树立终身体育的理念。中国农业大学的体育教学工作始终贯彻《全国普通高等学校体育课程教学指导纲要》精神，历来重视体育教育，坚持"以人为本，健康第一"的教学指导思想，秉承"育人至上、体魄与人格并重"的体育教育观，充分发挥在实施素质教育和培养全面发展人才过程中的特殊作用，面向全校学生开设的六大类五十九门课程，充分考虑学生个人兴趣、爱好、自身条件，丰富了教学内容。在开设的体育课程门类中，中国农业大学开设了篮球、排球、足球、橄榄球等十种俱乐部课，"俱乐部课教学淡化课内和课外的概念，强调学生自主管理、自主活动，结合项目特点，将体育技术技能的学习、体育竞赛活动的参与以及围绕着提高专项运动能力、提升体质水平的日常活动统筹纳入俱乐部课程体系。"③ 为新阶段下高校体育教学面向学生开展的改革和创新提供前进的动力，加快了大学体育

① 李建磊. 改革开放三十年新疆高校公共体育课程的嬗变研究 [D]. 乌鲁木齐：新疆师范大学，2010：40-41.

② 刘勇. 新时期我国大学体育与健康课程改革研究 [J]. 课程教育研究，2018（49）：190.

③ 中国农业大学艺术与体育部官网. http://tyb1. cau. edu. cn/col/col2016/index. html.

发展的脚步。兴趣是行动最好的催化剂，大部分同学参与体育训练是出于兴趣爱好，当然丰富的体育训练内容会增加参与者的运动兴趣。大学群众体育训练是促进学校体育建设的重要组成部分，它能增加一些没有参加过体育锻炼或害怕体育训练的人员参与到体育活动中的机会，同时也可以影响学校领导对体育的重视程度，增加学校开展体育相关活动的可能性，营造良好的校园体育文化氛围，推动校园体育文化建设。

梳理新中国成立以来我国大学群众体育教学与训练的发展情况，理清不同阶段背景下和政策文件对我国大学群众体育发展的导向，清晰地掌握我国大学体育教学与训练在不同阶段的基本情况，对大学群众体育的发展有着重要意义。大学体育教学面向各个院系（除体育专业学生以外）的学生开展，《全民健身计划纲要》揭示了大学体育最终要走出课堂，面向社会群众。大学群众体育概念的提出更加体现大学体育教学作为高校体育教育最直接的手段，不仅是"教师教，学生学"的教学活动，而且是形成"大学"范围内开展的、实现高校全体成员参与体育活动的局面，使大学群众体育真正落实，服务群众的关键组成部分。

二、大学群众体育教学与训练的思想变化

"体育教学指导思想是对构成完整体育教学思想的体育教育指导思想、体育教育观念、体育教育理论三维体的反映，它是一个通过多种途径，有意、无意影响学校体育目的、任务、学校体育制度、体育教学和体育锻炼过程的概念体系"。[①]"大学群众体育教学与训练思想的形成不是一蹴而就的，而是一个动态的发展过程，社会的变革和发展，教育思想的转变和更新，都深刻影响着体育教学思想的变化和发展。"[②] 大学群众体育教学与训练的思想在不同社会背景的推动下发生转变，它并不是一味地向前发展，而是根据国家的发展、人民的体育需求而逐渐发生变化。笔者在尝试找出新中国成立以来我国大学群众体育教学与训练的理念变化趋势的过程中，发现其在不同阶段分别形成了军事体育教学思想、竞技体育教学思想、体质健康教学思想、素质教育教学思想、"终身体育、健康第一"教学思想等；在梳理的过程中我发现这些教学思想的产生大多还是受时代发展的影响，如经济、政治、文化的因素，也有依据我国政策为导向诞生出某种教学思想；在尝试理清这些教学思想的同时，我试图找

---

① 苏连勇. 对美、苏、日、东德、中国体育教学指导思想的比较研究［J］. 北京体育学院学报，1988（04）：8-9.

② 吴晓红. 改革开放以来普通高校体育教学思想发展的回顾与思考［J］. 西安体育学院学报，2007，24（05）：107-108，115.

出其可供当下大学体育发展借鉴之处，使大学体育教学更加合理化、科学化。

（一）军事体育教学思想

军事体育教学思想的形成要追溯到我国近代的军事体育思想，"从'强武练兵的军事体育思想'到'强种保国为目的的学校军事体育思想'再到'救亡图存的军事体育思想'"，① 体现了近代我国体育在发展的过程中，主要以增强军事技能，强兵卫国为目的，从而渐渐形成的军事体育思想。北京大学蔡元培校长也主张体育走军事化道路，号召强健学生体魄，要做好随时上战场的准备……新中国成立之初，由于多年战乱，国民饥贫交加，经济基础薄弱，"全民皆兵"是发展经济和保家卫国的重要国策。体育教育的目标就是培养身体健康的、具有良好体能的社会主义建设者和保卫者。② 在以苏联为首的社会主义阵营的共同影响下，"劳卫制"的引入成为了当时历史条件下的必然选择，军事体育教学思想成为大学群众体育教学与训练的指导思想。一方面，配合军事技能的体育教学内容丰富，弥补了同时期体育教学条件较差的客观不足。在很多学校，由于没有足够规范的场地器材，学生和教职工只能参与军事体育活动，投手榴弹、跳箱、单双杠等成为了大学群众体育教学与训练很好的补充。另一方面，带有明显"政治色彩"的体育发展显然使体育按自身内在规律的发展受到了一定的阻碍，学生和教职工参与的项目较为单一，脱离大学群众体育教学与训练的价值，无法凸显体育形式多样的本质属性。

（二）竞技体育教学思想

20 世纪 50—60 年代，我国开始重视竞技体育的发展，学校体育的重心也向竞技运动项目倾斜，大学群众体育训练顿时受到学校的重视。在树立大国形象的同时，竞技实力成为彰显国家实力的重要部分。由此形成了"以竞技项目教学为中心，培养学生竞技能力的一种教学思想"③，即竞技体育教学思想，但"在体育教学与训练实践中真正以培养竞技能力、培养运动员为目的的学校少之又少，基本都是把竞技项目的内容直接当成体育教学与训练的内容"④。

---

① 汪玮琳，欧骏. 近代中国军事体育思想的历史演进 [J]. 体育文化导刊，2013（05）：129-131.

② 尹建军. 我国现代高校体育教学思想与内容体系的形成与发展 [J]. 广州体育学院学报，2012，32（03）：113-116.

③ 兰自力，黄文仁. 对学校体育教学指导思想的反思与梳理 [J]. 武汉体育学院学报，2009（01）：87-90.

④ 邵华. 几种体育教学思想的比较研究（上）[J]. 中国学校体育，2000（01）：63-64.

争夺名次还是大学群众体育训练的主要任务，受训人员与教练员是利用课后或工作之余的时间进行体育训练或指导，同时教练员一般只是学校体育综合素质比较高的老师或学生。大学相比于初高中，课程和时间安排没有那么紧密，参与体育训练并不是大学生和教职工的主要任务。许多大学特招的高水平运动员，他们需要代表学校、市、省或国家参加许多体育竞赛，这在一定程度上弱化了大学群众体育教学与训练的娱乐性。以竞技体育教学思想为高校体育教学的思想，使教师在教学的过程中以田径中的跑、跳、投项目作为教学的主要内容，而且在教学过程中以规范学生技术动作、掌握运动技能为主的体育教学忽视了学生的自主性；但也要看到，高校开展竞技体育教育，突出了竞技体育的特色，为我国培养高水平运动代表队提供了一个良好的环境，使中国的国际形象在这一时期发生了重要变化，为树立大国形象奠定了良好基础。

（三）体质健康教学思想

体质健康教学思想，集中体现在我国学校体育一直以来都遵循增强体质和增进健康的理念上。新中国成立初期国贫民弱，为响应毛泽东同志"健康第一，学习第二""发展体育运动，增强人民体质"的号召提出了增强全民体质的口号；三年自然灾害和"大跃进"时期，国民经济遭遇暂时性困难，将学生的健康水平甩下低谷；"文化大革命"期间，体育教学被军训、劳动代替，导致学生体质普遍下降；1990 年的《学校体育工作条例》明确指出，"学校体育以增强学生体质为主"；21 世纪以来倡导的培育终身体育意识，"体质健康"自始至终都是参与体育活动时人们所关心的问题。体质健康教学思想是指在教学过程中改变学生体质、发展学生身体素质为主导的体育教学思想。[1]"无论何时都不会有否定增强体质是学校体育的重要目标的蠢人。但无论谁也不得不承认现代的学校体育正从单纯的、身体的教育，向'通过身体而进行的教育'或'运动的教育'这一方向发展。"[2] 大学群众体育训练在高等教育体系内，部分在体育方面有一定才能和爱好的学生和教职工利用学习和工作之外的时间，通过运动队、代表队等形式进行训练，使他们的运动才能得以发展和提高。"当时特殊时期的需要使得体质教育思想对中国体育理论与实践的发展起到了促进作用。但在实践中由于过度强调形式上的锻炼，教学内容与锻炼过程被简化。"[3] 伴随着社会的发展和科学技术的进步，人们对体育、

①　严剑葵. 我国学校体育教育思想的嬗变研究［J］. 体育科技，2015（06）：131-132.
②　毛振明. 对"体育=体质教育"的思考［J］. 学校体育，1991（02）：61.
③　项立敏. 近现代我国学校体育指导思想演变的社会学思考［J］. 西安体育学院学报，2005，22（06）：104-107，124.

体育运动的认识会更加全面和深入。

（四）快乐体育教学思想

快乐体育教学思想是指在体育教学与训练中，把运动中内在的乐趣作为目的的一种教学思想。① 无论是学生的体育教学还是各代表队的训练，大家都是在追求精神上的乐趣，能够在参与体育的过程中获得快乐。1980 年快乐体育教学思想从日本传入国内，对我国传统的体育教学造成很大的冲击。快乐体育教学强调学校体育教学应该以学生为核心，重视学生健康心理的塑造，在教学方式以及内容上追求多元化发展，用快乐的方式和成功的体验来激发学生的学习兴趣。② 通过理解相关学者对快乐体育教学思想提出的概念释义，快乐体育教学抓住以学生为主体的体育课堂，通过一系列的手段对学生的体育兴趣进行挖掘。可以说，这一教学思想与以往我国高校体育教学思想相比，有了重大突破。不论是从形式上还是看待教学主体的位置上，在大学体育教学不断改革的形式下，都是一个重大的突破，以"快乐"为主的体育教学充分考虑学生的主观情绪，无形之中建立起课堂的愉悦感，对比传统的教学忽视学生这一主体的身心感受，快乐体育教学弥补了这一不足。体育不能缺少乐趣。没有乐趣的运动是无聊的，无论是精神还是身体都得不到应有的锻炼效果。但在实践的过程中，我们会发现高校体育教学的实际情况与快乐体育的本质有所偏差，比如说只重视形式上的学习，甚至以"学生快不快乐"作为评价体育教学成败的评定标准，"快乐体育"并不意味着高校体育教学就是一味的玩耍娱乐，而是应该充分考虑在高校体育教学阶段的学生，他们的身体、心理发育较为完善，要培养学生的主体能力和个性发展，充分调动学生在体育教学中的积极性和创造性。据了解，教职工参与体育活动同样是受到快乐体育的影响，他们利用工作之余，活跃在运动场上，同样能够拥有快乐。在大学群众体育的发展过程中，一度将快乐体育作为教学与训练中的重点，势必会造成竞技水平提升困难的局面，毕竟在教学与训练的过程中需要达到一定的运动负荷才能产生效果。一味地强调在愉快中接受体育教育，在兴趣中培养身心发展，实现不了体育教学与训练的多重目标。

（五）素质教育教学思想

1999 年 6 月，《中共中央国务院关于深化教育改革全面推进素质教育的决

---

① 兰自力，黄文仁. 对学校体育教学指导思想的反思与梳理 [J]. 武汉体育学院学报，2009（01）：87-90.

② 佟伟. 学校体育教学指导思想的反思与梳理 [J]. 体育科技文献通报，2018（04）：70-71.

定》指出：“健康体魄是青少年为祖国和人民服务的基本前提，是中华民族旺盛生命力的体现。学校教育要树立‘健康第一’的指导思想，切实加强体育工作，使学生掌握基本的运动技能，养成坚持锻炼身体的良好习惯。”素质教育的理念是在应试教育的基础上提出来的，面对长期的升学竞争压力，高校体育教学在对学生体育课堂做出评价时，往往重视以体育技能为主的终结性评价，事实上体育是一个长期坚持和积累的过程。素质教育教学思想在尝试对应试教育做出改变时，提出学生要“德、智、体、美、劳”全面发展的目标，对高校体育教学改革有重要意义。除此之外，从教职工日常参与体育活动的情况来看，教职工也深受学校素质教育思想的影响，高校体育教学帮助教职工掌握基本的运动技能，养成每天锻炼的好习惯。在各代表队的训练中，无论是学生队还是教职工队，都应该以坚持锻炼为核心，始终以终身体育习惯的养成作为素质教育的终极目标。

（六）“终身体育、健康第一”教学思想

1972 年，联合国教科文组织推出的教育论著《学会生存》中，把终身教育作为发达国家和发展中国家在今后制定教育政策的指导思想。[①] 该书认为，终身体育在高校体育教学中的实践，主要体现在培养学生进行体育锻炼并不断接受体育教育，从而达到终身受益的目的，重视学生终身体育意识、习惯和能力的培养，对大学体育教学作为接受学校体育教育的最高阶段有着重要的价值。“健康第一”的教学思想早在新中国成立初期就已经提出，教育部提出的“健康第一，学习第二”的教学思想，在大学体育教学中主要是强调身体的健康。后来随着改革的不断深入，全面推进素质教育理念的深入，“健康”不单单只是身体的健康，而是身体、心理、道德健康并行。2001 年颁布的《义务教育体育与健康课程标准》正式将“健康第一”的教学理念融入到学校体育教学中，在开展身体教育的同时帮助学校开展德育、智育、美育，实现学生全面发展。《2003—2007 年教育振兴行动计划》进一步明确坚持“健康第一”的指导思想，提出要将体育课与学校课余活动结合起来，激发学生对体育运动的兴趣，使体育运动成为学生生活的一部分，成为学生的生活习惯，从而可以长久地坚持下去，达到终身体育的教学目的。[②]“终身体育、健康第一”教学指导思想的提出，成为现阶段我国高校体育教学的主要思想，也是高校体育教

---

① 于长镇. 试论终身体育与学校体育 ［J］. 体育科学，1993（05）：14-16，92-93.

② 尹建军. 我国现代高校体育教学思想与内容体系的形成与发展 ［J］. 广州体育学院学报，2012（03）：113-116.

学工作的核心纲领。教职工参与体育活动的实际情况既能检验教学中"终身体育"的成果，又能检验他们对"健康第一"的落实情况。

高校体育教学思想的形成与社会的发展、人们思想观念的变化是分不开的，也反映了不同阶段的社会经济、政治导向。人们在教育、学习、生活中不断总结新的价值观念，是高校体育教学思想形成的重要源泉。体育教学思想的演变，将体育教学从注重身体教育发展到注重全面育人的层面，意味着我国体育教学在不断进步。总而言之，我国大学群众体育思想的演变，是大学群众体育教学与训练不断发展的重要标志。笔者通过分析不同的体育教学指导思想，了解了其形成的背景和特征，以及其对当下大学群众体育教学与训练有哪些可借鉴之处，以期形成有自身特色的大学群众体育教学与训练。大学群众体育教学与训练面向的是大学生与教职工，是全民健身工作中的中坚力量，对我国群众体育的发展会有什么样的作用，这是值得我们深思的问题。

第二节　我国大学群众体育教学与训练的现状

大学公共体育面向非体育专业的学生开展，公共体育课教学作为大学体育开展的重要环节，在研究大学群众体育发展上有着重要意义。在尝试了解我国大学公共体育教学的现状时，考虑到我国高等院校众多，给研究的实施造成一定的难度，笔者在选取调查对象时，主要是在建设"双一流"高校的背景下，选择了一些同时入选我国"双一流"学科建设、"985 工程"和"211 工程"的综合性院校（以中华人民共和国教育部发布的数据为参考①），在搜集资料的过程中，由于数据有限，故主要统计了以北京大学、清华大学、南开大学、复旦大学、上海交通大学、中国农业大学、中国人民大学、北京航空航天大学、天津大学、厦门大学、兰州大学、中山大学、哈尔滨工业大学、武汉大学、中南大学、东南大学、南京大学、大连理工大学、东北大学、湖南大学、浙江大学、中国科学技术大学、中国海洋大学、四川大学、华南理工大学、西安交通大学、西北农林科技大学为代表的共计 27 所高校，以上高校在全国高校中的综合排名都比较靠前，是我国各高校在未来发展过程中的"典范"，通过选取这一样本作为本章的调查对象，希望从中找出一些对大学公共体育教学有突破性进展的思路，更好地服务大学体育。

---

① 中华人民共和国教育部官网."985 工程"院校. http：//old. moe. gov. cn//publicfiles/htmlfiles/moe/s6183/201112/xxgk_ 128833. html."211 工程"院校. http：//old. moe. gov. cn/publicfiles/business/htmlfiles/moe/s238/201002/xxgk_ 82762. html."双一流"学科建设高校. http：//www. moe. gov. cn/s78/A22/A22_ ztzl/ztzl_ tjsylpt/sylpt_ jsgx/201712/t20171206_ 320667. html.

一、大学群众体育教学现状

（一）大学群众体育教学师资

邓小平同志说过："教师是建设有中国特色的社会主义的重要依靠力量，教师能够培养懂文化、素质高、品德修养过关的社会主义劳动者，能够培养德智体美劳全面发展的社会主义人才。"[①] 大学公共体育课的教学师资在一定程度上决定了公共体育的教学质量，笔者通过在各个高校的官网搜索相关资料，专门统计了北京大学、清华大学、南开大学、复旦大学等 27 所高校大学公共体育教学的师资队伍情况（职称和学历结构），统计结果如表 3-4 所示。

表 3-4　部分"985 工程"院校公共体育课教师职称结构统计表（$N=27$）

职称	人数/n	百分比/%
教授	270	19.09
副教授	699	49.43
讲师	357	25.25
助教	88	6.22
合计	1414	100.00

注：数据统计来源于各高校体育部（系）、体育教学部官网

教师职称能够直接反映出一名教师在学术研究上的造诣或是专业水平的高低。教育部在《关于新时期加强高等学校教师队伍建设的意见》（下文简称《意见》）中规定：以教学为主的普通本科大学的教师编制总数里教授和副教授要在 2005 年占到 30%~40%，教学科研型大学要占到 45%~55% 的比例，一些情况好的大学要努力超过 60%。在笔者所统计的数据当中，这 27 所一流的高校共计有教授 270 名，副教授 699 名，讲师 357 名，助教 88 名，其中拥有副教授职称的教师在全部统计数据中占到了 49.43% 的比例，这与《意见》中的标准基本相符，在一定程度上，说明我国"顶尖"高校公共体育教学师资高水平的学术领头人较充足。

另外，清华大学每个学期聘请北京体育大学等高校有专长、高水平的教师到清华教授体育课，一般每个学期外聘 10 位教师；采取名师、名人进清华的

① 宋延宾. 河南省重点高校公共体育课教学现状及对策的研究 [D]. 上海：上海体育学院，2011：23.

机制，定期聘请国家级教练员、世界冠军、著名裁判员等来校讲课、参加活动。聘请各项目的著名专家、教授来校短期或长期任教不仅能掀起一阵阵的体育热潮，更是一种体育意识的培养和体育文化的熏陶，这大大提升了公共体育教学质量。我们应看到，体育教学的改进不仅是促进高校体育发展的原动力，也是我国大学体育走出校园，服务社会的良好趋势。引进其他高校的优秀师资，不仅是吸纳先进教学经验和运动技术的过程，也是各个高校交流互动的过程，建立这样的机制，能够行之有效地改进我国高校的体育教学，为探求大学体育的新发展寻找更好的道路。

教育部在《意见》中指出了到 2005 年各类大学要达到的标准：以教学为主的大学本科院校的教师中要有 60% 以上具有研究生学历；教学科研型的高校具有研究生学历的教师要达到 80% 以上，其中具有博士学位的比例要占 30% 以上。[①] 如表 3-5 所示，在选取部分高校统计公共体育教师学历数据时，发现具有博士学位的教师 101 名，占到总人数的 17.00%；有硕士学位的教师 401 名，占 67.51% 的比例；拥有本科学历的教师 92 名，所占比例为 15.49%。笔者所调查的高校都将自己的办学目标定位为教学科研型大学，显然这些高校在公共体育教师中博士学位教师的比例上并没有达到《意见》的标准，这从侧面说明我国高等学校在体育师资队伍学历结构建设上相对滞后。

表 3-5　部分"985 工程"院校公共体育课教师学历结构统计表（$N=27$）

学历	人数/n	百分比/%
博士	101	17.00
硕士	401	67.51
本科	92	15.49
合计	594	100.00

注：统计数据来源于各高校体育部（系）、体育教学部官网

（二）大学公共体育课教学的目标

教学目标是关于教学将使学生发生何种变化的明确表述，是指在教学活动中所期待得到的学生的学习结果。新的历史时期，我国高校体育教学以《高等学校体育工作基本标准》《全国普通高等学校体育课程教学指导纲要》为指导，根据各地区发展优势，在体系、内容和方法上不断完善、改革和创新，并

① 宋延宾. 河南省重点高校公共体育课教学现状及对策的研究 [D]. 上海：上海体育学院，2011：25.

已形成了新的教学目标。《全国普通高等学校体育课程教学指导纲要》中规定了五个方面的内容：身体健康目标、心理健康目标、运动参与目标、运动技能目标、社会适应目标。笔者在总结整理我国高校公共体育教学目标时发现，教学目标的制定依据项目的不同有相应的改变，但主要还是从这五个方面（如图 3-1 所示）出发。复旦大学体育教学部考虑到学生身体的差异性，针对不同层次水平的学生设立了基本目标和发展性目标；基本目标是根据大多数学生的基本要求而确定的，发展性目标是针对少数学有所长和有余力的学生确定的，也可作为大多数学生努力的目标。① 教学目标的设置为学生在特定的环境下提供了一定的学习参考标准。

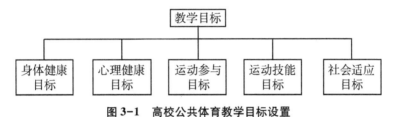

图 3-1　高校公共体育教学目标设置

现阶段高校公共体育教学目标的制定大多趋于全面，朝着多元化方向发展，突出"健康第一"的教学指导思想，分别设置身体和心理两方面的健康标准；以运动参与和运动技能为主的体育教学目标适应长期以来我国高校体育继续延续教会学生动起来的原则；社会适应目标帮助学生提高与人沟通的能力，提升社会适应能力，促进个体社会化。体育教学目标的整体实现需要通过具体的手段和方法，有赖于其下五个分目标的落实。建立体育教学目标可量化的标准是体育教学目标具体落实的重要保证。

（三）大学公共体育的教学组织

1. 大学公共体育的教学组织形式

公共体育教学组织形式主要是依据高校体育教学思想、教学内容和教学目的划分，不同的教学组织形式能够提升和强化体育教学的质量。体育教学组织形式在各高校的实施并不是一成不变的，而是随着教学改革的推进，依据各自学校的发展进行相应的变化与调整。每一种教学模式都有各自开展的目的和意义，高校会依据学生的体质水平选择合适的教学模式，在调查过程中，笔者主要将其分为性别、俱乐部、行政班级、运动项目的形式（见表 3-6）。

---

① 厦门大学体育教学部官网. http：//www. fdty. fudan. edu. cn/.

表 3-6　部分"985 工程"院校公共体育教学组织形式统计表（N=27）

类型	性别	俱乐部	行政班级	运动项目
学校数量/n	16	6	13	21
百分比/%	59.26	22.22	48.15	77.78

注：统计数据来源于各高校体育部（系）、体育教学部官网

从表 3-6 中的数据可以看出，77.78%的高校大学公共体育的教学组织按照运动项目形式进行分班授课，其次就是根据男女性别进行分班，占到了59.26%，以俱乐部形式开展的较少，只有 6 所学校。根据调查笔者还发现，按照运动项目进行体育组织教学，对各项运动的开展有明显的划分，但却没有针对不同水平的学生划分层次，这与因材施教的理念是相违背的，有部分高校，还根据男女性别差异开设了一些健美项目等等；清华大学的教学组织形式多种多样，分层次教学、男女合班上课、跨年级上课；俱乐部教学组织形式的发展趋势势不可当，俱乐部教学充分考虑学生的自主学习，对激发学生内在的体育动机有重要意义。对于高校体育教学的组织形式，各高校要充分建立在自身发展的基础上，不要盲目"跟风"，应从学情出发，真正建立起属于自己的教学组织形式。

2. 大学公共体育的教学模式

《我国普通高校体育俱乐部教学模式的现状与研究》[①] 中指出现阶段我国高校体育课程教学模式主要以基础体育课、专项体育课、体育俱乐部教学三种模式为主（如表 3-7 所示）。但是各个高校面向各个年级又有所不同，清华大学、中国人民大学一年级学生为基础体育课，对不同层次和不同水平的学生划分了男女不同项目的教学内容，二年级的时候为专项体育课，同时也划分了男女不同的课项，三、四年级设置选修课；北京航空航天大学一至四年级均为体育"单项教学俱乐部"的教学模式。通过对比三种体育教学模式，发现基础体育课和专项体育课都以注重掌握技术、技能为主，老师和学生的组织关系主要以老师为主，这样的师生关系虽然能要求学生掌握一定技术，但大部分学生的自主性较差；相较而言，体育俱乐部教学模式注重学生的兴趣和个性发展，实效性强、时代代入感强，更能代表体育教学模式发展的方向。

---

① 罗达勇，汪海燕. 我国普通高校体育俱乐部教学模式的现状与研究 [J]. 北京体育大学学报，2003（03）：372-374.

表 3-7　普通高校三种体育教学模式比较统计表①

教学模式	教学目标	教学组织	师生关系	成绩评价
基础体育课	注重传授技术、技能，以增强体质为目标	以自然班为单位，排入课表	教师起绝对主导作用，教师怎么教、学生怎么学	以技术达标考试为主，"结构考核"评分，教师评价
专项体育课	①以掌握技术为主；②培养兴趣和能力；③养成锻炼身体的习惯	①学生根据自己的特长和爱好选择项目；②不分自然班，根据各自所选项目合班上课；③排入课表固定上课时间	教师起主导作用；学生为辅	以技术达标考试为主，"结构考核"评分，教师评价
体育俱乐部	①感悟体育活动乐趣，不断提高体育认识；②培养兴趣、体育能力和终身体育的习惯；③注重个性发展；④注重身心健康和社会适应性发展	①由学生自己根据兴趣、爱好和特长选择某个俱乐部、选择指导教师；②不分自然班，根据俱乐部各自活动；③上课时间固定或不固定	教师起组织和辅导作用；学生以自主活动为主	技术达标考试；"结构考核"评分；教师评价

（四）大学公共体育课的教学内容和现状

1. 大学公共体育课运动项目

如表 3-8 所示，在笔者所调查的"985 工程"院校中，所有的高校都开展了三大球（篮球、足球、排球）和小球（乒乓球、羽毛球、网球）类项目，说明这些高校球类运动开展较为全面；以哈尔滨工业大学、吉林大学等为代表的 3 所高校开设的溜冰、滑雪项目充分考虑地区优势，为冰雪运动的开展建立良好的基础；以清华大学、厦门大学等为代表的 18 所高校开设的健美项目，受到学生广泛的喜爱；游泳项目作为一项生存技能，具有很强的实用价值，所

---

①　罗达勇，汪海燕. 我国普通高校体育俱乐部教学模式的现状与研究［J］. 北京体育大学学报，2003（03）：372-374.

选取的这些高校全部开设，北京大学、浙江大学、华南理工大学还将游泳运动作为公共体育教学的必修课程，并将其作为获得毕业资格的条件之一；厦门大学、中山大学还开设了体适能课，为学生提供科学、有效的锻炼方法。近年来，民族传统项目的推广，带动民族体育文化的继承与发展，传承中华民族传统文化，以湖南大学、兰州大学为代表的高校开设公共体育选修课，使学生接触到了传统教学的体育项目，高脚马、板鞋竞速、陀螺、抢花炮等等，以其娱乐性、趣味性深受学生喜爱；兰州大学成立专门的民族传统体育研究所，将民族传统体育舞蹈项目引入高校课堂，先后将藏族锅庄舞、"冈朵"游戏引入体育课堂，建立课程标准，受到学生的广泛欢迎，另外，专门针对体弱多病的学生开设了体育保健课，教授学生24式太极拳、导引养生功等等，让学生参与体育活动。通过搜集相关资料，笔者了解到中国地质大学开设了攀岩课程、郑州大学开设了荷球运动，这些新兴项目不但丰富了公共体育教学，对学生兴趣爱好的培养也有重要的意义。

表 3-8 部分 "985 工程" 院校公共体育课开设运动项目统计表（N=27）

类别	项目	学校/n	百分比/%
球类	三大球、小球项目	27	100.00
形体类	健美、健美操、体育舞蹈、瑜伽	18	66.67
户外休闲类	定向越野	20	74.07
体育保健类	武术、太极、导引养生功	15	55.56
格斗类	拳击、击剑	9	33.33
冰雪类	溜冰、滑雪	3	11.11
体能类	身体素质、拓展训练	5	18.52
俱乐部类	篮球、排球、足球俱乐部	6	22.22
生存技能类	游泳	27	100.00

注：统计数据来源于各高校体育部（系）、体育教学部官网

2. 大学公共体育理论课开展现状

《全国普通高等学校体育课程教学指导纲要》规定：重视理论与实践相结合，在运动实践教学中注意渗透相关理论知识，并运用多种形式和现代教学手段，安排约10%的理论教学内容（每学期约4学时），扩大体育的知识面，提

高学生的认知能力。① 选取的这些"985 工程"院校全部开设了大学体育理论课，具体的实施情况各学校主要是依据自己制定的教学计划实施，其中南开大学、上海交通大学主要是以体育保健知识作为理论教学的主要内容；而北京大学、清华大学的体育理论知识则涉及体育锻炼原则与方法、运动伤病防治、运动营养等方面的知识；以厦门大学和南京大学为代表的高校开始了体育竞赛规则和裁判知识的理论教学，主要有篮球裁判、排球裁判。

从表 3-9 中的数据可以发现，高校公共体育理论教学涉及的知识相对广泛，其中体育保健知识、体育锻炼方法与原则以及运动技术的理论知识占一半以上的比例，而体育人文知识的理论教学相对较少，占比 14.81%，体育竞赛规则和裁判知识的教学在高校开展得也不多，只有 8 所学校开展，占比 29.63%，实际生活中裁判技能有很强的实用性，掌握体育人文知识对了解体育文化有重要意义，所以这两方面的理论知识在高校的开展仍需加强。

表 3-9　部分"985 工程"院校公共体育理论课开展统计表（$N=27$）

内容	学校/n	百分比/%
体育保健知识	18	66.67
锻炼方法与原则	15	55.56
竞赛规则与裁判知识	8	29.63
运动技术理论	12	44.44
体育人文知识	4	14.81

（五）大学公共体育课的教学评价

大学公共体育的评价体系即高校公共体育考核，是参照《全国普通高等学校体育课程教学指导纲要》对学生所学运动项目和理论知识的成绩评定。这不仅是对学生所学运动技术的检验，同时对客观地评价教师的课堂教学以及检验教学质量有着重要作用。一般来说，大学公共体育课的教学评价主要分为两部分：理论考核和一般考核（如表 3-10 所示）。一般考核主要包括学习态度、专项成绩和身体素质，不同的考核一般占有不同的比重，最终的成绩由各项考核成绩及其所占比重的乘积相加而得。

---

① 全国普通高等学校体育课程教学指导纲要. 教体艺〔S〕. 2002.

表 3-10　部分高校体育教学评价体系构成统计表

考核内容	一般考核			理论考核
	学习态度	专项成绩	身体素质	理论知识
百分比/%	10	60	20	10

在教学评价体系上，各高校没有完全统一的标准，例如厦门大学体育课程成绩由学习态度、专项成绩、身体素质三部分组成，每一部分都有定量或定性的评分标准；中山大学针对一、二年级学生春秋两个学期的体育课程，设立专项考核（60%）、理论考核（10%）、课外积分（10%）、中长跑或者专项素质（20%），三、四年级的学生主要以专项成绩为主，体质测试成绩和课外积分为辅。中山大学设立的课外自主体育活动考核参照自身的管理流程对积极参与课余体育锻炼、校级各类体育俱乐部、体育社团的活动并获得相应奖励或者证书的学生都可以进行加分。公共体育教学评价体系对体育教学的发展有着导向作用。目前，我国高校体育教学评价中"专项成绩"主要是以运动技术、战术为主，且占较大比重。在评价的过程中，会形成运动能力强的学生继续热爱体育运动，而体育基础相对较弱的学生对体育课兴趣降低，这显然与现阶段《全国普通高等学校体育课程教学指导纲要》的内涵是相违背的。正视学生个体的差异，结合学生参与体育课堂的态度、努力程度，建立一套完善的评价体系是我们应该思考的问题。

二、大学群众体育训练情况

大学群众体育训练是实现我国学校体育目标的一项重要措施，也是我国学校体育运动普及与提高的关键环节。当前我国正处于由体育大国向体育强国过渡的攻坚期，高校体育开展情况对于我国体育事业的发展愈显重要，而大学群众体育训练是大学体育发展的推进器与关键节点，其发展情况直接影响我国大学群众体育发展的数量与质量。虽然我国大学中包括两大群体，即学生和教职工，但是我国目前对大学群众体育训练不管是在学术研究、行政政策还是竞赛组织上都主要集中关注学生，对教职工体育训练基本很少关注，这不能不说是学校体育发展的一块短板。由于中国幅员辽阔，各类大学数不胜数，考虑到本人的能力、经费以及时间等问题，笔者选取了几个具有代表性的高校作为重点研究对象，以反映我国当前的大学群众体育训练的基本情况。当前我国高校开展的体育活动主要针对两个群体——大学生和教职工，但他们之间基本像两条平行线一样各自发展，笔者分别以大学生和教职工两个群体对他们的体育训练情况进行分析。

（一）大学生课余体育训练现状

大学生是大学校园中最主要的群体，一直以来都是高校体育发展的中心，对于大学生群体的体育训练有一个专门的称谓：大学生课余体育训练。

1. 参与课余体育训练的学生情况

笔者经过大量的文献资料查阅和对部分高校实地调查走访发现，我国高校中参与课余体育训练的学生来源主要包括三大类：退役运动员、特招或单招的高水平运动员和普通大学生。当然，他们参与的课余体育训练的层次也有所差别，一般包括培养高水平运动员的课余体育训练和基础课余体育训练。在研究中我发现退役运动员、特招或单招的运动员主要进行水平较高的课余体育训练，且他们会利用大量的课余时间进行训练，甚至在重要比赛之前会停课训练。而参与基础课余体育训练的学生则有可能出现训练不系统、不连续的情况，容易被其他一些事情影响。另外，学生参与课余体育训练的动机具有多样性的特征，主要包括：锻炼身体锻造意志、促进交往培养综合能力、提高技能培养特长、获得奖励和荣誉、完成学校训练工作的需要以及热爱运动和自己喜欢。通过对培养高水平运动员的课余体育训练与基础课余体育训练的同学进行对比，发现高水平的课余体育训练的同学大都出于获得奖励与荣誉以及完成学校训练工作的需要，而在基础课余体育训练中的同学大部分出于热爱运动和自己喜欢。下面用表格的形式对文献中的数据和实地了解到的资料进行整理归纳（如表 3-11 所示）。

表 3-11　大学群众课余体育训练各层次动机分析

参与目的	培养高水平运动员	基础
锻炼身体锻造意志	✓ ✓ ✓ ✓	✓ ✓ ✓ ✓
促进交往培养综合能力	✓ ✓ ✓	✓ ✓ ✓ ✓
提高技能培养特长	✓ ✓ ✓	✓ ✓ ✓ ✓
获得奖励和荣誉	✓ ✓ ✓ ✓	✓ ✓ ✓
完成学校训练工作的需要	✓ ✓ ✓ ✓	✓ ✓
热爱运动和自己喜欢	✓ ✓ ✓	✓ ✓ ✓ ✓ ✓

注："✓"表示程度，越多表示程度越高

数据来源：杨磊. 甘肃省普通高校课余体育运动队训练管理研究 [D]. 兰州：兰州理工大学，2013.

2. 课余体育训练的教练员情况

教练员是课余体育训练的重要组成部分，没有教练员训练就难以进行。在高校课余体育训练中，教练员是组织者、控制者以及协调者，教练员通过训练计划的制订和实施，在大学课余体育训练中起着掌舵者的作用。对我国大学课余体育训练的教练员的情况，笔者主要通过年龄层次、学历结构以及动机等基本情况进行分析。这里要进行说明的是，一般大学课余体育训练中的高水平运动员的训练才配备正规的教练员，在基础体育训练中教练员大多是由具有一定体育基础的体育老师或专业老师担任，也就是在体育教学工作之余兼职课余体育训练。陈正强的研究课题《杭州市普通高校课余体育训练现状与发展对策研究》[1] 和杨磊的研究课题《普通高校课余体育运动队训练管理研究》[2] 都对大学生课余体育训练的教练员的情况做过细致研究，在年龄层次上，高校课外体育训练中 30~40 岁年龄段的教练员的人数最多，40~50 岁年龄段的占第二位。教练员在 30~40 岁年龄段的人数是所有年龄层次中最多的，当然这个年龄层次的教练员一般经验丰富，心性稳定并具有一定的事业心，参与课余体育训练的积极性较高。在学历结构上，笔者通过部分高校官网了解到，教练员的学历主要包括本科、硕士、博士。如北京大学拥有七个正式的高水平代表队，教练员人数大约 24 名，其中硕士学位占 75%，学士学位占 15%，博士学位占 10%，呈现中间大、两头小的梭形（如图 3-2）。

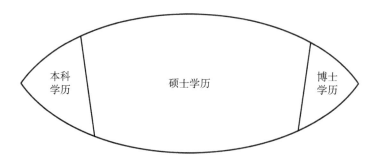

图 3-2　高校高水平运动队教练员学历结构示意图

参与大学生课外体育训练的教练员的动机主要包括为学校争得荣誉、对课余体育训练工作的爱好和兴趣、培养高水平体育竞技人才、促进学校体育工作的开展、服从组织工作安排以及有利于评职称和得奖金等。比如甘肃省高校课

①　陈正强. 杭州市普通高校课余体育训练现状与发展对策研究［D］. 苏州：苏州大学，2013.

②　杨磊. 甘肃省普通高校课余体育运动队训练管理研究［D］. 兰州：兰州理工大学，2013.

余体育训练的研究中，杨磊对高校教练员参加课余体育训练进行动机调查研究，其结果表明对于大部分教练员来说个人对于体育的爱好、兴趣是促使他们从事课余体育训练教学的最大动力，其次是服从学校的工作安排。[1] 结合学者窦家军[2]对苏北地区和王冰雪[3]对河北地区进行的高校课余体育训练教练员的动机分析，归纳整理发现大部分教练员的第一动机都是"个人对体育的爱好、兴趣"。

3. 课余体育训练的形式

我国大学生课余体育训练主要包括四种形式：校集训队、院系或班级集训队、俱乐部集训队以及学生体育社团。

（1）校集训队

校集训队顾名思义就是由学校组织训练的队伍，在具有招收高水平运动员资格的高校，一般由高水平运动员组成，如前面提到的北京大学，共有七支高水平队伍，队伍由大部分体育特长生和小部分水平较高的普通学生组成。而不具有招收高水平运动员资格的学校，则一般由高校下属体育学院的学生或其他院系具有较好运动技术的大学生组成。校集训队比较受校领导、老师的重视，其训练的条件一般比较好，如配备专业的教练员、器材以及学校会给予一定的优惠政策。校集训队参加的比赛层次一般也比较高，如湖南大学高水平足球队参与的比赛一般是湖南省举办或是全国性的大学生比赛。校集训队的经费一般由学校财政出资并由学校体育部门主管，对获得较好比赛成绩的队员和教练员有丰厚的奖励。

（2）院系或班级集训队

校内会举办很多比赛，如每年为迎新举办的体育比赛、学院之间的联谊赛和班级之间的联谊赛等。这些比赛开始之前一般会受到学院领导、老师和同学们的重视。院系训练队一般是由院系领导或老师召集，学生自主组织与训练，很少有专门组织训练的教练员，集训的时间一般在比赛之前一个月或一个星期，队内的运动员一般比较固定，且经过一定的选拔，院系之间的比赛有助于增强各院系之间的交流，促进校园体育文化的发展。班级集训队是指在班级中临时组建起来的运动队伍，其目的一般是为了参加班级与班级之间的联谊赛，或是代表学院参赛。班级集训队与院系集训队相比具有临时性、水平不均等特点，也就是说"谁行谁上"。院系与班级集训队的训练都带有半强制性半自主

---

① 杨磊. 甘肃省普通高校课余体育运动队训练管理研究 [D]. 兰州：兰州理工大学，2013.

② 窦家军. 苏北地区高校课余体育训练现状调查研究 [D]. 苏州：苏州大学，2008.

③ 王冰雪. 河北省普通高校课余体育训练管理现状及对策研究 [D]. 石家庄：河北师范大学，2012.

性的特点，在笔者对某高校院系篮球队进行访谈时，其中大部分的同学是出于自己对于篮球的喜爱，但也有部分同学是出于学院和老师的要求或班级的需求。院系训练队的经费来源一般是学院拨款或是学生自费，而班级训练队一般是由班费支出。

(3) 俱乐部集训队和学生体育社团

高校俱乐部是指具有相同兴趣爱好的同学通过团体的形式组成的非官方组织。比如在湖南大学校园内就存在很多体育类俱乐部，如轮滑、足球、羽毛球和跑酷等，体育俱乐部的参与人员一般是出于对运动的兴趣与热爱，想提高自己在这方面的技术，当然也有一部分是因为社交的需要，很少是因为竞技的需要。高校体育俱乐部包括营利和非营利两种，如网球俱乐部由于场地、器材以及技术的原因，一般需要有一定基础的教练员、专门的场地与器材，故训练一般会收取一定的费用。非营利的俱乐部，如街舞俱乐部一般是志趣相投的学生自发组织，其中技术能力优秀的同学一般自愿担当教练的任务，场地一般选择免费的公共场地，器材的购置一般采用集资形式。学生体育社团与体育俱乐部相比更具有组织性，它一般是属于高校社团联合会管理，它的组建需要经过社团联合会的审核。学生体育社团的训练与非营利体育俱乐部比较相似，但是学生体育社团的教练员一般是在学校具有一定知名度的老师或学生，其次是它的组织管理一般较正式，比如会设有部长、财务管理等。

4. 大学群众体育训练的项目

体育项目是整个世界的文化遗产，虽然它的起源具有民族性和地域性，但是它的发展和开展是不分人种或种族的，只要有开展的条件就可以进行。目前我国大学课外体育训练的项目呈现多元化发展的趋势，虽然由于地理条件和风俗习惯等不同，每个学校开展的项目存在一定的差异，但是因为科技和互联网技术的发展，现在各大学开展的体育项目愈来愈具有交融性。当今时代，大学生课余体育训练的项目主要有以下三个特点。(1) 在传统类项目不断发展的基础上，越来越注重新兴项目的开设。我国大学体育传统类项目主要包括三大球、三小球、武术等，而近几年大学体育越来越注重创新与特色，如由于2022年北京冬奥会即将在我国开展，冰雪项目在我国北方高校掀起了一股热潮。(2) 注重民族传统体育项目的延续，同样致力于国外体育项目的引进。民族传统体育项目是我国文化的瑰宝，它的延续与发展是各地区高校的责任与义务，如我国大学生体育协会的舞龙舞狮分会负责组织大学龙狮锦标赛和教练员培训。协会自2003年在中南大学挂牌成立以来，就开展"百校龙狮进课堂推广计划"，短短三年加盟高校达到97所。同时随着经济全球化的发展与中国"一带一路"战略的实施，我国高校作为潮流的引领者，越来越注重与国外高校的交流，当然这也体现在体育项目上。如啦啦操在湖南省高校如火如荼地开展，湖南财政经济学院更是承办了 2018—2019 年全国啦啦操联赛。（3）高校课余体育训练项目较侧重竞技性，随着我国"举国体制"的推行，我国在竞技体育上不断飞跃，我国高校体育更是紧跟潮流，对于世界大学生运动会或是在全国大学生运动上的重要项目愈加重视，这也使得高校体育训练开展的项目虽然跟得上大流，但是忽视了群众性和基础性。

（二）教职工体育训练现状

改革开放以前，职工体育在社会各群体中是开展得最为活跃的。随着改革的不断深入，各行业机关的精简和企业的调整，职工体育活动一度成为我国群众体育工作中的难点。随着我国改革开放的进一步深入，特别是计划经济向市场经济的转化，原有的职工体育模式从根本上受到挑战，职工体育出现了运行机制非指令化，活动内容多样化，活动形式小型化、经常化，组织体系网络化和经费来源多元化等一系列变化。① 高校校园内的教职工作为大学群众的重要组成部分，属于社会的精英阶层之一，在国家发展和高效建设中发挥着重要的作用。开展教职工体育活动有助于教职工摆脱身体亚健康状态，养成健康的生活方式，更好地为高校的服务做出贡献，实现为国家"健康工作 50 年"的目标。教职工体育训练是教职工提高运动技术的主要手段，也是教职工体育发展的催化剂。

1. 教职工体育训练参与者的基本情况

虽然我国高校体育现在的侧重点还是学生群体，但是教职工的体育活动也是在高校管理制度下，是高校体育组成不可或缺的部分。目前我国高校教职工体育训练活动的参与者包括两部分人群：高校在职教职工和高校退休教职工。

我国高校在职教职工的年龄主要集中于 25～60 岁，学历层次不一，高校教师目前的学历要求呈现上升的趋势，到高校入职一般需要硕士及以上学历，而对于高校的其他工作人员，如辅导员和行政工作人员一般要求本科或硕士以上学历，对于食堂、超市或清洁人员的学历要求一般比较低。高校在职教职工参与体育训练的动机主要包括：学校需要、自己感兴趣、健美减肥、结交志趣相投的朋友以及提高运动技能等。高校在职教职工不参与体育运动训练的原因主要包括以下几点：没时间、缺少场所和设施、缺少同伴、没有体育爱好、运动技术不好以及嫌麻烦。

---

① 任海. 试论新时期我国职工体育面临的挑战与机遇［J］. 北京体育大学学报, 1994, 17 (1):14-18.

退休是指按照国家有关法律规定，劳动者因年龄限制或因工、因病而退出工作岗位（其中也有政策性原因的，如提前退休、工龄买断等）。教学类岗位退休年龄一般为：男性60周岁、女性55周岁。退休是老年劳动者生活中较重大的变化和转折，依个人的性格、文化、能力、身体、家庭状况、社会环境等诸多条件，将产生各异的调适过程。退休高校教职工参与体育训练的项目会比较少，这主要是由于身体情况的限制，运动量太大的体育活动不适合老年教职工参与。他们大都热衷于体育锻炼而不是有任务要求的体育训练，当然笔者认为训练是提高运动技术的主要手段，运动技术的提高对于科学的体育锻炼有一定的帮助，所以开展适合高校退休教职工的体育训练更有助于其体育活动的开展。退休教职工参与体育训练的原因主要包括以下几点：协会或团体比赛的需要、对于运动的热爱、提高运动技能、强身健体以及社交的需要等。退休教职工不参与体育训练的原因主要有：缺少场地和设施、没有同伴、没有专门的教练员以及体育训练有风险。

2. 教职工参与体育训练的形式

目前我国教职工参与体育训练的形式主要包括以下两种：高校工会组织和自发组织。

（1）高校工会组织

高校工会是指管理组织教职工的部门，是高校管理工作的重要机构，高校工会下设各类体育协会或俱乐部负责管理教职工体育活动。当前我国高校教职工的体育训练主要通过高校教职工体育协会或俱乐部组织，在我国，教职工体育协会和体育俱乐部其实是"一种东西的两种不同叫法"，不存在实质性的差别，所以本书就称之为体育协会。各高校教职工工会下设的体育协会存在一定的区别，比如清华大学教职工工会下设太极拳协会、健美操协会、跑步协会、球类协会等。而北京大学教职工工会下设体育舞蹈协会、足球协会、网球协会、篮球协会以及瑜伽协会等。各高校教职工体育协会跟大学学生体育协会有异曲同工之妙，教职工体育协会成员参与体育训练一般具有组织性，由于高校一般每年固定的时间都会组织一些教职工体育比赛，故教职工参与协会的体育训练也有一部分原因是出于竞技的需要。而且由于高校教职工的工作并不轻松，目前我国高校体育协会的训练情况并不乐观，训练主要集中于赛前，训练的时间也不连续。在高校工会下还存在一个特殊的协会，即老年人体育协会，它是专门为退休教职工建立的，由于当前我国人口老龄化情况严重，高校老年人体育协会是高校工会中较为活跃的群体，其组织活动多，参与人数也多。高校老年人体育协会的体育训练最为常见的是男性老年人参与较多的门球、女性老年人参与较多的广场舞。目前高校体育协会训练主要存在以下不足：其一，教职工体育训练教练员不足，参与教职工体育训练的教练员一般身兼数职，对于组织教职工体育训练心有余而力不足，也存在部分体育协会的训练没有专门的教练员，而是直接由团队内技术比较好的人员通过组织比赛的形式提高运动技术；其二，维持训练的经费来源单一，一般是靠高校体育工会支出，没有可持续发展或是提升技术水平的资本；其三，训练场地与器材不足，高校教职工体育协会训练的场馆与器材一般要与大学生群体共享，但是大学生群体人数众多而且是高校教育教学的主体，一般要以其为先，所以高校教职工的训练由于场地器材的限制一般很难实现。

（2）自发组织

虽然当前我国高校工会组织体育训练的情况比较乐观，但是也存在一批自发组织的体育团体。教职工自发组织的体育团体主要是因为高校工会下的体育协会不能辐射到所有的人或项目，因此在高校教职工群体中会存在因为热爱运动、想提高某方面运动技术或社交需求，志趣相投的人自发组织而成的体育团体。教职工自发组织的体育团体的训练一般比较随意，规模在三五个人一个团体的占大多数，一般由其中技术比较好的教职工担任临时教练员，当然这个人一般也是团队的发起人。其活动经费一般采用自费的方式，如果有发展得比较好的团体也会存在赞助的情况。高校教职工自发组织的体育团体是高校教职工参与体育活动的重要形式，是高校教职工体育协会的补充，是教职工运动技能提高和健身兴趣提升的重要助力。

3. 教职工体育训练的项目

前面已经提到各高校工会下设的体育协会存在一定区别，但是为了丰富教职工的体育生活，高校体育类协会的种类比较多。为了鼓励教职工参与体育协会，进行体育锻炼，高校内或高校间会举办各类体育活动或体育竞赛，出于比赛的需要高校教职工一般针对比赛中的体育项目进行运动训练。下面笔者根据能够获取的信息程度以及大学的985、211、"双非"类别以及体育院校的分类标准分别统计了清华大学、湖南大学、上海师范大学、武汉体育学院以及广东财经大学教职工体育训练的项目（表3-12）。

表3-12　部分高校教职工体育训练项目

学校名称	教职工体育训练项目
清华大学	气功、太极拳、健美操、木兰扇、跑步、球类、棋牌类
湖南大学	羽毛球、乒乓球、气排球、篮球、瑜伽、户外运动
上海师范大学	乒乓球、篮球、足球

续表

学校名称	教职工体育训练项目
武汉体育学院	网球、羽毛球、围棋
广东财经大学	广播体操、羽毛球、乒乓球、瑜伽

资料来源：各高校工会官网

从表中我们可以清楚地知道这5所大学教职工体育训练的项目，其中清华大学体育训练项目种类丰富，参与人数较多，而且中国传统体育项目较多，颇具民族特色，其他4所学校在这方面略显不足。值得一提的是上海师范大学，其教职工乒乓球运动组织得非常不错，几乎每年都会有乒乓球比赛，而且还有师生共同参与的乒乓球联赛。总的来说，每个学校工会基本都会根据所在学校教职工的基本情况开展适合学校教职工的体育项目，但是开展的项目并不能满足每一位教职工的需求，所以除了协会开展的体育训练项目之外，教职工自发组织的体育项目也很丰富。这里还有一个不能忽略的团体，就是退休教职工的老年人体育协会，其开展的体育项目独具特色。比如颇受老年人喜爱的门球运动，在各高校老年人体育协会中开展得如火如荼。在南京大学曾举办过"在宁高校老年人体育协会老年人门球比赛"，共有来自南京大学、南京理工大学、南京工业大学等11所学校的100名老年人门球运动员参与。

第三节　大学群众体育教学与训练的困境与对策

一、大学群众体育教学与训练的困境

（一）大学群众体育教学的困境

1. 公共体育师资学历结构不合理

在对我国部分"985工程"院校体育教学师资队伍学历结构的统计中，拥有博士学位的教师只占到17%，获得硕士学位的教师人数占比基本达到要求。但这一数据是建立在我国顶尖高校的基础上，而相对其他普通高等院校，本科学历的体育教师占绝大多数，博士学历的教师数量更是少之又少。在肩负着学术科研的同时，高校体育教师还要统筹整个学校的公共体育教学，这给各高校的体育教师造成了无形的压力。要达到科学研究型大学的目标，就要求师资水平要稳步提升，在当前状态下的体育教学师资还面临着学历结构不合理，无法完全满足教学需求等问题，这对大学公共体育教学的发展是不利的。

2. 公共体育教学模式落后

课堂教学作为体育教学最常规的模式，是绝大部分高校都采用的教学方式。随着学生需求的增长，不同体育项目之间对学生的塑造是潜移默化的，但限于学校教学大纲的规定，在限定的课时内要完成相应的教学任务，这给高校体育教学造成了极大的束缚。在这种教学模式下，高校体育教学注重教学任务的达成，却忽略了教学质量好坏与否。现阶段的体育教学主要设立基础体育课和选项体育课，针对不同年级的学生会有相应的设置，如有些学校在第一学期设立基础体育课，有些学校在第三学期设立选项体育课。不论是基础体育课还是选项体育课，高校体育教学受传统教学模式的影响，体育教学主要是以学生单纯的机械体育锻炼为主，突出体现在教师布置教学任务，学生在课堂上完成相应的教学任务，这对学生自主学习能力的提高是不利的，同时对身体的锻炼也非常有限。

3. 公共体育教学中过分强调增强体质功能

增强体质的教学目标自始至终贯穿在我国高校体育教学中，这对实现体育功能有重要意义，但长期以增强个人身体素质为目标的体育教学，偏重基础技能、知识与技术，会使其沦为低等级的简单教学与生物需求的范畴。这一问题的出现主要还是高校体育教学没有全面考虑学生这一教学主体的情况，体育教学的目的最终要转变为培养身体健康、心理健康、社会适应能力强、综合素质全面发展的学生，单方面强调身体组织增强，与现阶段倡导的终身体育思想相违背。一直以来，高校体育教学评价也主要以学生是否能承载运动负荷进行评定，比如引体向上等项目，过分强调体育教学中的增强体质功能，虽然能使学生的身体素质得到提高，但是容易忽视体育教学教育的作用。

4. 大学体育教学中因材施教理念难以实现

面向大学生进行的体育教学，学生在体育学习中表现出来的个性特征和水平差异，决定了体育教学不能统一进行，因为大学生在基础教育阶段所受教育的差异，具体到大学体育教学中面临的挑战，体现了因材施教的重要性。但在实际执行过程中，"一锅端"式的传统教学已经成为教师的体育教学习惯。面对一个20~30人的群体，学生个体与群体的矛盾突出，所以因材施教难以实现。"因材"在教学上意味着对个体投入的关注，而在有限的课堂和有限的精力上，在关注学生动作完成情况时，进行逐个纠错与指导，这对高校体育老师而言本身就是一个不能达成的目标；"因材施教意味着对不同的学生采用不同的教学策略，大学体育教学的挑战在于对身体素质已经定型、体能技能训练只是一种任务式理解的大学生，如何实施有效的个体指导策略"①。这对教师的教学能力是一个巨大的考验。

（二）大学群众体育训练的困境

1. 大学生课余体育训练与教职工体育训练的隔绝状态

前面提到过大学生课余体育训练与教职工体育训练像两条不相交的平行线，虽然像上海师范大学那样举办师生联谊赛的高校也存在，但是毕竟只是比赛中的合作或对抗，而平时的训练基本还是不会一起，也就是说大学生课余体育训练与教职工的体育训练基本处于隔绝状态。大学校园是一个完整的系统，是一个整体，俗话说"分久必合，合久必分"，这样的不断变化才会实现发展与进步，但是大学群众体育中的两个组成部分一直处于"分"的状态，大学群众体育的发展进程也会趋于缓慢。这里说的隔绝状态是说训练内容、时间以及教练员的隔绝，但是由于场地器材等资源有限，大学生课余体育训练与教职工体育训练使用的场地器材等资源是通用的，当然这里的"通用"是时间岔开的共用。一般，如果学生占用了场地与器材进行训练，教职工同一时间、同一地点的训练会因此取消或另想办法，从而耽误训练的进度。造成大学生课余体育训练与教职工体育训练隔绝的原因主要有：（1）各部门对于这方面认知上的不足，一直以来教职工体育训练与学生体育训练分属学校两个不同的管理部门分别进行管理，两方一直处于"各忙各的"的状态，合作的机会基本很少；（2）学校管理制度上的欠缺，教职工工会下设的体育协会与学生体育训练的组织有相交的内容、时间和地点，但是没有一个统一方式让他们进行协商与融合；（3）中国教职工与学生一直以来受传统思想观念的影响，有"一日为师，终身为父"的说法，虽然说尊师重道值得推崇，但也造成了学生对于老师的敬畏心理，导致很多学生不敢与老师同台竞技或同场训练。

2. 教练员专业素质有待提高

大学群众体育训练教练员的水平是直接影响训练结果的关键因素，我国大学群众体育训练的教练员普遍存在水平不高的现象。首先，高校中教练员致力于训练工作的基本没有，经过调查研究统计，一般高校体育训练的教练员都是"兼职"教练。这使得大学群众的体育训练成了教练员的第二工作，这在很大程度上影响了教练员的训练积极性。很多兼职的教练员，虽然长期从事体育教学工作，拥有良好的体育基础理论知识，但是缺少运动训练方面的竞赛体验和

---

① 贾严鹏. 大学体育教学中因材施教教学理念的困境与突围探析［J］. 陕西教育（高教），2016（02）：48-49.

专项知识，尤其是在运动训练上的理论知识不足、经验缺乏以及没有培训提高等很多方面都导致大学群众体育训练的科学性、系统性以及专业性不够。高校体育教师以体育教学为主，运动训练工作为辅，教师在上体育课，完成教学任务的同时，还要进行必要的体育科研工作，还有其他琐事等，肯定会使教练员的精力分散，根本无法集中所有精力投入到训练工作中来。这使得很多教练员参与课余训练工作成了一种短期行为，尤其是有些教练员根本不喜欢训练工作，但是由于学校工作安排，不得已而为之，这些人甚至是以"旁观者"的角色参与，这样的教练员氛围，使得教练员和运动员之间感情不深，不适合高校课余体育训练的发展。① 其次，高校群众体育训练的教练员组织训练的积极性不高，其部分原因是高校体育训练教练员的双重身份，导致他们真正投入到训练中的时间和精力非常有限，而且由于学校体育训练经费支出的不足，能够给予体育训练教练员的报酬屈指可数。根据马斯洛的需要层次理论，我们知道：人的行为产生于某种需要，需要由低到高共分为五个层次，即生理需要、安全需要、社交需要、尊重需要和自我实现的需要。低层次的需要是从外界物质方面获得满足，高层次的需要则是人的内在精神方面得到满足。大部分体育训练教练员利用课堂之外的时间进行训练，都是没有报酬的，如果一个人连基本的物质需求都得不到满足，更不用说追求更高层次的尊重与自我实现了，当然如果他的目的不在于获得物质需要就别说。教练员由于专业程度不够，经过其训练的学生和教职工的运动技术能力提升缓慢，这也使得其在体育训练这个活动中能够获得的成就有限，组织训练的积极性难以提高。最后，高校体育训练教练员与参训人员交流不够充分，由于教练员与参训人员都有其工作重心，所以对于互相的感受和生活都不会有过多的关注，教练员关注最多的也许只是训练的成效，更甚者只是为了完成训练任务，而参与训练的学生或是教职工跟教练员的关系一般是师生或是同事，他们在训练过程中出现训练不到位，不认真的情况，教练员可能会碍于情面而难以让其进行改进，也就是说缺少教练的威严。最值得注意的是由于担任教练员的人一般都是学校教师，对于教职工的体育训练更是如此，学校教师以前在学校学习的课程、训练方法都是适合学校学生的，针对年龄较大的教职工的训练模式与医务监督需要有一些改进的地方，但是基本很少有教练会在这方面下功夫。

3. 大学群众体育训练与学习、工作协调不当

对于高校中参与体育运动训练的学生或老师来说，协调训练与学习的时间

---

① 王冰雪. 河北省普通高校课余体育训练管理现状及对策研究 [D]. 石家庄：河北师范大学，2012.

是最常见也最难以解决的问题。对于大学生群体来说，不管你的运动训练水平有多高，在体育比赛中获得多大的成就，在大学中最主要的任务还是学习。社会的发展，经济的繁荣对生产劳动者的各项素质要求都有所提高。大学作为培养建设者和接班人的场所，其教育的目的就是提高人的素质。人的素质包括思想道德素质、文化素质、业务素质和身心素质。其中，思想道德素质是根本，文化素质是基础，业务素质是本领，身心素质是本钱。① 文化素质作为大学生在校安身立命的基础，也是其他素质形成的必要条件。在高校中的训练不能跟国家队的训练相提并论，国家队是职业的运动员，其最大的要求就是在竞技赛场上取得好成绩。而作为高校学生最主要的还是要提高自己的专业能力，为以后进入社会找工作做准备。但是不训练就难以在竞赛活动中取得好成绩，运动技术能力就难以得到提升。最主要的是参与运动训练的学生一般来自不同的专业或班级，其空余时间不相同，难以协调好，不系统、不连续的训练肯定会让运动技术难以得到提高。特别是对于高校招收的高水平运动员来说，其文化基础本来就比其他普通高招的同学差，训练任务重、学习压力大，简直让他们苦不堪言。对于教职工来说，参加体育训练基本属于工作之外的放松或消遣，他们生活的重心是工作和家庭。学生参与体育训练获得一定成就能够对获得奖学金有帮助，但是对于教职工来说其激励的作用就稍弱一些。虽然对于教职工来说对体育运动的热爱会促使他们放弃一些其他事情，但是体育运动是需要付出时间和精力的，就像很多人办健身卡一样，开始时热情很高，后来会因为各种原因而放弃去健身。教职工在体育训练过程中由于年龄和身体情况的限制，很多的运动训练项目基本无缘参加，而其他一些适合的运动训练项目又没有较为专业的教练员指导。

4. 大学群众体育训练经费来源结构单一

大学生和教职工参与体育训练必定会需要一定的资金，比如运动团队统一购置队服、教练员补贴、运动器械以及组织团队活动等，没有资金，很多活动和项目都无法进行。高校群众体育训练的经费来源主要包括三种渠道：第一，校外募集资金，获取企业和校友的经费支持；第二，大学生自行筹措训练经费；第三，高校进行拨款。就当前各高校的情况来看，我国高校群众体育训练的经费一般都是由学校拨款，但学校的资金支持一般难以满足大学群众体育训练的经费支出，尤其在一些学校，学校领导对于体育训练的不重视，更是使得大学群众体育训练的经费不够，这对大学群众体育训练的进行造成了严重的影响。在我国，高校群众体育的训练经费不足是多数高校都面临的问题，拓宽训

---

① 卢元镇. 体育社会学［M］. 北京：高等教育出版社，2006.

练经费来源的渠道已经刻不容缓。

5. 大学群众体育训练目标单一，训练不够科学

目标是指激发人们行动的、预期要达到的目的或结果，大学群众体育训练的发展目标是指大学群众体育训练预期要达到的目的或结果，是大学群众体育训练具体活动的发展方向。目标既是训练的依据和出发点，又是训练要达到的预期重点。评价大学群众体育训练是否成功开展，往往是以目标是否实现为标准的，因此制定符合高校群众体育发展的目标对其健康持续的发展非常重要。

由于大学群众体育训练与竞技体育运动中的运动训练存在本质区别，运动训练的目标专一，只以竞技比赛中获得优胜为第一目标，其他方面都是为此目标服务的。从大学群众体育服务的对象来说，大学群众体育训练所设的目标应该具有多元化，突出它的教育性。而当前我国的大学群众体育训练大多效仿我国竞技体育，特别是大学生高水平运动队仅以学生"运动技能的提高"为训练目标，忽视大学群众体育训练的"参与程度、身心健康、社会适应性"等符合大学群众体育的训练目标，漠视"健康第一"的学校体育指导思想，训练目标人性化不足。

科学训练，是相对于"非科学训练"而言的。非科学训练包括反科学训练和伪科学训练。反科学训练是指虽然运用正常的体育手段，但违背体育运动的规律，达不到训练效果，甚至给运动员的身心造成伤害的训练。反科学训练往往是无意识进行的，它产生于偏见或错误的经验。伪科学训练是指采用非正常体育手段的训练（如使用违禁药物等），它虽然可以"帮助"运动员取得一定的运动成绩，但所造成的伦理问题、法律问题是十分严重的，因为它见效快，又披着"科学训练"的外衣，所以具有巨大的欺骗性。[①] 大学群众体育训练是从训练科学的角度来说的，非科学的训练往往在训练过程中非常常见。比如在训练过程中很多教练往往为了节省时间，而省略准备活动的一些必要步骤，或者是训练之后不安排充足的时间让受训人员放松，最后导致受训人员受伤的结果，还有就是在训练过程中只进行身体训练而忽视心理训练，这种情况在大学群众体育训练中非常多。在训练过程中，生物反馈训练、意志训练、自我暗示训练可能是较常用的方式，但是感知觉、注意力、模拟训练等训练方式明显没有在大学群众体育中运用。

---

① 卢元镇. 训练科学、科学训练与科学训练化［J］. 体育科研，1996，17（2）：1-7.

二、大学群众体育教学与训练的对策

（一）大学群众体育教学的对策

1. 加强体育教师师资队伍建设，努力实现体育教师资源共享

教师作为知识的传播者，国家未来人才的培养者，师资强大与否关系到课程开展的效率和质量。对于高校体育教学而言，引进优秀的教师队伍是十分必要的，以北京大学、清华大学公共体育课外聘专家或运动员进行教学为例，为学生吸纳先进知识、建立特色教学奠定基础。随着高校办学规模的扩张，学生人数增加的同时加大了体育教师的教学压力，体育教学师资队伍的扩大，在人数增加的基础上，高学历和高职称结构决定了教师的质量，合理地配备高校体育教学师资，对建设有特色的体育教学有重要意义。体育教师资源共享可以实现体育课程资源的联合开发与共享，譬如北京学院路地区高校教学共同体联合21所高校以资源共享为途径，提供在本校开设三年以上的优秀课程供学生选修，真正实现了跨校选修课。优秀教师跨校上课、讲学不仅可以提高教学水平和学术水平，提升师资队伍的整体水平，还可以扩大优秀体育教学师资的受益率。借鉴高校教学共同体的成功经验，我国体育教学可以尝试构建体育教学联盟，通过"强强联合"，以点促面，强化高校的整体实力；"优势互补"，教师资源共享使自身较为薄弱的地方同其他高校互相弥补与提高，而相对有优势的地方继续加强。加强体育教师师资队伍的建设，实现体育教师资源共享对我国大学体育持续健康发展有重大意义。

2. 建立各高校特色课程，推动高校俱乐部教学模式的实施

高校特色课程建设是指在充分利用学校独特资源或者是借助其地理优势挖掘出能凸显自身独特魅力的课程，这对改变枯燥乏味的传统体育教学有重要意义。中国地质大学从学校自身出发，面向本科生和研究生同时开设了攀岩选修课，成为公共体育课的一大亮点，攀岩运动充分考验学生的自主创造性，在参与的过程中，动作组合多样，路线选择多样，在自主完成的过程中，娱乐性很强。另外，攀岩人工墙高达十几米，十分考验学生胆量，磨炼学生意志，攀岩运动不只是简单的攀爬，从最开始的设计行动路线，需要充分发挥人的记忆力、想象力，攀岩运动考验人体极限力量，在手脚并用的过程中，身体与四肢协调配合，激发腿部爆发力。由于攀岩场地的特殊性，目前开设这一课程的高校不是很多，但高校利用自身地理优势也可以创造攀岩的条件。结合民族特色开展民族传统体育项目，可以选取符合健身性、娱乐性、操作性、教育性特点的运动项目，对提高学生参加运动的积极性，引导学生掌握基本技巧、加强学生团队合作能力有重要意义。以珍珠球项目为例，传统体育教学在开展篮球项目时，往往教授学生如何投篮、传球、三步上篮以及简单的战术配合，对于珍珠球项目，虽然参与者也进行投篮，但对投篮的过程不太严格，教师可以将珍珠球引入篮球的教学，这对学生掌握篮球的技术有重大的价值。以抢花炮、陀螺、珍珠球为例的民族传统体育项目，在当下大学体育教学中开展得不是很多，但恰恰这一类的体育教学内容能够激发学生学习体育的内在动力，各高校可以建立起各自的特色课程，发挥学生自主学习的能力，真正做到培养学生学习体育的能力，践行终身体育的观念。

进入 21 世纪以来，我国高校体育教学采用多种教学模式并用，虽是弥补了传统教学模式的不足，但"填鸭式""灌输式"的教学模式还大量存在于体育教学的过程中。一方面，体育教师能力和水平有限，公共体育教学班级人数众多，教师难以顾及每个学生的掌握情况；另一方面，许多教师无法突破陈旧的教学模式，在尝试探索新的教学模式的过程中，时间和精力的付出让教师疲于创新。"健康第一"的指导思想为高校体育俱乐部教学提供理论依据，"体育教学中要充分发挥学生为主体、教师为主导的教学模式，努力倡导开放式、探究式教学，努力拓展体育课的时间和空间"。① 高校体育教学发展到目前的阶段，许多高校建立了"单项教学俱乐部"的教学模式，在自主选择老师、项目、上课时间的基础上，体育教学采用俱乐部的形式，让教师起到组织和辅助的作用，主要以学生自主性活动为主。高校体育俱乐部教学模式的实施是"以人为本"教学思想的重要体现，在面对体育观念落后，竞技体育观念、体质教育观念盛行的体育教学现状时，俱乐部教学模式适应学生身心发展需要，重视学生学习兴趣和体育能力的培养，对培养终身体育意识，树立终身体育习惯有重要意义。

3. 树立先进的体育教学指导思想

我国体育教学指导思想围绕"健康第一"而展开，坚持以人为本，增强学生体质的教学指导思想也一直贯穿在整个高校体育教学过程中。尽管"健康第一"呼应国家的宏观政策，也体现了特定时期我国学校体育改革的主题和特色，但盲目地以"健康第一"为指导思想是否能对高校体育的发展提供行之有效的帮助，需要各高校反思。熊文教授的"学校体育推行的'健康第一'的依据不拘泥于自上而下的文本或政策导出，而需要更多引入体育人文

---

① 罗达勇，汪海燕. 我国普通高校体育俱乐部教学模式的现状与研究 ［J］. 北京体育大学学报，2003，26（03）：372-374.

价值理性和思考。"① 新时期下高校体育教学指导思想在以"健康第一"为指导的前提下，应该认真思考健康的内涵，而不是局限于高校体育的有益身体健康以及提高体育教学的运动技术。因此，体育教学指导思想的树立，应该从建设高校体育发展的长远眼光出发，充分发挥体育在育人功能上的价值和作用。

4. 完善高校体育教学评价体系

高校体育教学评价体系即我们熟知的公共体育考核，主要是以理论成绩、素质考核以及平时成绩为主，我国高校体育教学的评价从单一的终结性评价转换成学习过程和结果并重的教学评价，许多高校还建立了学生与教师互评的教学机制，这不仅使教师能够获得直接的教学建议，同时也建立起师生之间共同进步的桥梁。高校体育事业的发展，需要的不是仅仅单方面运动技术突出的人才，而是综合素质全面发展的现代化人才。公共体育教学虽然以学分制被纳入大学教育，但也应适当弱化"应试教育"留给学生的烙印，建立全面的考核机制，适当降低期末考试"一锤定音"的评判标准，注重对学生参与体育活动态度的客观评价，提高学生平时学习的积极性，推进素质教育的实施。

（二）大学群众体育训练的对策

1. 重新认识大学群众体育训练

在说到"训练"时，人们惯有的念头就是竞技体育中带有目标专一性特征的运动训练，前面提到大学群众体育训练的目标与运动训练存在本质上的区别，当然在其他方面也具有很多的区别，比如训练的环境、训练的指导思想以及训练的水平等。所以说，破除固有的对于训练的看法，从根本上改变人们对大学群众体育训练的认识，使课余体育训练能够广泛地、灵活多变地开展起来。大学群众体育除了较高水平的校集训队以外，还包括学院、班级集训队，以体育协会、俱乐部或社团等形式开展的学生和教职工的体育训练。对于大学群众体育来说，不仅要重视能够给学校带来荣誉的校集训队，更需要重视其他形式的群众体育训练，贯彻"健康第一"的思想，助力于全民健身的开展。比如说，可以创建一个 APP 或者微信小程序，校集训队的教练员、运动员或本校体育学院运动技术较好的学生，可以在网站上认证并挂上自己的名字，而学院、班级集训队或是体育协会、俱乐部等可以在网上预约这些校集训队的教练员或学生担任训练指导，通过约定一个合适的时间进行训练和指导，当然这些指导可以是无偿的也可以是有偿的。通过这种方式既可以化解校集训队以外

---

① 熊文. 辨误与厘正：学校体育"健康第一"理论立足点检视［J］. 体育科学，2019，39（06）：89-97.

的同学想参加体育训练却没有教练员的窘境，解决高校教练员资源不足的问题，也可以让校集训队的教练员或学生学有所用，增加实践的机会，并获得一些报酬。

大学群众体育训练的目的就是让更多的学生和教职工参与到体育活动中来，训练不是只让运动技能水平高的学生参加，训练也不是为了参加比赛才进行的，而是要使大学群众体育训练竞技与娱乐并存。要改变将训练与比赛捆绑在一起的观念，比赛只是一种检验训练效果的手段，不是训练的目的。将训练与比赛捆绑在一起，会让高校只注重比赛的成绩，有比赛就临时组队训练，没有比赛就不存在大学群众体育训练，而且为了比赛取得好的成绩，只允许那些水平较高的有运动天赋的学生参与，而喜欢运动但运动技术不好的普通学生根本就没有机会。所以说比赛只是大学群众体育训练的组成部分，是培养学生全面发展的重要途径，而不是体育训练的目的。

2. 建立健全大学生与教职工体育训练融合机制

大学群众体育是一个完整的整体，大学生与教职工进行的体育活动是这个整体的两个部分。学生与教职工不仅在学习或工作上息息相关，更是在生活上互相影响，但是大学生群体和教职工群体的体育活动却像南半球和北半球，虽然在同一个地球上，却是互无交集，所以建立大学生群体与教职工群体的共同体育训练机制已经刻不容缓。建立大学生群体和教职工群体体育训练融合机制，有助于大学生与教职工的感情升温，对于建立融洽和谐的校园环境很有帮助；有助于大学生与教职工在场地和器材的使用上形成机动的资源共享，避免造成一个场地一批器材两区互不相识的人争执的尴尬；有助于大学生群体与教职工群体在体育技能上互相学习，在体育精神上互相感染，在体育项目上互相分享；有助于更多的大学群众参与到体育活动中，形成积极热烈的大学体育训练氛围。大学生与教职工体育训练融合机制的建立需要多方的参与和共同的努力，首先，学校领导对于大学群众体育要有一个完整的认识和积极肯定的态度，才能体现出学校制度层面的改变，这样才能让学生和教职工产生观念变化；其次，部门与部门之间要加强交流和合作，多举办教职工与学生共同参与的竞赛活动，促进教职工与大学生在体育活动上的交流，产生相互欣赏、相互切磋、同台竞技的想法，打破原有的传统思想观念，形成在体育竞赛活动上的公平，真正体验到体育的魅力与竞技的快乐。最后也是最重要的，对于学生和教职工来说，大学生在体育活动中表现出来的青春与冲劲，是教职工那个年纪很难再有的，而教职工内在的成熟与稳重正是大学生那个年纪所需要的，大学生与教职工需要在内心深处真正地接受与欣赏彼此，在同一片天空下挥洒汗水，共同进步。

3. 提升教练员队伍的素质和参训积极性

高校群众体育训练的教练员除了部分高校集训队会特意从其他地方邀请专业的教练员外，其他的教练员一般都是由高校体育老师、体育学院学生或是技术较好的高水平运动员担任，"千金易得，一将难求"这句名言很好地说明了我国高校教练员队伍建设的局面。在前面我们分析过我国高校教练员的情况，诸如年龄、学历、专业能力以及投入精力等。虽然从表面上看是教练员的自身能力与立场的问题，其实与其所在高校的制度与管理息息相关，很多的问题要从根本上才能解决，但是可以先从改变局部开始，从教练员自身寻求解决办法。

要提高我国高校教练员队伍的专业素质，可以从以下几个方面来努力。第一，我们可以从教练员的管理模式入手，采用高校间联合的方式，好教练大家共享，并采用聘任制，扩大高校教练员的聘请范围；第二，要为大学群众体育训练的教练员提供良好的工作环境，提高工资待遇，当然制定完善的考核评价系统也非常有必要，有利于建立公平的工作环境，让有能力的教练员更加积极，也能激励能力不足的教练员不断进取学习；第三，教练员的培训式学习对于提高教练员的专业素质极有帮助，学校应经常组织有关体育训练方面的讲座，邀请在运动训练方面的"大牛"为教练员们"传道授业解惑"，提高他们在训练手段、方法以及医务监督等方面的能力。

对于教练员工作的积极性，笔者认为只有教练员真正地热爱他的事业，他才能真正地全身心投入。首先，要提高高校对教练员在体育训练上取得成绩的关注度，这对教练员积极性的提高是一大助力；其次，将大学群众体育训练和体育课教学工作量捆绑起来，形成完整的绩效机制；再次，提高教练员的物质奖励幅度，根据"努力与付出成正比"的原则，增强奖励的力度，以激励教练员的工作热情。通过以上几个措施，教练员的积极性能够有效调动，从外在的任务式被动行动转化成自己的自主式行动。

4. 协调体育训练与学习、工作的关系

运动技术的提高必定需要付出时间和精力，在高校中不是所有的人都是运动天才或学习中的学霸，往往运动技术好的同学，由于投入过多的时间或精力在训练上，学习上难免落后，协调好学习与训练、工作与训练的关系，对于促进高校群众体育的发展大有裨益。协调体育训练与学习、工作的关系，首先，需要高效、合理的管理方式，采取有效的管理政策：（1）学生与教职工都是处在高校管理系统下的，高校要采用激励机制促进学生与教职工的体育参与，这样才能有助于学生与教职工养成自主参与的习惯；（2）高校要通过有效手段加强校园体育文化建设，比如加大宣传力度、开展知识讲座以及在政策上给

予肯定与支持。其次，教练员在学习与训练、学习工作的协调中发挥着重要的作用：（1）教练员要与受训人员积极沟通，及时发现问题，及时解决问题；（2）教练员要加强自身的专业素养，能够在训练的时间里及时发现受训人员技术得不到提高的症结所在；（3）教练员要与受训人员的上一层管理者协调好时间，对于大学生来说一般是班主任或辅导员，对于教职工来说一般是其所在部门或工会，能够既不耽误学习或工作，又能在训练上取得进步。最后也是最重要的，还在于学生或教职工自身：（1）学生与教职工要在平时有空的时候加强体育锻炼，不要出现"只有训练才有体育"的情况，平时有规律的体育锻炼有助于增强其身体各方面的能力，为后续的训练打好基础；（2）体育训练在某种程度上可以提高大脑的兴奋性，增加在学习或工作上的精力，这就要求学生或教职工能对自己的身体有一个很好的感知，在训练达到自己身体能够承受的极限的时候，停止训练，让身体能够可持续发展。

5. 构建符合大学群众体育训练的目标

目标对于完成一件事情的重要性是众所周知的，但是只有合理的、正确的目标才能让事情沿着正轨前进。大学群众体育训练的目标是多元化的，是需要符合学校体育实施指导思想的，构建合适的目标是实现大学群众体育训练健康可持续发展的基础。

构建大学群众体育训练的发展目标必须先明确其确立依据，而且这个依据必须和大学群众体育训练密切相关。第一，要明确大学群众体育训练的基本功能，大学群众体育的基本功能是其价值的体现，是大学群众体育训练制定目标的基础，否则制定的目标缺乏可行性，不利于充分发挥大学群众体育训练的功能。第二，要把握好学生身心发展的规律，人的生长发育受到各方面因素的影响，实践证明，参与体育活动对于人的生长发育有着积极的作用。第三，根据社会发展的需要，21世纪的社会是一个开放的系统，而高校作为这个大环境下独具特色的文化形态，与社会是联系在一起的。第四，贴合学校教育与国民体育发展的需要，现代社会要求我国高等院校培养出"适应建设有中国特色社会主义的，面向现代化、面向世界、面向未来的，有理想、有道德、有文化、有纪律的社会主义新人"，① 也就是全面发展的新时代人才，这是高校教育必须树立的全面发展教育观。第五，从人类社会遗传学的角度来说，在校学生身强体壮了，为走入社会优生优育做好铺垫，就能从根本上改善和提高下一代的体质，推而广之，有利于全面提高国民身体素质。

构建大学群众体育训练的发展目标应遵循一定的原则，让这些原则贯彻大

---

① 吕乾星. 江苏省普通高校课余体育训练发展研究［D］. 南京：南京师范大学，2011.

学群众体育训练实施的全过程，使构建出来的目标更具科学性和实践性。第一，系统性原则。在构建我国大学群众体育训练的目标时，要把大学群众体育训练看成一个整体，用系统的眼光看待大学群众体育训练，而制定的目标则要完整地反映出系统的内容与结构，呈现出一个目标体系。这个目标体系是指大学群众体育训练依据正确的教育思想、体育思想、大学群众体育训练的正确认识理念，遵循我国教育、体育以及其他方面的方针与政策，并结合高校的实际情况，构建出高校、管理部门、教练员、学生与教职工等各方面相互联系与相互制约的整体。第二，统一性与多样性原则。在构建大学群众体育训练的目标时，既要体现出与国家宏观发展相一致的目标，又要根据各高校的历史背景、地理位置、文化环境、师资、生源以及物质条件的不同体现出多样化的特征，也就是说我国高校在制定大学群众体育训练的目标时，要体现整体的稳定性、统一性，也要兼顾各高校的实际情况，做到方向正确，实事求是。第三，发展性与可操作性原则。在构建我国大学群众体育训练的目标时，要注重其发展性，世界是运动的，无时无刻都在变化中的，所以要充分考虑我国教育事业与政治经济的变化，以及这些变化带来的影响。同时也要注重其目标的横向影响力，也就是说高校制定目标时不仅要关注其自身发展，还要以发展的眼光带动所在地区的中小学的发展。更为重要的是，目标的发展性要与实践性也就是可操作性相结合，要纵观未来，也要活在当下，从实践出发，在充分了解情况的基础上，根据我国发展大势，确定确实可行的目标体系。

总的来说，构建大学群众体育训练的发展目标需要在一定的基础上，遵循整体性、统一性、多样性以及发展性与可操作性原则。

6. 全面提升训练科学化水平，创新训练模式

训练的科学化是有效训练、安全训练、健康训练以及实现大学群众体育训练的保证。大学群众体育训练要实现科学化可以从以下几个方面入手。第一，制定合理的训练目标，训练目标怎么制定已经在前面做了完整的表述，这里不再重复。大学群众体育训练目标的具体内容要合理分布"运动技能、参与程度、身心健康、社会适应"，要更加注重学生体育训练参与程度、心理健康等指标的量化，增加参训人员"能力素养、价值导向、情感意志"等方面的培养，实现训练目标的多元化。第二，优化训练内容，当前我国高校体育训练受到竞技体育运动训练的影响，过多地强调技术的提升和训练时间的充分利用，而忽略了其趣味性和扩展性，所以大学群众体育训练要对传统的运动技能训练内容进行改进，对传统训练内容进行扩展，增加体育趣味性，以受训人员为主体，要注重受训人员的"自主训练""自主提高""自主探究"。第三，创新训练方法，在训练过程中要积极探索新的训练方法和手段，采用流程式、游戏

式、合作式、启发式、竞赛式等新型训练方法。通过创新训练方法，增加训练的新颖性、多样性，提高训练效果。第四，完善训练评价体系，推进群众体育训练由目标型向形成型转变，实现定性与定量的结合。同时要注重受训人员完成训练目标的情况与受训人员体育运动的学习与训练的过程。将"终结性成绩"这种不具备全局评级性的评价标准摒弃，给受训人员建立成长记录档案，积极探索"导生制"的训练评级机制；加强学生训练恢复与心理疏导，科学的训练绝对离不开充分的准备活动与积极的放松休息，大学群众体育训练要遵循训练的周期性原则，合理安排休息、训练与学习的时间，控制好训练与学习生活的节奏，在训练过后要及时补充身体的营养，如维生素、蛋白质以及糖类等。有条件的受训人员还可以进行物理恢复疗法，避免积累运动疲劳，造成身体损伤。在训练的各个阶段不仅要注意受训人员身体的变化，更要察觉其心理的波动，做好心理疏导，要注重引入生物反馈训练、意志训练、自我暗示训练等，加强受训人员在运动过程中出现的不良心理的疏导。

7. 拓宽经费来源的渠道，有效管理体育训练资金

大学群众体育训练不说是一种"烧钱"的活动，但确实需要一定的资金支撑，不然代表队日常的运作难以维持，训练也只是走走过场，而落不到实处。由于资金的短缺，很多高校缩减了大学群众体育训练的项目、竞赛和训练时间等，更甚者，只在有比赛的时候才会组织训练，"临时抱佛脚"的现象屡见不鲜。所以要取得训练上的成效，在体育训练上必须有一定的投入，但是前面提到过当前我国高校大学群众体育训练的资金来源单一，一般只通过学校拨款，所以拓宽资金来源的渠道，是大学群众体育发展的必经之路。拓宽资金来源的渠道必须要各方努力，集思广益，首先对于需要举办的比赛，可以采取拉赞助的形式，由商家或企业提供比赛所需经费，实现双赢；其次，可以通过校企合办的模式，由校外的体育企业提供资金与技术，而高校提供体育人才，实现技术、资金和人才的"三剑合璧"，实现体育类企业与高校群众体育训练的可持续发展；再次，还可以举办精彩但有偿的大学竞技体育比赛，通过比赛门票、广告、网络转播等形式增加大学群众体育训练的经费；最后，充分利用学校资源，通过体育场地的有效管理，增加体育场地的利用率，并向观众收取一定的服务费，增加体育类收入。笔者认为除了"开源"，"节流"也是大学群众体育训练解决经费不足问题的一大要点，俗话说"生产好比摇钱树，节约好比聚宝盆"，在经费不足的情况下，取消一些不必要的聚会，增加训练上的投入，把资金用到实处。

第四节　大学群众体育教学与训练发展的启示

一、落实政策，建立大学群众体育发展新格局

"努力实现体育与国民经济和社会事业的协调发展，全面提高中华民族的体质与健康水平，基本建成具有中国特色的全民健身体系是我国 2010 年全民健身计划的战略目标"。① 1995 年，《全民健身计划纲要》的颁布实施，意味着我国大学群众体育进入全员参与的新阶段。在各高校深入贯彻并落实全民健身计划的同时，大学群众体育发展在政策的导向下也产生了新的动力。针对学生的大学体育，为群众体育的发展培养了一批又一批的优秀人才，为大学群众体育群体提供先进的指导意见，面对大学群众体育人员覆盖更广、体育需求更高的发展趋势，在高校体育师资有限的情况下，协调政府机构、企事业单位、师生团体，将大学群众体育发展上升到统筹兼顾的战略高度，对建立大学群众体育发展的新格局有重要价值。我国大学群众体育发展的思路，必须要建立在大学体育发展的基础上，而大学体育工作要以新的姿态和新的理念认识和发展高校群众体育。"新的姿态就是高校要放眼建设体育强国的目标要求，牢记培养体质健康人才是己任。新理念就是高校群众体育要为建设群众体育强国添砖加瓦，为体育强国储备和发展体育人口。"② 在落实全民健身计划，建设体育强国的道路上，大学群众体育要呼吁更多的政策和法规支持其发展，比如体育俱乐部教学在大学体育教学过程中的组织和运行；提供高校体育场馆的管理和保护性措施的文件；大学群众体育活动的经费和补贴等政策的落实。做到这几点，必将极大地推动大学群众体育的发展。

二、转变观念，推动大学群众体育新发展

长期以来，我国高等学校的群众体育统一由体育部（系）或者是体育教学部包办，从体育教学到社团俱乐部、竞赛活动、训练等方面，大到整体布局、计划制定，小到各种竞赛裁判，都囊括在体育老师的工作范围之内，高校群众体育工作单一执行，除了加重体育教师的工作负担以外，大学群众体育的

---

① 中华人民共和国国务院. 全民健身计划纲要［S］. 1994.
② 梁风. 发展高校群众体育与体育强国建设相匹配的互动研究［J］. 贵州体育科技，2011（01）：8-11.

发展也不尽如人意。传统大学群众体育工作主要是以体育教学为主，常常忽视学生以外的群体工作质量，导致高校体育教学与高校群众体育工作处在脱节的状态。继续强化大学体育课程的开展，不仅仅强调学生通过体育教学掌握体育技能和理论知识，要更加重视体育与文化活动的紧密结合，发挥大学群众体育与大学生创新能力相结合的模式，构建大学校园内群众体育发展的良好机制，强调体育与课余体育锻炼结合的重要性，转变大学体育教学在课堂上的局限。面对现阶段大学群众体育发展需求广泛、工作量大的现状，需要我们转变传统观念，大量的事实已经证明，高校群众体育工作必须主动地适应由办群众体育为主向管群众体育为主转变。发挥高校体育部、学工部、研工部、校团委、校工会、各院系、各部门之间的协调合作，如高校体育部的体育教学要努力建设人人参与的校园群众体育体系，组织体育协会、体育社团开展各种体育竞赛活动，真正建立大学群众人人参与体育、享受体育的氛围；学工部、各工会的群众体育活动要努力提高教职工的整体素质，积极有效地促进大学群众体育工作的开展，推动大学群众体育新发展。

三、勇于创新，开创大学群众体育新局面

体育教学在高校育人体系中发挥着重要作用，然而大学群众体育不只是依靠体育教学来实现的，还包括除学生以外的其他群体，对推动大学群众体育的发展同样有着重要意义。第一，当前状况下的改革创新，是要建立在完整的管理机制和体系基础上，而这恰恰是需要我们去探索的。目前，除开体育部分管下的体育教学有较大的组织管理以外，高校其他群体的体育活动分散给校工会、校团委等部门，这十分不利于大学群众体育的管理。第二，大学群众体育的发展急需打破枯燥、传统的体育教学模式。面向高校全体成员开展丰富多彩的体育活动是发展大学群众体育的核心所在，传统的课堂教学只针对学生开放，却将热爱体育运动、有意向改进自身运动技术的教职工拒之门外，这是大学群众体育滞后的表现。第三，开发和推广全民健身新项目。面对高校体育教学集中开展的三大球项目，使大学群众体育脱离了面向全体人员开展的广泛性。因此，开展大学群众喜闻乐见、简单易行的体育项目是大学群众体育创新的重要突破口。目前，我国民族传统体育项目众多，充满了健身性、时效性，在许多高校都有以选修课的形式开放。开创大学群众体育发展的新局面，可以尝试开展让高校各个群体共同参与的体育活动，不论是通过教学的方式还是竞赛的方式，因地制宜，因时制宜，达到锻炼的目的。第四，积累经验。事实证明，随着我国全民健身计划的深入实施，全国高校都在探索新的道路，寻找新的方法，以求响应国家政策的同时，建设和发展自身体育发展特色。新时期下

的大学群众体育，积累新的经验是推动其发展的有效动力，在这项事业中，大学群众体育担负着重要的使命。因此，只有转变观念，勇于创新，才能适应新时期下大学群众体育的发展。

第四章　大学群众体育竞赛活动

大学群众体育竞赛活动作为大学群众体育的重要组成部分，经历了曲折前进的发展历程。大学群众体育竞赛活动的开展能够丰富校园生活，提高学生和教职工的生活质量，增强学校凝聚力。但是大学群众体育竞赛活动是大学群众体育发展过程中的一把双刃剑，一方面能促进大学群众体育的发展，另一方面"精英"竞赛使得其他大学群众丧失了体育热情，因此有必要对大学群众体育竞赛活动发展中存在的问题进行梳理，进而提出相应的对策，促使我国大学群众体育竞赛活动向良好的方向发展。

第一节　大学群众体育竞赛活动的分类

在对大学群众体育竞赛活动进行分类之前，首先要明白大学群众体育竞赛活动的概念。学校体育竞赛活动的内涵是：以全面锻炼学生的身体、增强学生体质为目的，掌握体育与健康教育的基本知识、技术、技能，促进学生个性的全面发展，发展学生的运动能力，为国家培养和输送体育后备人才的活动。[①] 根据前文对大学群众体育概念的界定，大学群众体育竞赛活动是指在高等教育体系内，由校内人员或校外官方组织举办的，全体学生、教师及其他服务人员以增强体质、丰富闲暇生活、发展运动能力为目的的多个单项运动项目或单项体育项目的比赛活动。根据上文界定的大学群众体育竞赛活动的概念，笔者根据参与主体、竞赛级别、组织形式和运动员来源四个标准对大学群众体育竞赛活动进行分类。

一、按参与主体分类

按比赛参与的主体，大学群众体育竞赛活动可分为大学生竞赛活动、大学教职工竞赛活动。

---

① 孙汉超，秦椿林. 实用体育管理学［M］. 北京：人民体育出版社，2004：213-263.

（一）大学生竞赛活动

大学生竞赛活动的参赛者为高等教育体系下的大学生，灵活性大，规模可大可小，大的有世界大学生运动会，小的有学院举办的竞赛活动，例如北京体育大学管理学院已经举办了 31 届的"冠军杯足球赛"。其目的在于激发学生参与体育锻炼的兴趣，丰富校园文化，锻炼学生的意志品质，增强学生校园生活的趣味性，促进学生之间以及学生和教职工之间友好关系的发展等。

（二）大学教职工竞赛活动

大学教职工竞赛活动的参赛者为高等教育体系下的教师及其他服务人员，竞赛活动目的在于激励教职工积极锻炼、增强体质；和谐教职工之间的关系，增加交流；丰富教职工的任职生活，减少枯燥乏味感；激励教职工热爱生活、热爱工作，积极响应社会"为祖国健康工作 50 年"的号召。

大学生竞赛活动和大学教职工竞赛活动均可单独举办，如清华大学"马约翰杯"乒乓球比赛、西南交通大学教职工足球比赛（五人制）；也可合并举办，如山东大学（青岛）教职工、学生乒乓球比赛。

二、按竞赛级别分类

根据竞赛活动的级别，可将大学群众体育竞赛活动分为院系级体育竞赛活动、校级体育竞赛活动、校际体育竞赛活动、省级体育竞赛活动、国家级体育竞赛活动以及国际级体育竞赛活动。

（一）院系级体育竞赛活动

院系级体育竞赛活动是指普通高等学校某个院系单独举办或者两个以上院系合作举办的群众体育竞赛活动，一般由学院主办，由学院的体育协会、社团或体育部门承办，参赛选手为主办学院里的学生或老师。如武汉大学工学部五院"启明杯"新生乒乓球赛是由共青团武汉大学水利水电学院委员会主办，武汉大学水利水电学院爱乒球社、土木建筑工程学院乒乓球协会承办，工学部与体育部协办，该级别的群众体育竞赛活动旨在通过比赛加强学院的文化建设，缓解学生压力，加强学生之间以及各院系之间的合作关系等。

（二）校级体育竞赛活动

校级体育竞赛活动面向的是全校师生和教职工，由各高等学校自行主办，由各高校内体育运动委员会、校团委、校学生会体育部门、体育学院等各个组织合作开展的竞赛活动，如吉首大学"湘西生活网杯"健美操比赛、北京大学"北大杯"足球赛，其目的在于响应国家政策，建立独特的校园文化，鼓励学生和教职工的全面发展。

（三）校际体育竞赛活动

校际体育竞赛活动是指两个或两个以上普通高等学校联合举办体育竞赛活动，如"隔壁杯"清北 MBA 足球友谊赛，参赛方为北大光华 MBA 与清华经管 MBA，清华大学与北京大学两所顶尖学府的友谊完美地呈现在"隔壁杯"足球友谊赛中，由此可见，校际竞赛活动体现了体育的社交功能，能够促进我国普通高等学校体育工作互相交流与学习。

（四）省级体育竞赛活动

省级体育竞赛活动是指由各省教育组织机构或体育局主办，各省体育协会执行，其他组织承办的大学群众体育竞赛活动，如湖南省大学生健美操、体育舞蹈比赛；由山东省教育工会主办，鲁东大学承办的 2019 年"校长杯"全省高校教职工羽毛球比赛。

（五）国家级体育竞赛活动

国家级体育竞赛活动指参赛选手面向全国普通高等院校的学生以及教职工，由国家体育总局、中国大学生体育协会、中国各单项体育协会负责组织开展。例如已经举办了 21 届的 CUBA 中国大学生篮球联赛是中国体育史上第一个面向高校、面向社会的大学生专项运动联赛；每四年一届的全国大学生运动会；由全国财经院校体育教学学会主办，贵州财经大学体育工作部承办的2019 年全国财经院校教职工乒乓球比赛等。

（六）国际级体育竞赛活动

国际级体育竞赛活动的参赛者不限国家和地区，面向全世界的普通高等学校的学生，将中外的大学生汇聚在一起切磋竞技能力，拓宽大学生的眼界，提高大学生的交流能力，促进各国大学生良好友谊的发展。例如西安昆明池国际名校赛艇对抗赛，中外 21 所国际知名高校的赛艇队分别进行八人单桨有舵手 800 米直道和四人单桨无舵手 800 米直道的竞赛；世界大学生运动会，分为世界大学生夏季运动会与世界大学生冬季运动会，轮流在世界各国举办。世界大学生运动会是规模仅次于奥运会的世界大型综合性运动会，各国都非常重视其大学生运动员的参赛成绩，因此非常重视大学生运动员的竞技能力的发展，这样一来，世界大学生运动会强有力地推动了大学群众体育的发展。

三、按组织形式分类

由于体育竞赛活动的举办具有灵活性，可以是只有单项运动的体育竞赛活动，也可以是多项运动合并在一起举办的体育竞赛活动，因此，根据竞赛活动的组织形式可以将大学群众体育竞赛活动分为单一性大学群众体育竞赛活动和综合性大学群众体育竞赛活动。

（一）单一性体育竞赛活动

单一性体育竞赛活动是指由单个项目组织而成的大学群众体育竞赛活动，特点是具有明确的指向性，优点是竞赛流程相对简单，人员相对统一，便于组织与管理，缺点是吸引力不足，无法吸引大学学生与教职工积极参与。我国几乎每所高校都组织过这一类型的赛事，常见的有篮球赛、五人制足球赛、乒乓球赛、羽毛球比赛、游泳比赛等，不常见的有飞盘比赛、网球比赛等。

（二）综合性体育竞赛活动

相比较而言，综合性体育竞赛活动的包容性更大，组织形式是多个项目以同一竞赛活动为载体，有秩序、有规划地组织各个项目的比赛顺利开展。这种综合性的体育竞赛活动组织难度大，持续时间长，影响力大，如湖南大学举办的校联赛就是典型的综合性体育竞赛活动，联赛中包括篮球比赛、足球比赛、羽毛球比赛、乒乓球比赛以及衍生赛事体育摄影比赛。

四、按运动员来源分类

按运动员来源可以将大学群众体育竞赛活动分为校内体育竞赛活动与校外体育竞赛活动。校内体育竞赛活动是指参赛运动员全部来自校内大学群众的体育竞赛活动，校外体育竞赛活动的参赛运动员有的来自不同的学校。竞赛级别在校级以下的竞赛活动属于校内体育竞赛活动，如各高校各自举办的田径运动会，院系举办的小型竞赛活动；竞赛级别在校级以上的竞赛活动属于校外体育竞赛活动，如全国大学生运动会，各单项体育协会举办的一年一次的单项锦标赛。

第二节　大学群众体育竞赛活动开展的现状

一、项目

大学群众体育竞赛活动开展的项目不断地在朝着多样化的趋势发展，跳出了三大球（足球、篮球、排球）的局限，了解大学群众对竞赛活动的真正需求，并做出相应的改革，积极开展具备多样性和趣味性的竞赛活动吸引更多大学群众参与，使他们对项目产生兴趣，鼓励大学群众培养良好的运动习惯。对于大学群众体育竞赛活动项目开展的现状，笔者从校内体育竞赛活动与校外体育竞赛活动两个方面进行概述。

对于校内体育竞赛活动，笔者根据我国的地理概况选取了东北地区、华北地区、华东地区、华中地区、西南地区、西北地区6个地区18所高校，每个地区选取1所"985工程"院校、1所"211工程"院校、1所非"985工程"非"211工程"的普通院校，在每所高校的官方网站查找相关的体育竞赛活动的开展情况，对竞赛活动开展项目的资料进行梳理（见表4-1）。

表4-1　高校群众体育竞赛活动项目开展情况

地区	学校	层次	学生	教职工
东北地区	东北大学	985	田径、篮球、足球、排球、网球、羽毛球、乒乓球、跳大绳、健美操、冰球、花样滑冰、速度滑冰	田径、羽毛球、篮球、足球、排球、乒乓球、网球、毽球、游泳
	东北林业大学	211	游泳、乒乓球、武术、跆拳道、散打、体育舞蹈、健美操、网球、排球、轮滑、羽毛球、街舞、篮球、足球	篮球、排球、游泳、乒乓球、羽毛球、拔河、跳绳
	东北财经大学	"双非"	羽毛球、网球、健美操、形体、拉丁舞、乒乓球、篮球、排球、足球	乒乓球、田径、韵律操、羽毛球、篮球
华北地区	清华大学	985	啦啦操、排球、游泳、越野攀登赛、田径、篮球、击剑、毽绳、跆拳道、乒乓球、跳高、射击、棒垒球、击剑、瑜伽、板球、羽毛球	田径、乒乓球、羽毛球、篮球、游泳

续表1

地区	学校	层次	学生	教职工
华北地区	北京语言大学	211	太极拳、跆拳道、龙狮、足球、篮球、排球、木球、网球、羽毛球、田径、游泳、艺术体操、武术、乒乓球	木球、乒乓球、太极拳、足球、篮球、网球、羽毛球
	燕山大学	"双非"	田径、篮球、足球、排球、网球、乒乓球、羽毛球、花样跳绳、散打、跆拳道、武术套路、太极拳、跳绳、毽球、拔河	田径、篮球、足球、排球、羽毛球
华东地区	浙江大学	985	健美操、太极拳、无线电测向、排球、田径、游泳、跆拳道、健美健身、啦啦操、篮球、体育舞蹈、羽毛球、攀岩	游泳、羽毛球、篮球、乒乓球、排球
	华东理工大学	211	篮球、足球、排球、网球、乒乓球、太极拳、龙舟、瑜伽、韵律操、国标舞、健美、啦啦操	健走、游泳、排球、篮球、网球、乒乓球、羽毛球
	华东政法大学	"双非"	篮球、足球、排球、板球、羽毛球、乒乓球、健美操、游泳、瑜伽	跳绳、拔河、摸石头
华中地区	湖南大学	985	田径、篮球、排球、网球、足球、乒乓球、羽毛球、健美操、艺术体操、跆拳道、体育舞蹈	游泳、跳绳、气排球、足球、篮球、羽毛球、乒乓球、登山
	华中师范大学	211	篮球、足球、排球、田径、艺术体操、曲棍球、定向越野、柔力球、体育舞蹈、羽毛球、乒乓球	篮球、足球、排球、羽毛球、乒乓球、游泳
	河南大学	"双非"	健美操、体育舞蹈、足球、排球、跆拳道、健身、武术、田径	排球、足球、羽毛球、篮球、网球

续表2

地区	学校	层次	学生	教职工
西南地区	四川大学	985	网球、篮球、武术、游泳、体育舞蹈、乒乓球、艺术体操、田径、板球、羽毛球	太极拳、游泳、网球
	云南大学	211	足球、排球、乒乓球、武术、体育舞蹈、篮球、田径、网球、健美操	滑翔伞、健身操、乒乓球
	西南石油大学	"双非"	田径、排球、篮球、花样跳绳、足球、乒乓球、羽毛球、跆拳道、瑜伽、舞蹈、网球	排舞、气排球、游泳、养生操、篮球
西北地区	西北农林科技大学	985	篮球、足球、羽毛球、排球、乒乓球、田径、网球、啦啦操	篮球、足球、排球、羽毛球、乒乓球、游泳
	石河子大学	211	田径、跆拳道、排球、篮球	跳绳、羽毛球、乒乓球、排球、篮球、拔河、广场舞
	西北民族大学	"双非"	跆拳道、足球、篮球、排球、羽毛球、网球、乒乓球、定向越野、啦啦操、健美健身	气排球、羽毛球、乒乓球、网球、篮球

资料来源：各高校官方网站

从表4-1中可以看出，我国各地区各层次的高等院校都开展了许多项目的竞赛活动，主要是教学中开设的项目和奥运会比赛的项目，三大球是多数高校的必选项目；三小球中乒乓球是我国的国球，羽毛球的技术难度较小，二者也成为了大多数高校的必选项目，而网球由于技术难度大，受众小，因此开展该项目竞赛活动的高校主要分布在985层次院校，少数分布在211层次院校，非985非211院校几乎不举办网球比赛。

许多高校虽然将田径划入选修课的范围，但是在国家政策的指导下，大部分高校每年至少举行一次全校田径运动会，因此田径项目的竞赛活动几乎遍布全国的每一所高等院校。此外，健美操、啦啦操、舞蹈、太极拳、跳绳等其他项目的竞赛活动在一些学校也时有举办，其中健美操、啦啦操的竞赛活动开展较多。

　　总体来看，我国 985 层次的高校竞赛活动开展的项目数量最多，涵盖范围广，211 层次高校次之，对比来看，非 985 非 211 院校竞赛活动的项目开展的情况较差，需借鉴更高层次高校的经验开展竞赛活动。

　　我国东北地区的高校开展了特色项目的竞赛活动，如花样滑冰、速度滑冰，这与学校所处的自然地理环境相关，因此东北地区的高校竞赛活动呈现一定的特点，我国其他地区高校开展的竞赛活动项目未表现出明显的地区特色。

　　清华大学作为我国顶尖的高等学府，其在竞赛活动开展这一方面也给我国其他高校做出了榜样，项目开展全面且不断在创办新项目的竞赛活动，如板球、棒垒球、越野攀登。

　　通过查阅国家级以及国际级大学群众体育竞赛活动的官方资料——教育部学生体育协会联合秘书处发布的《关于印发 2019 年全国学生体育竞赛计划的通知》，以 2019 年全国大学生体育竞赛计划为例，笔者对 2019 年已经举办的全国大学群众体育竞赛活动进行了整理（见表 4-2）。

表 4-2　2019 年中国大学生体育竞赛活动表

参赛主体	项目	赛事名称
大学生	篮球	第二十一届 CUBA 中国大学生篮球联赛 （一级联赛、二级联赛、三级联赛）
		2018—2019 中国大学生 3×3 篮球联赛（校园、城市、全国）
	足球	全国青少年校园足球联赛（大学组）
		全国大学生五人制足球联赛（赛区）
		中国大学生七人制足球联赛
	排球	2018—2019CUVA 中国大学生排球联赛（南方赛区、北方赛区）
		第六届中国大学生阳光排球锦标赛
		2019 年中国大学生气排球锦标赛
	沙滩排球	2019 年中国大学生沙滩排球冬令营
		第十五届中国大学生沙滩排球锦标赛
	田径	第十九届中国大学生田径锦标赛
	马拉松	2019 中国大学生马拉松联赛
	游泳	第十九届中国大学生游泳锦标赛
		第二届中国大学生阳光体育游泳比赛

续表1

参赛主体	项目	赛事名称
大学生	乒乓球	第二十四届中国大学生乒乓球锦标赛（甲、乙、丙组）
		第十届中国大学生阳光体育乒乓球联赛
		第十五届中国高校"校长杯"乒乓球比赛
		第二届中国高校"教授杯"乒乓球比赛
	羽毛球	第二十三届中国大学生羽毛球锦标赛
		第七届中国大学生阳光体育羽毛球比赛
		第二十一届中国高校"校长杯"羽毛球比赛
	网球	第二十四届中国大学生网球锦标赛
		2019 年中国大学生网球积分赛
		第三十届世界大学生夏季运动会网球项目选拔赛
		中国高校"校长杯"网球比赛
	手球	第三十三届中国大学生手球锦标赛
	射击	第十五届中国大学生射击锦标赛
	桥牌	第十五届中国大学生桥牌锦标赛
	体育舞蹈	第十五届中国大学生体育舞蹈锦标赛
	两操	第十五届中国学生街舞锦标赛
		2019 年第十五届中国学生艺术体操锦标赛
		2019 年中国大学生健身健美锦标赛
	啦啦操	2019 年中国校园啦啦操联赛
	空手道	2019 年中国大学生空手道联赛
	高尔夫	第十二届中国大学生高尔夫球锦标赛
	定向运动	第十八届中国学生定向锦标赛
		2019 年中国高校阳光校园定向巡回赛（6 站）
	击剑	第二十五届中国大学生击剑锦标赛
	垒球	第十五届中国大学生垒球联赛
	棒球	第十五届中国大学生棒球联赛
		2019 年中国大学生棒球冠军赛

续表2

参赛主体	项目	赛事名称
大学生	棋类	第二十八届中国大学生围棋锦标赛
		2019 年中国大学生国际象棋锦标赛
		2019 年中国大学生象棋锦标赛
	攀岩	第十七届中国大学生攀岩锦标赛
	户外运动	第三届中国大学生山地户外挑战赛
	跆拳道	第十五届中国大学生跆拳道（竞技）锦标赛
		第十五届中国大学生跆拳道（品势）锦标赛
	武术	2019 年中国大学生武术套路锦标赛
		第四届中国大学生中国式摔跤锦标赛
		第五届中国大学生武术散打锦标赛
		2019 年中国大学生武术散打冠军赛
		第一届中国大学生太极推手锦标赛
	毽球	第九届中国大学生毽球锦标赛
	帆船	第四届中国大学生帆船锦标赛
	舞龙舞狮	第十一届中国大学生舞龙舞狮锦标赛
	轮滑	2019 年中国大学生自由式轮滑锦标赛暨第二届中国大学生单排轮滑球锦标赛
	皮划艇	第四届中国大学生皮划艇锦标赛
	赛艇	第五届中国大学生赛艇锦标赛
	龙舟	第八届中国大学生龙舟锦标赛
	橄榄球	2019 年中国大学生英式橄榄球锦标赛
		第一届中国大学生美式橄榄球联赛
	跳绳	2018—2019 年中国跳绳联赛
	曲棍球	第九届中国大学生曲棍球锦标赛
	柔力球	中国柔力球公开赛
	荷球	第十届全国学生荷球锦标赛

续表3

参赛主体	项目	赛事名称
大学生	冰雪	第五届、第六届中国大学生滑雪挑战赛
		第二届中国大学生越野滑雪锦标赛
		第一届中国大学生越野滑轮赛
		2019年中国大学生冰球锦标赛
	壁球	第三届中国大学生壁球锦标赛
	水球	第三届中国大学生水球锦标赛
	和球	第三届中国大学生和球锦标赛
	射箭	第三届中国大学生射箭（射艺）锦标赛
	柔道	2019年中国大学生柔道锦标赛
	桨板	第三届中国大学生桨板竞速挑战赛
	飞镖	2018—2019年中国大学生飞镖联赛

资料来源：《关于印发2019年全国学生体育竞赛计划的通知》

从表4-2中可以看出我国大学生体育竞赛活动不仅包括了大众项目的竞赛，如篮球比赛、足球比赛、排球比赛、乒乓球比赛、羽毛球比赛，也包括了新兴项目的竞赛，如高尔夫、网球等；民族传统体育项目的竞赛活动在其中也有体现，如舞龙舞狮、太极推手等；冰雪项目在"三亿人上冰雪"的号召下得到良好的发展，如2019年举办的我国第一届中国大学生冰球锦标赛，大学生滑雪挑战赛等；中国大学生帆船锦标赛、中国大学生皮划艇锦标赛、中国大学生赛艇锦标赛等竞赛活动表明了我国大学群众体育水上项目的良好发展，以及非奥运会项目也有相应的竞赛活动，如中国大学生英式橄榄球锦标赛和中国大学生美式橄榄球联赛。以上说明我国国家级大学生体育竞赛活动项目的开展现状虽不及欧美国家，但也涵盖了各个方面、各个种类的竞赛项目。

对于教职工竞赛活动开展的项目，我们从表4-1中可以看出我国高校教职工竞赛活动开展的项目同样是以足球、篮球、排球、乒乓球、羽毛球为主，以拔河、跳绳、游泳为辅，但是远少于大学生竞赛活动开展的项目。

查阅大学教职工体育竞赛活动的资料时，笔者发现全国高校教职工体育竞赛活动的数量很少，全国高校教职工的体育竞赛活动只有气排球比赛、乒乓球比赛、长跑比赛与排球比赛，零零散散的几项竞赛活动并不能满足高校教职工对体育竞赛活动的需求，而且全国高校教职工体育竞赛活动缺乏组织机构进行系统化的组织与管理。竞赛活动的数量少、项目少、组织零散等问题直接反映了我国教职工体育竞赛活动的发展仅处于起步的阶段。

综上所述，我国大学生竞赛活动项目开展的现状良好，教职工竞赛活动项目开展的现状较差；奥运会比赛项目的发展明显优于非奥运会比赛项目的发展；且在高校中，随着高校层次的升高，其竞赛活动项目开展的现状越好，东北地区高校表现出明显的地区特色。

二、活动形式

目前我国各高校对竞赛活动形式有一定的改革，为提升竞赛活动的趣味性与娱乐性，鼓励更多学生积极参与，许多高校将每年一次的田径运动会以体育文化艺术节的形式开展，鼓励更多没有运动技能的同学参与到体育文化艺术节中。许多高校还开展了趣味运动会、趣味投篮、趣味接力等更具趣味性的竞赛活动，更利于推动大学群众体育的发展。

第三节　大学群众体育竞赛活动发展的问题

改革开放以后，我国大学群众体育的发展进入恢复与快速发展的阶段，大学群众体育竞赛活动在积极的时代背景下得到发展，取得一定的成效，为丰富大学群众文化、推动大学群众对体育的兴趣和热情做出了贡献。如果用发展的眼光去看待大学群众体育竞赛活动，我们可以看到大学群众体育竞赛活动在发展的同时，仍然存在多方面的问题，我们要以一种正确的态度对待现存的问题，问题的存在代表着大学群众体育竞赛活动还有很大的发展空间，因此我们要及时地发现其在发展过程中存在的问题，并进行反思，对症下药，才能推动大学群众体育竞赛活动一直前行，促进大学群众体育的发展。

一、学生竞赛活动数量少、项目发展不均衡

多数高校每年的校际间比赛少，水平不高。除了每四年举办一次的全国大学生运动会，以及各单项运动项目协会和各省、市、自治区举办的大学生运动会之外，只有少数院校组织一些校际间田径比赛和球类方面的联赛。根据对历年来参加过大学生网球比赛的运动员进行问卷调查发现，近 50% 的运动员在近一年中几乎没有参加过一场较高水平的比赛，在其他项目的调查中也出现了类似情况。这从一定程度上表明，竞赛少是阻碍大学生运动员竞技水平提高的

一个重要原因。① 从上文表 4-2 中可看出，许多受众少的项目，例如手球、毽球、射击、飞镖等，其规模达到国家级的竞赛活动举办次数很少，大多一年只有一次，这不仅会对该项目的发展产生直接的消极影响，还会以学校为中介间接影响相应项目的发展。学生参与该项目竞赛活动的人数少、次数少，根据经济学中的资源配置原则——将有限的资源配置给能获得最大经济效益的一方，学校想当然的会把有限的体育资源分配给参赛人数多、参赛次数多、获得荣誉希望更大的竞赛活动，因而从事小众项目的学生会因为缺乏专业的指导、缺乏系统的训练、缺乏标准的场地、缺乏有效的鼓励等原因消磨斗志，丧失信心，如此一来，便会形成恶性循环，参加小众项目竞赛活动的人越来越少，该项目越来越得不到重视，能够获得的体育资源越来越少，从而严重阻碍大学群体体育小众项目的发展。

大学群众体育竞赛活动不仅存在数量少的问题，而且项目发展不均衡的问题同样阻碍着大学群众体育的发展。通过表 4-2 可以看出，篮球、足球、排球、网球等项目的竞赛活动已经发展为联赛的竞技模式，增加了竞赛活动的比赛场次，给运动员更多的机会参与到竞赛活动中去，增加了每一个运动员的出场次数；同时联赛的竞技模式也能将不同竞技水平的运动员划分成不同的组别进行比赛，增加了体育竞赛活动的公平性，缩小了同场竞技的运动员之间的竞技水平差距，能够激励运动员积极参赛，促进运动员竞技水平的爆发，增加竞赛活动的精彩程度，从而鼓励更多的大学群众参与竞赛活动，推动大学群众体育竞赛活动的发展。但大部分项目的竞赛活动都是以一年一次的锦标赛的形式开展，容易消磨运动员的耐心，打击运动员的信心，不利于项目的发展。不同项目的竞赛活动开展形式的差别体现了我国大学群众体育竞赛活动项目发展不均衡的问题，一定程度上阻碍了我国大学群众体育竞赛活动的发展。

大学群众体育竞赛活动开展过程中，主办方更趋向于选择奥运会比赛项目而非真正适合大学群众的大众体育项目，其中奥运会比赛项目，例如三大球——足球、篮球、排球，三小球——羽毛球、乒乓球、网球，往往会将许多大学群众拒之门外。大学群众体育的基本原则是要面向全体大学群众，体育竞赛活动也应该面向全体大学群众，竞赛的项目设置过于倚重竞技体育项目和课堂教学项目，而参与人数多、趣味性强的非奥运项目和学生喜闻乐见的民族传统体育项目严重缺乏，与许多大学群众的现实体育生活格格不入。这格格不入的现象主要来自大学群众的尴尬处境——"这项运动我不会，想学，但是没

---

① 史为临，毛丽娟. 我国学生体育竞赛制度的发展现状、改革与实施方法的研究 [J]. 北京体育大学学报，2008（03）：417-419.

人教，而且没地方学"，因为学习与参与这些奥运会比赛项目需要较专业的运动器材和老师、较好的身体素质与较正规的场地器材，种种因素限制了他们拓展自己的运动技能，因此难以适应现有的大学群众体育竞赛活动。而大学群众喜欢的、适合他们的大众体育项目多数为非奥运会比赛项目，如飞盘、毽球等，但这些活动并不能赢得主办方的欢心，很少出现在竞赛活动中，因此真正参与大学群众体育竞赛活动的人越来越少。众多竞赛活动的开幕式轰轰烈烈、人声鼎沸，真正进行项目比赛时，观看席座位上空空荡荡，门可罗雀，闭幕式潦草结束，这些现象都如实地反映了当前大学群众体育竞赛活动只注重奥运会比赛项目的开展，忽视了真正适合大学群众的大众项目的开展。而大众体育项目，如飞盘、毽球、跳大绳等具有技术壁垒低、易组织、装备简易、规则简单等特点，易引起大学群众的兴趣，激发大学群众的参与热情，让他们真正地参与到大学群众体育中，如此大学群众体育才会得到真正的发展。

以上，我国大学群众体育竞赛活动项目发展不均衡的问题主要表现在项目竞赛模式的差异、奥运会比赛项目与大众体育项目的不均衡发展等方面，直接或间接地限制了竞赛活动的参与对象，并没有真正地做到容纳大学群众，没有真正地为大学群众体育服务，因此项目发展不均衡这一问题需引起相关部门的重视，对症下药，对大学群众体育竞赛活动进行相应的改革，这样才能真正意义上地为大学群众服务，促进大学群众体育的发展。

二、教职工竞赛活动数量少、级别低

目前我国大学教职工竞赛活动多数是各高校自行举办的校内教职工体育竞赛活动或各省市高校联合举办的校际教职工竞赛活动，虽说名称为全国高校教职工竞赛活动，但是实际只有本省市或临近省市的高校教职工代表队参与竞赛，没有涵盖全国范围的高校教职工代表队。我国大学生竞赛活动由我国大学生体育协会（FUSC）进行管理，我国教职工竞赛活动由中国教科文卫体工会全国委员会管理，由于高校教职工的人数有限，且教职工受工作因素和家庭因素的影响，时间方面不能很好地进行协调，因此高校教职工竞赛活动的竞赛级别得不到较好的发展。且有限的体育资源大多分配给了学生，只有很小一部分分配给教职工，因此各院校自行举办的教职工竞赛活动数量少、项目少，且教职工需承受工作压力与家庭压力，限制了教职工参与赛前训练的时间与竞赛活动举办的时间，不仅会限制参与的人数，导致想参与的教职工无法参与，失去对竞赛活动的热情，还会导致教职工竞技水平的提高受到限制，以致高校教职工的竞赛活动整体竞技水平不高，且由于教职工竞赛活动的竞赛级别低，高校教职工与其他高校教职工交流竞技水平的机会少，学习机会的缺少同样也会限制竞技水平的提高。且教职工对于体育竞赛活动的态度很积极，通常他们的竞赛需求得不到满足，不能激励教职工参与体育锻炼，不利于大学群众体育的发展。

三、片面追求成绩，时有违背竞赛公平原则的现象发生

国家以竞赛成绩的高低来评价高校体育工作开展的好坏，学校对学院体育工作的评价依据就是竞赛活动中取得的成绩。整个竞赛活动给大家的感觉就是比赛的唯一目标是夺冠，赢了就是万事大吉，输了就是批评警告，摒弃了"重在参与"的参赛精神，重视比赛成绩，轻视参与过程，功利思想太严重，这与奥林匹克格言"重要的是参与而不是取胜"严重不符。大学群众在竞赛活动中持着"我一定要拿冠军"的思想，往往会适得其反，还会令参赛选手在比赛的过程中体会不到运动的魅力与乐趣，赢者容易骄傲自满，输者容易沮丧堕落。"成绩第一"的思想显然不利于运动员的发展，更不利于竞赛活动服务大学群众体育。

学校领导或老师对成绩的过分重视不仅影响运动员的参赛体验，还会使各参赛方产生急功近利的想法，为了夺冠不择手段，不惜违反竞赛规则，破坏竞赛活动的公平。体育比赛最基本的原则是公平性原则，如果比赛的公平性得不到保证，那么这场竞赛活动也没有进行下去的意义了。我国大学生竞赛活动为了避免运动员成绩差距过大，将普通学生与体育院校体育专业的学生分成不同的组进行比赛，通常按运动员的竞技水平分为甲组、乙组、丙组等，但比赛中经常会出现运动员资格纠纷，利用竞赛规程的缺陷，为赢取比赛做出"替跑""招兵买马"等小动作，大学群众体育竞赛活动中不科学的"黑马"频频出现，各种违反竞赛规则的丑闻不断，而比赛组织方多数情况无法避免或解决这类违反竞赛规则的事件，助长违反竞赛规则的人变本加厉，而遵守体育规则的人灰心丧气，失去信心。这严重地违反了竞赛的公平性原则，不利于大学群众体育竞赛活动的发展，也会打击大学群众参与体育运动的积极性，阻碍大学群众体育的发展。

四、"精英竞赛"模式造成学生参与率低

大学群众体育竞赛活动包括大学生竞赛活动和教职工竞赛活动，大学生竞赛活动主要包括一年一次的校运会以及国家级以上的大型竞赛活动。校运会由于受时间、财力和组织等因素的制约，运动竞赛的报名办法一般明确规定，各系限报一队，每人限报两项（可兼报接力），每项限报四人，而且主要是针对少数体育尖子学生而言的。形成这样的参赛办法无疑把绝大多数的学生拒之在

了赛场以外。① 对于校内其他体育竞赛活动，多数没有项目基础的学生（女生更为明显）出于"怕丢脸""运动姿势不美观""怕拖后腿"等心理，对体育竞赛活动望而生畏；相反，有运动基础的学生会出于"展示自己""运动的人最酷""为团队出一份力"的心理，积极参加体育竞赛活动，对体育竞赛活动的举办感到兴奋。加上老师以及团队对竞赛成绩的过分重视，一味地求金牌、求名次，只注重体育竞赛活动的竞技性，而忽略了竞赛活动娱乐性的发展，不重视人的培养，厚竞技性薄娱乐性的领导风格让许多想尝试的同学失去迈出第一步的勇气，长期被关在门外，从而逐渐失去运动的乐趣和热情，因此会形成会的学生越来越会、不会的学生永远都不会的情况。

国家级以上的大型竞赛活动关乎学校的体育形象以及学校的荣誉，学校十分重视学生运动员的竞赛成绩，会投入人力、物力和财力为竞赛活动做准备，期许获得较好的名次。因此学校只会选拔少数的精英学生代表学校参加比赛，其他学生无缘参与，只能作为"看客"，这会挫伤其他学生的体育热情，不利于大学群众体育的发展。

以上可以说明我国大学生体育竞赛活动的参与学生绝大多数是"体育尖子生"，形成一种"精英竞赛"的模式，造成学生参与率很低的普遍现象，充分显示出校运会是少数学生参与、与多数学生无关的单纯竞技体育赛事。而发现有潜力的体育后备人才，只有在普及提高各项运动的基础上来实现。学生参与竞赛的人数太少不利于发现后备体育人才，对促进广大学生参与运动竞赛也是严重的制约，② 不利于大学生体育竞赛活动的深入开展，自然会影响大学群众体育的发展。

五、官方集权，学生主体作用缺乏

在市场经济高度发达的美国，体育是依托市场的一项产业，竞技体育的发展是由社会团体来管理的。政府各个部门没有专门负责管理体育的机构，政府很少直接资助体育。大学体育属业余体育性质，由 NCAA（大学生体育联合会）管辖，NCAA 是非营利性社会团体，它通过法律或经济增长幅度等手段来实施对大学体育的调控。③ 美国采用的社会管理型体育体制，政府基本不干预体育的管理事务，给予体育事业充足自由的地位，因此美国的体育事业能够快速地发展，大学群众体育的发展能在众多国家中遥遥领先。英国和德国实行的

---

① 杨远波. 高校运动竞赛的改革研究 ［J］. 成都体育学院学报，2006（06）：110-113.
② 杨远波. 高校运动竞赛的改革研究 ［J］. 成都体育学院学报，2006（06）：110-113.
③ 史为临，毛丽娟. 我国学生体育竞赛制度的发展现状、改革与实施方法的研究 ［J］. 北京体育大学学报，2008（03）：417-419.

政府和社会相结合的管理型的体育体制，有利于政府对体育发展实施宏观调控，也有利于调动社会组织的积极性，既能保证竞技体育的发展，又能促进群众体育的发展。新中国成立初期，由于急需提高国家竞技体育水平，我国学习苏联采取政府管理型体育体制，与我国国情相结合发展为举国体制，体育事业的发展由政府部门全权管理，社会民间组织没有发挥到管理的作用。

2015 年 5 月 12 日，李克强总理在全国推进简政放权放管结合职能转变工作电视电话会议上首次提出"当前和今后一个时期，深化行政体制改革、转变政府职能总的要求是：简政放权、放管结合、优化服务协同推进，即'放、管、服'三管齐下"。2016 年政府工作报告进一步提出"推动简政放权、放管结合、优化服务改革向纵深发展"。我国政府管理部门这几年来一直在进行"放管服"的自我革命，削弱政府的权力，让利于民间组织。在国家政策的推动下，我国体育事业在管理体制上也在进行努力，力图改变举国体制，向政府与社会相结合的管理型的体育体制转变，但是整个管理模式仍然是政府管理型的模式，因此我国运动竞赛体制理所当然地没有脱离举国体制的笼罩，仍然是政府管理型模式。

上文提到大学群众体育竞赛活动中，教职工竞赛活动不同于大学生竞赛活动，竞赛活动数量少且级别低，没有政府部门或正规民间组织进行管理和组织，缺乏系统的操作模式与专业的宣传方式，导致竞赛活动组织零散，竞技水平低，参与人数少，竞赛氛围差，缺少激情。

大学生竞赛活动的管理现状是官方组织管理与社会组织管理头重脚轻，大学生体育虽然是由中国大学生体育协会（FUSC）管理与组织，但大学生体育协会不同于美国的 NCAA，NCAA 在美国社会管理型的体育体制背景下，拥有直接管辖大学生体育的权力，可以直接对大学体育实施调控，而我国的 FUSC 在举国体制的管理模式下，无法发挥其社会组织的实际功能，实际大学生体育直接受到教育部体卫艺司的管理，由教育部体卫艺司直接管理学生竞赛的发展方向，FUSC 缺乏一个民间组织应有的控制权和自主权。可想而知，在我国大学生竞赛活动的管理体系中，教育部体卫艺司对学生运动竞赛制度、运动员年龄限制、项目安排、奖牌分配和各单项得分等进行直接管理，而真正懂大学生体育的民间组织——大学生体育协会，实际上只是一个对外联络和交流的机构。教育部体卫艺司在举国体制的背景下，十分重视奥运会比赛项目的发展，忽视其他大众体育项目的发展，下属各高校也沿袭了相应的管理思想。大学生体育协会的管理权限小导致大学生与大学生竞赛活动管理层的交流断层，大学生作为竞赛活动的主体，他们的切身感受与真正诉求无法向上级传达，学生实际的竞赛需求得不到满足，主体作用丧失，改革大学生竞赛活动的建议与措施也得不到回应，束缚了大学生竞赛活动的多元化发展。

　　各高校体育管理部门对教育部体卫艺司的依赖也只增不减，沿袭了官方部门直接管理竞赛活动的管理模式。目前，我国高等学校的体育教学部门负责大学群众体育竞赛活动的管理与组织，且重视组织，轻视管理，隋晓航对我国数十所普通高校的官方网站和几十位大学的体育部主任进行了调查，发现目前我国高等教育体系下还没有一所大学制定了完善的俱乐部体育、校内体育竞赛的管理规章制度。① 大学群众体育竞赛活动一般由体育部举办，各院系参与，没有由体育部门、教务部门、团委、学生会、学生体育社团和各院系负责人组建的专门性的管理机构。大到学校领导，小到学院老师，普遍高举"友谊第一，比赛第二"的旗帜，实际上学校对各个院系体育工作评价的标准就是各学院在其举办的竞赛中的成绩。学校领导、教师对成绩的过分重视，官方组织对竞赛管理的过分把控，导致大学群众体育竞赛活动在发展的过程中，学生体育社团协助举办体育竞赛活动的功能与传递信息的功能无处发挥，接踵而至的是更多难以解决的问题。

　　第一，学生体育社团不参与竞赛活动的举办，随之而来的问题是学生办赛能力的丢失，学生无法锻炼自己的办事能力，不利于竞赛活动举办的后备人才的培养。第二，增加学校体育教师的工作任务，体育教师既要承担起举办竞赛活动的责任，还要兼顾学生或教职工运动队的训练，指导运动队进行定期的训练，体育教师的压力增大，精力分散，不仅会降低竞赛活动举办的质量，运动队的竞技水平也不能得到较好的提升，导致整个竞赛活动的竞技水平普遍不高，无法吸引后续更多大学群众参与，不利于大学群众体育竞赛活动的发展。第三，一味地注重比赛成绩，不仅不能激发竞技水平低的运动队积极参与训练与竞赛，还容易滋生赛场上的恶性竞争事件，既不能培养学生和教职工的竞技能力，也不利于学生和教职工体育道德的培养。第四，学生的真正诉求无法向赛事举办方传递，更无法得到回应。教职工与体育教师基于同事的同级关系，他们之间的交流不存在太多的障碍，他们的需求和不满可以通过负责竞赛活动开展的体育教师传递给竞赛活动管理的领导，而学生的需求与建议无法通过社团传递给赛事举办方，形成了信息传递断层的现象，学生的主体作用被赛事举办方的官方集权制抹去，学生的真正诉求无从倾诉，更无从实现。

---

① 　隋晓航. 美国大学体育现状及对我国的启示 [D]. 武汉：武汉体育学院，2007.

第四节　大学群众体育竞赛活动发展环境分析

世界是物质的，物质是运动的，一切事物都在运动。世界万物都在不断地发展运动着，事物的发展受到诸多因素的影响。俗话说，时势造英雄，人的发展会受到其生长环境以及整个宏观环境的影响，同样，大学群众体育竞赛活动的发展受到其所处环境的影响。理清当下大学群众体育竞赛活动所处的环境（见图4-1），才能更好地对大学群众体育竞赛活动进行改革，促使其朝良好的方向发展。

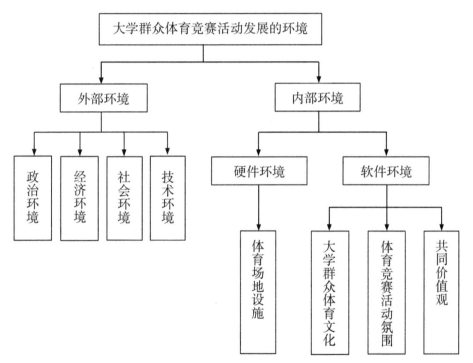

图4-1　大学群众体育竞赛活动发展的环境

一、基于PEST分析法的外部环境分析

PEST分析法是指通过政治（politics）、经济（economy）、社会（society）、技术（technology）这四个因素对大学群众体育竞赛活动所处的宏观环境进行分析。

（一）政治环境

1979 年 3 月 29 日国家体育运动委员会、教育部发布《全国学生体育运动竞赛制度》，其中规定按顺序每年举行一项全国大学生"三好杯"篮球、排球、足球比赛，且体育系科和体育学院的学生不能参加，这一规定切实保证了大学群众体育竞赛的群众性，能够激起大学生群众的体育热情和参赛热情。

1990 年 3 月 12 日，国家教育委员会、国家体育运动委员会发布了《学校体育工作条例》（以下简称《条例》）。《条例》中指出，"学校体育工作的基本任务是增进学生身心健康、增强学生体质，使学生掌握体育基本知识，培养学生体育运动的能力和习惯，提高学生运动技术水平，为国家培养体育后备人才"。《条例》中规定，学校体育竞赛要贯彻小型多样、单项分散、基层为主、勤俭节约的竞赛原则。学校每学年至少举行一次以田径项目为主的全校性运动会。全国中学生运动会每三年举行一次，全国大学生运动会每四年举行一次。

1995 年 8 月 29 日，中华人民共和国公布了《中华人民共和国体育法》（以下简称《体育法》），《体育法》第十九条、二十条中提到"学校必须实施国家体育锻炼标准，对学生在校期间每天用于体育活动的时间给予保证，学校应当组织多种形式的课外体育活动，开展课外训练和体育竞赛，并根据条件每学年举行一次全校的体育运动会"。

2007 年 4 月 29 日，教育部、国家体育总局、共青团中央委员会决定在全国范围内全面启动阳光体育运动，这是一项有利于学生健康的活动，旨在通过学校开展阳光体育运动，切实推动全国亿万学生阳光体育运动的广泛开展，吸引广大青少年学生走向操场，走进大自然，走到阳光下，积极参加体育锻炼，掀起群众性的体育锻炼热潮。在阳光体育运动的背景下，许多高校开展了"阳光体育运动"系列体育竞赛活动，积极响应国家政策开展阳光体育运动，吸引广大大学群众参与，推动了大学群众体育的发展。

2014 年 6 月 11 日，教育部印发《高等学校体育工作基本标准》（以下简称《基本标准》），是对全日制普通高等学校体育工作的基本要求，也是评估、检查高等学校体育工作的重要依据，凡是达不到《基本标准》要求、学生体质健康水平连续三年下降的学校，在"高等学校本科教学工作水平评估"中不得评为合格等级，各省（区、市）不得批准其为高水平运动队建设学校。《基本标准》中要求学校每年组织春、秋季综合性学生运动会（或体育文化节），设置学生喜闻乐见、易于参与的竞技性、健身性和民族性体育项目，参与运动会的学生达到 50% 以上；经常组织校内体育比赛，支持院系、专业或班级学生开展体育竞赛和交流等活动。

2018 年 2 月 6 日，国家体育总局、教育部、中央文明办、国家发展改革委、民政部、财政部、共青团中央委员会联合发布《青少年体育活动促进计划》（以下简称《计划》），《计划》中表明，各级教育、体育部门应广泛开展青少年体育活动和竞赛；定期发布青少年体育活动和竞赛计划；各地应充分利用江河湖海、山地、沙漠和草原等独特的自然资源优势，开展符合青少年身心特点的体育活动，着力打造以田径、游泳、篮球、排球、乒乓球和武术等项目为主的全国体育传统项目学校联赛，继续开展全国青少年体育俱乐部联赛、全国青少年户外体育活动营地夏（冬）令营等传统赛事和活动；各地应因地制宜组织开展与上述赛事相衔接的区域性体育竞赛和活动；各级教育、体育部门应完善和规范学生体育竞赛体制，健全国家、省、市、县四级学生体育竞赛体系。使学生运动员进入各级专业运动队和代表队，体育特长生和高水平运动员进入学校的渠道畅通；支持特殊青少年群体参与体育活动。

从以上国家颁布的系列政策法规可以看出国家对学生体育竞赛活动的重视，督促了学生体育竞赛活动向公平性、合理性和群众性的方向发展。相关的政策法规为学生体育竞赛活动的发展提供了政策上的支持，相应地，也为大学群众体育竞赛活动的发展营造了良好的政治环境。

（二）经济环境

20 世纪 90 年代，"科教兴国"战略的提出与实施为高校课余体育竞赛的发展创造了良好的经济基础。1995 年发布的《中共中央、国务院关于加快科学技术进步的决定》中首次正式提出实施科教兴国发展战略。"科教兴国是指全面落实科学技术是第一生产力的思想，坚持教育为本，把科技和教育摆在经济和社会发展的重要位置，增强国家的科技实力及向现代生产力转化的能力，提高全民族的科学文化素质。"科学技术的飞速发展，大幅提高了生产效率，提高了生产力，增加了经济效益。在全国人民的努力下，中国特色社会主义进入全新的时代，我国社会主要矛盾由人民日益增长的物质文化需要同落后的社会生产之间的矛盾转化为人民日益增长的美好生活需要和不平衡不充分的发展之间的矛盾。主要矛盾的转变标示着我国经济实力的增长，经济环境的优化。在良好的经济环境之下，国家对教育的投入也十分重视。

1995 年 3 月 18 日第八届全国人民代表大会第三次会议通过《中华人民共和国教育法》，第五十五条规定"国家财政性教育经费支出占国民生产总值的比例应随着国民经济的发展和财政收入的增加逐步提高"。根据教育部、国家统计局、财政部发布的 2018 年全国教育经费统计快报得知，2018 年全国教育经费总投入为 46135 亿元，比上年增长 8.39%，普通高等教育经费占比

26.04%，比上年增长 8.42%。其中，国家财政性教育经费为 36990 亿元，比上年增长 8.13%，占国内生产总值比例为 4.14%。教育经费占 GDP 比重，世界平均水平为 4.9%，发达国家为 5.1%，欠发达国家为 4.1%。从以上数据可以看出我国在对教育的经济支持上力度十分明显，且对普通高等学校的发展非常重视，这对大学群众体育竞赛活动的发展是十分有利的。学校体育是教育的一个重要组成部分，而课余体育竞赛又是学校体育的一个重要组成部分。国家增大了对教育的重视和投入，相应的也就增加了对学校体育、对体育竞赛的投入。[①] 这为大学群众体育竞赛活动的发展提供了坚固的经济后盾，创造了良好的经济环境。

(三) 社会环境

改革开放以来，中国特色社会主义的现代化建设与发展取得了举世瞩目的成就，它使一个具有延续不断的五千年悠久历史与文化的古老国家重新焕发了活力与青春。综合国力的提升与我国的体育事业突飞猛进的发展使我国在国际体育行业中的地位也有了很大的提升。2001 年 7 月 13 日，国际奥委会主席萨马兰奇先生在莫斯科宣布北京成为 2008 年奥运会主办城市，全国人民为之欢呼。第 29 届奥运会的成功申办激发了国民的体育热情，全国范围内掀起一阵体育热潮。我国高举"迎奥运、讲文明、树新风"的旗帜，在全国各地开展体育运动，举办群众体育竞赛活动。2008 年 8 月 24 日 20 点，北京奥运会在鸟巢体育馆缓缓地落下帷幕，我国以 51 枚金牌的数量荣登金牌榜榜首，体现了我国竞技体育不容小觑的强大实力。2015 年 7 月 31 日，北京获得 2022 年冬奥会的举办权，造就了"北京成为奥运历史上第一个既举办过夏季奥运会，又举办冬奥会的城市"的辉煌。全国人民为之兴奋、自豪。国内再次掀起全民运动的高潮，尤其是冰雪运动得到了大面积的推广和发展。竞技体育在奥运会上跃居金牌榜前列，社会体育和全民健身运动深入人心。在所有体育人的努力下，我国竞技体育事业取得了引以为傲的成绩，从而营造出浓厚的全民运动的氛围，为大学群众活动体育竞赛的发展创造了良好的社会环境。

(四) 技术环境

1988 年，邓小平同志根据当时中国的国情指出"科学技术是第一生产力"。中共中央、国务院于 1995 年发布的《中共中央、国务院关于加快科学技术进步的决定》首次正式提出实施科教兴国发展战略。自科教兴国战略提

① 刘海元. 中国大学竞技体育的发展研究 [D]. 北京：北京体育大学出版社，2007：74.

出之日起，至今已有二十余年，这二十多年来，我国人民坚持邓小平同志的"科学技术是第一生产力"的指导思想，脚踏实地地搞科技，搞发展。二十余年的不懈努力，我国的科学技术取得了飞速的发展，科技实力稳步上升，国际科技实力排名也得到提升，科学技术的进步改善了人民的生活，推动了社会的快速发展。不断发展和进步的科学技术在体育领域中的应用，提高了竞赛活动的竞技性、公平性、合理性以及可观赏性。以体育比赛中田径比赛的计时设备为例，最早采用的是将计量时间精确到0.1秒的电动计时器，在科学技术发展的推动力下，目前采用的是光电测距仪，并配备精确度高达1/1000秒的电子计时器；我国许多普通高等学校的体育竞赛活动中都已经引进最先进的全自动电子计时器，保证了比赛结果的准确性。应用现代电子技术能保证运动成绩评定的准确性，特别是对于短跑计时以及跳高跳远等运动项目，很多时候非常细微的差距会影响比赛结果，由于人的肉眼观测精度有限，所以需要依据电子信息技术完成数据的计算与测量，以此保证运动成绩的公平性与准确性。[①] 可以说科学技术的进步对整个体育竞赛活动的发展都有优化的作用，大学群众体育竞赛活动作为体育竞赛活动的一种，由科学技术进步带来的先进的技术环境在不断发展。

二、内部环境分析

本书参照麦肯锡的7S模型——将影响企业发展的因素分为硬件因素和软件因素[②]，笔者在此将大学群众体育竞赛活动发展的内部环境分为硬件环境和软件环境。硬件环境是指大学群众体育竞赛活动举办所需体育硬件设施状况，包括体育场地、体育器材的数量以及供需是否平衡，软件环境则是指大学群众体育文化、大学群众体育竞赛活动的氛围、大学群众体育竞赛活动参与者和举办者的共同价值观三个方面。

（一）硬件环境

大学群众体育竞赛活动的举办地点分校内和校外两种，因此笔者对大学群众体育竞赛活动发展的内部硬件环境的分析分为两个部分，校内硬件环境分析与校外硬件环境分析。

体育场馆和设施是体育运动的重要物质技术条件，没有一定数量的体育场

---

① 张允蚌，谭贡霞. 论科学技术在竞技体育发展中的重要作用——兼评《竞技体育与科技前沿》[J]. 中国高校科技，2018（12）：103.

② 搜狗百科，麦肯锡7S模型. https：//baike. sogou. com/v224832. htm.

馆和设施，体育运动就不可能得到发展。因此优良的硬件环境是大学群众体育竞赛活动发展必要的硬件保证。由国家体育总局发布的《第六次全国体育场地普查数据公报》表明（如表4-3所示），截至2013年12月31日，全国共有体育场地169.46万个，用地面积39.82亿平方米，建筑面积2.59亿平方米，场地面积19.92亿平米。对比第五次全国体育场地普查（截至2003年12月31日），全国体育场地数量增加84.45万个，用地面积增加17.32亿平方米，建筑面积增加1.84亿平方米，场地面积增加6.62亿平方米；人均场地面积增加0.43平方米，每万人拥有体育场地数增加5.87个。从以上数据可以看出，我国在加快体育场地的建设，增加体育场地设施的供应，以更好地满足我国全民运动对体育场地设施的需求，力争做到供需平衡。同时表明我国体育场地在国家的支持下数量变多，为许多大型竞赛活动提供了便利的举办场地，为校级以及校际以上规模的大学群众体育竞赛活动提供了硬件保障，有利于大学群众体育竞赛活动的发展。

表4-3　第六次普查教育系统中高等院校各单位体育场地数量情况表

系统类型	场地数量/万个	数量占比/%
全国	169.46	100.00
教育系统	66.05	38.98
高等院校	4.97	2.93

注：数据来源于第六次全国体育场地普查资料

　　根据《第六次全国体育场地普查数据公报》得知，教育系统的体育场地的数量为66.05万个，占全国体育场地总数的38.98%，其中高校有4.97万个，占教育系统的7.52%。第四次全国体育场地普查资料表明，教育系统中高校所拥有的场馆类型和档次最高。[①] 这一优势得到了延续。由表4-4的数据可知，高等院校体育场地的数量一直在增多，1995—2013年，高校体育场地的数量增加了3.7万个；在教育系统中的比重也慢慢增大，由1995年的3.07%增长到2013年的7.52%，数量上的增加和比重上的增长都体现了高等教育体系下的国家对高等院校体育场地设施建设的重视。高等院校体育场地设施的数量以及普及程度是大学群众体育竞赛活动的重要物质保证，缺少体育场地设施这一硬件环境，大学群众体育竞赛活动的发展必然受到阻碍。

---

① 李悦悦. 普通高校课余体育竞赛发展研究 [D]. 武汉：华中师范大学，2009.

表 4-4　第四、五、六次普查高等院校的体育场地数量以及增长情况表

普查次数	教育系统场地数量（万个）	高等院校场地数量（万个）	数量占比（%）	数量增长（%）
第四次普查（1995 年）	41.35	1.27	3.07	——
第五次普查（2003 年）	55.80	2.87	5.14	125.98
第六次普查（2013 年）	66.05	4.97	7.52	73.17

注：数据来源于第四次全国体育场地普查资料、第五次全国体育场地普查资料、第六次全国体育场地普查资料

此外，高等院校体育场地的建设不仅表现出数量的增加，同时也表现出种类多样化的进步。除了田径场、足球场、篮球场、羽毛球场、乒乓球场等常见的场地之外，各高等院校突破自然环境和传统定性思维的局限，引进先进的场馆场地建设技术，努力创新，例如，清华大学建造了国内高校的第一个气膜体育馆——紫荆气膜馆；北京体育大学引进先进的冰上场馆的建造技术建造了国内高校的第一个气膜冰场馆，可以开展冰球、冰壶、滑冰等冬季项目的竞赛活动，积极响应国家"三亿人上冰雪"的号召；湖南大学体育学院的老师积极开发传统体育项目场地，如珍珠球、高脚竞速、三人板鞋等传统体育项目的竞赛活动举办场地；大部分高校还建造了攀岩壁、轮滑球场、瑜伽房等休闲体育运动场地。高等体育院校体育场地数量以及种类的增加不仅能为更多具有趣味性的运动项目的竞赛活动提供比赛场地，而且新颖的竞赛活动能吸引更多学生和教职工参与大学群众体育竞赛活动，从而促进大学群众体育竞赛活动的发展，大学群众体育竞赛活动更具群众性和多样性。

（二）软件环境

1. 大学群众体育文化

随着我国社会的快速发展，国家领导人意识到国家不应只重视科技硬实力的发展，一个国家的全面发展指的是科技硬实力和文化软实力的全面发展。胡锦涛总书记在十七大报告中首次提出文化软实力的全新概念，它的提出是文化在我国历史发展中作用的最新体现，同时也说明我国对文化有了更深刻的认识和更准确的定位。[①] 文化软实力的提出肯定了文化在社会发展中的作用，各行各业都意识到文化的重要性，开始注重行业文化的建设，大学群众体育同样也

---

① 甘雪梅. 论当前我国文化软实力的发展 [D]. 成都：四川师范大学，2009.

不例外。各高校开始建设校园体育文化，各部门开始建设体育竞赛活动的特色文化，对于大学群众体育竞赛活动来说，形成了一定的大学群众体育文化，就会对大学群众体育竞赛活动的发展起到促进作用。

目前，我国普通高等学校都建立了"以学生为重点，老师为焦点"的大学群众体育文化。具体表现为在发展学生竞赛活动的同时，逐步建立教职工体育竞赛活动体系，以满足大学教职工的娱乐需求和竞赛需求。例如湖南大学的体育文化节运动会每年举办一次，每隔两年，教职工运动队也会加入到运动会中去；在西北民族大学举办的篮球赛中，实行了师生同场竞技的比赛形式，以"辅导员上场加 5 分，副院长及以上加 10 分"的形式鼓励教职工参与到大学群众体育竞赛活动中去。许多高等学校都已建立特色群众体育文化，例如郑州大学的荷球文化，首先，郑州大学在硬件设施上给予大力支持，在全国率先建立了专业的荷球训练馆和荷球休闲活动中心，其次，将郑州大学体育系作为重点发展对象，荷球被纳入郑州大学体育系主干课程。郑州大学于 2006 年开始将荷球列入体育健康课程中，2009 年扩大教学范围，将荷球的体育教学活动覆盖到全校，在全校各个年级中都开设荷球选修课程。① 此外，众多大学群众体育竞赛活动也十分重视赛事文化的建设，且呈现突出群众性的发展趋势。例如中国大学生篮球联赛（CUBA）的主题口号从"悟篮球、领悟体育、领悟文化"到"上大学是我的梦想，打篮球是我的梦想，CUBA 是我圆梦的地方"到"ALL FROM NOW 即刻上场！"再到"放开打"，逐步建立了轻松、愉快、热血、激情、业余的赛事文化。此外 CUBA 被称为大学生最干净、最吸引人的比赛，鼓励更多热爱篮球运动的业余大学生运动员参与 CUBA，促进大学群众体育的发展。

以上可以看出，大学群众体育文化的建设已有一定的规模和成效，特色体育文化的兴起和发展为大学群众体育文化增添了更多的色彩；中国大学生体育协会以及中国中学生体育协会为贯彻中共中央总书记、国家主席、中央军委主席习近平在全国教育大会上关于"培养德智体美劳全面发展的社会主义建设者和接班人"和在纪念"五四运动"100 周年大会上关于"新时代中国青年要树立远大理想、热爱伟大祖国、担当时代责任、勇于砥砺奋斗、练就过硬本领、锤炼品德修为"等重要讲话精神，于 2019 年 5 月 15 日发布《关于创建各校体育运动队专属队名、队徽及吉祥物的通知》，旨在通过学校体育运动队的专属队名、队徽和吉祥物创建，大力推动校园文化的整体建设，激发大学群众

---

① 张祝平. 以郑州大学荷球文化为例论高校特色体育文化的构建［J］. 当代体育科技，2012，2（22）：75—77.

对体育运动的热情；并将立德树人融入学校体育竞赛活动各环节中，进一步加强全国学校体育竞赛活动的文化建设，激发广大青少年对学校体育竞赛活动的热情。国家对文化建设的高度重视引起国家体育官方对全国学校体育竞赛活动的文化建设，以及各竞赛举办方对竞赛文化的建设，都体现着大学群众体育文化正处于积极的文化建设软环境中，这对大学群众体育竞赛活动的发展有着很大的推动作用。

2. 大学群众体育竞赛活动的氛围

体育竞赛活动的氛围包括运动选手们在赛场上的比赛氛围和观众观看体育竞赛的氛围，两者共同反映体育竞赛活动举办得成功与否。一次真正成功的体育竞赛活动具有热血的比赛氛围与观赏氛围，其热血竞赛氛围能够燃起运动选手和观赏者的体育热情，能够激励运动选手提高竞技水平，勇于突破极限，挑战记录，也能够激发观众对运动项目的兴趣，扩大体育竞赛活动的影响力，反之则说明此次体育竞赛活动仍有待改善。因此，大学群众体育竞赛活动的氛围对大学群众体育竞赛活动的发展有很大的影响。

2018 年 5 月 16 日至 5 月 17 日，北京体育大学在英东田径场举办了第五十届田径运动会，营造了良好的竞赛氛围，"天公不作美"的阴雨天气都不能阻挡运动员们的热情，在雨中驰骋，挥洒汗水，运动员的汗水与雨水交织在激情的赛场上，淋漓尽致地展现了运动员的个人风采。这场运动会还突破了传统的举办方式，将一些更精彩、更具有看点的决赛日程安排在晚上，举办夜场运动会，夜晚的灯光自然地形成一种赛场焦点模式，吸引了许多在校生的眼球，当晚整个田径场座无虚席，观众们激情昂扬地为赛场上的运动员欢呼喝彩，增强了运动员的信心和比赛斗志，运动员在激情的比赛氛围和热情的观赏氛围下挑战自己，挑战极限，挑战运动会纪录，例如"北体百米飞人"吴志强再次刷新北京体育大学男子 100 米的校运会纪录。

我国大学群众体育竞赛活动的氛围已经表现出热血、激情和竞争的性质，但距离真正具有竞技性和群众性的竞赛活动仍有一定的差距，因此在大学群众体育竞赛活动发展的过程中，要积极创新，开展多样化的竞赛活动，围绕竞赛活动的主题，营造出既具有竞技性又具有娱乐性和群众性的竞赛氛围，吸引更多的运动员以及观众参与，从而推动大学群众体育的发展。

3. 大学群众体育竞赛活动参与者与举办者的共同价值观

麦肯锡 7S 模型里的共同价值观理念表明，企业成员共同的价值观念具有导向、约束、凝聚、激励及辐射作用，可以激发全体员工的热情，统一企业成员的意志和欲望，齐心协力地为实现企业的战略目标而努力。① 以此类推，大学群众体育竞赛活动参与者与举办者拥有共同的价值观能够激发大学群众的体育热情，统一大学群众体育竞赛活动所有人员的意志和欲望，齐心协力地为成功举办竞赛活动这一目标而努力，成为大学群众体育竞赛活动发展的一股隐形推力。

第五节　大学群众体育竞赛活动发展的对策

一、发展联赛模式，项目设置多样化

国家级的大学群众体育竞赛活动主要是大学生的体育竞赛活动，为了能鼓励更多的大学生参与以及保证竞赛活动的相对公平，各单项体育竞赛可以借鉴 CUBA、CUFA（全国青少年校园足球联赛）、CUVA（中国大学生排球联赛）的联赛赛制，逐步建立完善的联赛体制，使更多大学生有参与的机会。

各高等院校举办竞赛活动，要根据学生和教职工的实际需要与现实情况，既要兼顾奥运项目的发展，也要兼顾非奥运项目的发展，学校以竞技、健身、娱乐为原则，在奥运项目、非奥运项目和民族民俗项目中选择和创编一些趣味性强、健身效果好的运动项目，构建一个多样化的竞赛项目体系。② 对于竞技性强的竞赛项目，可以降低比赛难度，增加项目的趣味性和娱乐性，吸引更多的学生与教职工参与。同时也要考虑到竞赛时间分配均衡，根据学校自身所处自然环境的季节更替，对有限的场地资源进行合理配置，避免出现春夏季节比赛扎堆，秋冬季节比赛稀少的不合理情况，时刻激励大学群众参与体育运动。

二、鼓励师生同场竞技

资源是有限的，资源的合理配置是管理中的一大难题，在有限的体育资源中，怎么合理地分配给学生和教职工是大学群众体育发展的一大难题，更是大学群众体育竞赛活动发展的一大难题。既要做到积极开展教职工竞赛活动，又要积极开展大学生竞赛活动，往往人力、物力、财力无法同时满足双方的需求，因此各高校急中生智，开创了师生同场竞技的比赛形式，这样不仅能同时满足学生和教职工的需求，又能促进学生与教职工之间的交流，信息的有效传

---

① 搜狗百科，麦肯锡 7S 模型. https：//baike. sogou. com/v224832. htm.
② 赵承磊. 普通大学生课余体育竞赛的改革与发展路径研究 [J]. 南京体育学院学报（社会科学版），2010，24（04）：101-105.

递能促进大学群众体育竞赛的发展。考虑到教职工与学生的年龄差距，可采取教师上场加分制，如 31~40 岁年龄段的教师连续上场 10 分钟加 5 分，连续上场 15 分钟加 10 分，以此类推，建立在公平竞争的基础上鼓励师生同场竞技，碰撞出不一样的火花。

三、转变观念，重在参与

国家、学校领导及教师要转变"成绩第一"的竞赛理念，健全评价机制，从多个方面对学校的体育工作进行评价，而不是只看冠军的数量，也要考虑整个学校参与体育竞赛活动的人数、竞赛活动开展的项目数量等。从终身体育的角度给学生宣传课余体育竞赛的重要性，可以通过教师讲授、资料发放、宣传图片等形式对学生进行引导。[①] 同样也需要让大学群众明白大学体育属于群众体育的范畴，不等同于竞技体育，大学群众体育竞赛活动的竞技性值得关注，但是更注重的是参与性。大学群众体育活动是服务于大学群众体育的，因此其最关键的作用是吸引鼓励更多大学群众参与体育锻炼，参与竞赛活动。

对于竞赛规则，赛事举办方要根据时代与环境的变化，积极创新，制定符合当下大学群众体育环境的竞赛规则，制定严格完整的规则，坚决杜绝冒名顶替、恶性竞争等违反竞赛公平的事件发生，而对于比赛形式，主办方更应注意的是兼顾竞技性的同时，切不可忽略竞赛活动的趣味性和娱乐性。宣传"重在参与"的竞赛理念，倡导学生在竞赛活动中体验运动的快乐，感受体育的魅力，而不是一味地争夺冠军，顾此失彼。

四、面向全体大学群众

始终面向全体学生与教职工是大学群众体育竞赛活动的长期目标。面向全体学生与教职工才能推动大学群众体育竞赛活动广泛、深入、持久地开展，不断地传输重在参与的理念，强化参与锻炼和练习技能的意识，为终身体育打下良好的基础。

目前我国教职工竞赛活动受到人力、物力以及时间的限制，通常一场竞赛活动的时间只有周六、周日两天，场次安排紧凑，教职工精力消耗快。比赛同场采取大比分淘汰制，许多教职工都没有参与的机会，挫伤了教职工的积极性，对此，学校工会可以拉长比赛时间，可以采取两个周末甚至更长的时间安排比赛，增加比赛场次，降低人数限制，采取轮换制，让全体教职工都有机会

---

① 章罗庚，何晓知. 课余体育竞赛现状与发展对策——以湖南省高校为例 [J]. 广州体育学院学报，2009，29（02）：68-72.

参与竞赛活动。

"精英竞赛"效应的弱化可以从以下几个方面入手：第一，增加竞赛活动的组别，不仅仅划分为高水平组、体育专业组与普通学生组，并且将这三个组别进一步划分为 A 组、B 组、C 组等，鼓励更多大学生参与竞赛活动；第二，比赛项目上的创新，不能墨守成规，要充分考虑学生的技能水平与身心特点，多选择技术难度适中、人数多、趣味性强的运动项目，例如抢花炮、三人板鞋等适合多人参与的体育项目；第三，规则上的创新，例如学校可举办专门的趣味传球比赛，让手穿上不利于行动的道具服装进行传球，增加比赛趣味性的同时还增加了参赛选手良好的赛事体验感。

五、办赛主体民间化

教育部体卫艺司要适当地下放集权，管理体制应朝着"管办分离"的方向改革，应增加 FUSC（大学生体育协会）的管理权限，建立和健全它的内部管理机构，使它对学生体育运动管理实体化，这符合市场经济发展对学校体育管理的要求，也符合当今世界学校体育管理的大趋势。FUSC 应当负责为大学的运动队、教练员、管理人员和运动员制定各项法规和制度。[①] 逐步解除各高校对教育部体卫艺司的依赖，中国教科文体工会也要给予各高校工会足够的空间去发展教职工竞赛活动，促使各高校多样化地开展学校体育工作，有充分发挥的空间。

教育部体卫艺司增加 FUSC 的管理权限，相应地，学校也要增加学生社团的管理权限，对部分竞赛活动进行试点，大胆地将举办权交给学生，让他们在老师的指导下组织和管理竞赛活动，对其中产生的问题进行总结与归纳，并提出相应的改进方法，充分发挥学生的积极性，并逐步放开竞赛活动的举办权，进一步锻炼学生的办赛能力，同时也能减轻老师的负担，老师能将更多的精力放到学生以及教职工的体育训练上，为竞赛活动的发展做好铺垫。

办赛主体社团化，学生与学生之间没有代沟，交流障碍小，社团成员作为学生的代表，能更好地了解到学生的想法，且大学生作为与时俱进的新时代学生，能够根据学生的真实想法进行创新，能够利用有限的体育资源有效地满足大学群众的需求。赛事奖品的多样化是一项创新，赢得比赛的奖励不仅仅是传统的奖状或奖杯，校园里还出现企业赞助的产品，例如 kindle 电子书阅读器、海底捞的代金券、京东购物卡、当当网购物券、沃尔玛打折卡等实用性奖励，

① 赵承磊. 普通大学生课余体育竞赛的改革与发展路径研究 [J]. 南京体育学院学报（社会科学版），2010，24（04）：101-105.

更能吸引大学群众参与竞赛活动；奖项设置合理化是另一项创新，竞赛活动的奖励不再是传统的冠军、亚军、季军，还设置了"积极参与奖""最佳表现奖""最佳搭档奖"等，目的是为鼓励大学群众参与体育竞赛活动，促进大学群众体育的发展。

第五章 我国大学群众体育社团的发展

第一节 大学群众体育社团发展的现实意义

体育社团在我国有着悠久的历史，19 世纪末，发轫于欧洲的现代体育借助体育社团传播到世界各地，并于 20 世纪 50 年代在中国飞速发展。[①] 我国大学群众体育社团的组织管理依据社会发展和学生需求进行变革，积极对其管理体系进行优化，以期能够更好地促进大学群众体育的发展。根据系统管理理论，应当将大学群众体育社团分为目标和价值子系统、技术子系统、管理子系统、结构子系统，分析大学群众体育社团的内外部环境的变化，积极解决大学群众体育社团发展过程中的问题，不断促进大学群众体育社团的动态发展。

第二节 大学群众体育社团组织目标和价值分系统

一、组织目标和价值分系统在组织生存和发展中的作用

目标和价值分系统作为每个组织中必不可少的一部分，为组织的发展提供方向。大学群众体育社团组织的成立源自学生日益增长的体育锻炼需求，它的存在依赖于参与者和社会的认同，使得大学群众体育社团的存在能够真正体现出价值。换言之，大学群众体育社团的成立与社会中人们对于体育社团的认知程度有关，大学群众体育社团的形成与社会中体育社团的价值观念要保持一致，并且能够有相对统一的职能和目标，这是大学群众体育社团成立的首要条件。大学群众体育社团作为社会中体育组织的子系统，其中诸多观念均来源于社会环境和学生的实际需求。简言之，大学群众体育社团首先要与社会中的体育组织高度接轨，以服务广大人民的宗旨来成立大学群众体育社团，并通过社团活动达到一定的目标，真正体现出其存在的价值。

---

① 黄亚玲. 中国体育社团的发展 [J]. 北京体育大学学报，2004，27（2）：155-157.

　　一个组织的目标影响着它与环境系统以及其他子系统之间的相互作用。① 由此可见，大学群众体育社团必须从社会体育组织中探寻一定的发展机理，从外部的复杂环境中获取众多资源，才能使子系统的发展更加合理。与社会中的体育组织相比，大学群众体育社团在规模、人数、结构、经费等方面都有很大的差异，唯一的优势在于人员的组成方面较为单一，便于组织管理。也正是因为大学群众体育社团的特殊性，造成了它与大环境中的组织不能形成一个动态发展链条，从而使得大学群众体育社团相对封闭。目标可以成为整个组织的前进方向，将所有参与者的注意力全部转移到相关的行动上。根据目标还可以进行组织内部的安排，从而实现组织的效用最大化。价值属于关系范畴，从某种程度上讲就是客体能够满足主体需要的效益关系，是表示客体的属性和功能与主体需要间的效用、效益或效应关系的哲学范畴。而大学群众体育社团的价值就体现在学生通过参与社团活动的收获，并且能够对学生的发展有积极的影响，这就是大学群众体育社团的价值所在，也是促进大学群众体育社团发展的动力。

二、大学群众体育社团组织的目标分析

　　大学群众体育社团作为我国体育事业的一个重要组成部分，随着经济的快速发展、社会的日益进步、人们思想观念的不断转变，其对学生、对社会的重要性日益显现。② 笔者通过对我国部分大学群众体育社团组织的目标进行调查，从学生参与中了解到目标的实施情况，并从中掌握一些共性的认识。从学生的角度来看，学生一方面希望大学群众体育社团能够提高自己的综合能力，参与社团的日常管理工作，对自己是一个很好的锻炼机会；另一方面希望根据自己的喜好，培养一种或多种运动技能，能够养成终身体育的习惯。从学校的角度来看，大学群众体育社团对大学的发展可谓是意义重大，主要从以下四个方面体现：其一，大学群众体育社团丰富了校园文化；其二，有利于新兴运动的普及与推广；其三，有利于体育人才的培养；其四，促进学校体育工作的发展。总体而言，大学群众体育社团承载着大学群众体育发展的重任，在大学群众体育的发展中具有举足轻重的位置。

　　从当前大学群众体育的发展形势来看，大学群众体育社团成为课余体育活动的重要组织，成为大学校园中最具有活力的组织。学生和教职工都可以根据

---

　　① 王晓毅.中国大学生体育协会发展研究［M］.北京：北京体育大学出版社，2012：88.
　　② 郭经宙.普通高校学生体育社团作用调查研究［J］.湖北体育科技，2012，31（06）：690-692.

自己的爱好选择相应的组织，在组织的管理下与志同道合的朋友们参与体育活动，能够很好地利用课余时间。从众多高校大学群众体育社团的目标来看，虽然各个学校对于体育社团没有明确的目标，但是在实际的操作过程中却体现了大学群众体育社团的目标。如清华大学体育基本理念是"育人之上、面向全员、追求卓越"，那么清华大学的体育社团的目标也与之相近，能够面向全体学生，帮助他们在体育道路上树立信心。又如东南大学的指导思想是"面向全体抓普及，兼顾特长促提高"，同样也是希望广大学生能够有自己的兴趣爱好，并能在社团中提高自我。其他学校体育社团的目标也如出一辙，都是根据学生的兴趣，充分发挥自己的主观能动性，能够积极参与课余体育活动，促进大学群众体育的发展。

然而，大学群众体育社团在实际的发展过程中却出现了多元化目标的格局，导致其主体目标得不到保证，从而造成大学群众体育社团得不到预期的发展。如提升学生组织管理能力，辅助学校竞赛活动的举办，增进各年级学生之间的交流，丰富大学校园体育文化等诸多目标，这些目标导致大学群众体育社团在实际运营过程中多元化需求相互矛盾，学生在组织管理过程中过度地重视其中一到两个目标，从而影响了大学社团为学生提供一个优质课外体育活动的平台，以致大学群众体育社团出现发展不协调的问题。外部环境的多元趋势已形成，多元目标使大学群众体育社团想要更加完善的话，需要通过多样化手段营造学生积极参与课余体育活动的氛围。

三、大学群众体育社团组织的价值分析

走进大学校园，走入学生和教职工的日常生活，就会发现大学群众体育社团对大学群众体育的价值。大学群众体育需要学生和教职工利用课余时间去参与体育活动，但参与体育活动往往需要与同学、好友一同参与，很多项目是不能独自参与的。比如篮球、足球、排球等团队项目，组织很多人参加才能从中体会到乐趣，当你想进行这些活动时首先要联系你的同学、朋友，可是他们又不一定能够陪你一同前往。所以，体育社团能够很好地解决这一问题，它能通过组织管理为大家提供一个舒适的运动空间，从而让你可以从中感受到体育活动的乐趣。这就是大学群众体育社团，它的存在能够成为课余体育活动的有力守护者，以社团的形式促进学生和教职工积极主动参与。而大学群众体育社团也在多年的发展中日益壮大，体现出自身的独特价值。

（一）有益于大学群众的身心健康

众所周知，兴趣是促进目标完成的第一先导，是激发学生和教职工学习积

极性和主动性的动力源泉，是学生和教职工长期坚持体育锻炼的内在驱动力。[①] 大学群众体育社团能够定期组织成员进行体育活动，既能为成员提供专业技术上的指导，又能在良好的文化氛围下进行科学锻炼，真正地促进身心的全面发展。早期没有大学群众体育社团的时候，人们很难形成每天参与锻炼的习惯，以致有些项目难以开展，所以很难形成良好的锻炼环境。但是有了大学群众体育社团，人们在组织的管理下，会积极主动地参与其中，自然形成了固定的锻炼模式。正因为学生和教职工能够在社团中收获到参与体育的乐趣，长时间的体育锻炼使他们拥有健康的身体，同时还能通过体育活动减轻生活压力，从而更加豁达开朗。所以，大学群众体育社团能够有效地组织大学群众进行体育活动，有益于他们的身心全面发展。

（二）有助于大学群众体育工作的展开

大学群众体育工作主要由体育教学、课外体育活动、代表队训练和校内外竞赛组成，整个学校的体育工作更像是一个整体，各个环节相互交融，促进整个体系的发展。随着我国"全民健身"计划的实施，人们参与体育锻炼的热情不断升温，大学群众体育的发展也进入了白热化阶段，广大学生、教职工纷纷加入体育活动中，使得整个校园呈现一片体育繁荣景象。大学群众体育社团成为大学群众体育发展中的重要组成部分，它能有效地补充公共体育教学的不足，并在原有的学生基础上，加入广大教职工团队，为大学群众参与体育活动提供良好的平台。此外，大学群众体育社团还能成为技能的辅导站，既能帮助初学者掌握基本的技术，又能提高具有一定基础的群众的技战术水平，将他们推送至大学群众代表队，接受更高水平的训练。所以，笔者认为大学群众体育社团在整个大学群众体育工作中具有重要的作用，能够衔接整个大学群众体育工作，促进它更好地展开。

（三）有利于终身体育行为的养成

何谓终身体育？终身体育是指一个人一辈子都受到体育教育，并从事体育锻炼，使身体健康，身心愉快，终身受益。对于大学生而言，短暂的四年时光虽不能让学生拥有高超的技术，但是却可以让他们掌握最基本的运动技能，能够使他们融入日常的体育活动中，目的就是让他们能够在今后的学习和生活中经常参与体育锻炼。对于大学教职工而言，已经步入工作的他们，每天面对着生活的压力，唯有体育可以让他们释放压力，因此他们更需要积极参与体育活

---

① 苗翰初. 苏州大学学生体育社团发展的现状研究 [D]. 苏州：苏州大学，2016.

动。换言之，大学教职工积极参与体育活动，其实也是在为学生树立榜样，让他们真正地感受到体育的功效。大学群众体育社团从学生和教职工的兴趣出发，并在实际的组织和管理中不断营造出良好的体育氛围，引导、鼓励学生和教职工积极参与，并从专业的角度为他们提供专业的指导，以期使他们成为"乐之者"。

（四）有助于校园体育文化的形成

校园体育文化是从属校园文化和体育文化中的一种特定文化，是校园文化中不可缺少的生活形式，是在学校这一特定的人造环境中，为校园社会团体共认、共有、共享的所有精神文化、物质文化和方式文化的总和。[①] 随着大学群众体育社团数量和质量的不断发展，大学群众体育社团在校园体育文化氛围建设中的作用也越来越大，为学生和教职工培养兴趣爱好、扩大求知领域、展示才华提供了一个很好的平台，是传承和发展校园文化的重要载体。校园体育文化更多地反映出了大学校园内的体育活动，主要是通过课余体育活动来展示大学校园体育文化。这一切都需要大学群众体育社团，它能够很好地安排好各个项目的活动，使得整个校园内的体育活动丰富多彩，学生和教职工都沉浸在体育的乐趣中。虽然不能认为大学群众体育社团是校园体育文化的全部，但笔者认为正是因为大学群众体育社团的存在，才让大学校园体育文化变得更加精彩。

第三节　大学群众体育社团技术分系统

一、大学群众体育社团技术分系统的作用

技术分系统是指完成工作任务所需的知识和技能体系，凡是组织中工具性的因素，都属于这个分系统，包括在将投入转换为产出时所运用的各种技术。[②] 准确地说，技术分系统就是依据组织的目标具体实施的过程，各组织成员运用知识和技能去完成具体事宜，保证组织的正常运转。在实际的操作过程中，技术分系统知识和技能水平的高低直接影响着整个组织的发展，所以技术分系统在整个组织的发展中具有重要的作用。

大学群众体育社团的技术分系统可以理解为参与者的知识和技术方面的能

---

① 嵇友山. 对校园体育文化建设的思考［J］. 内蒙古体育科技，2006（01）：97-98.
② 王晓毅. 中国大学生体育协会发展研究［M］. 北京：北京体育大学出版社，2012：94-95.

力，如社团管理者管理方面的能力、参与者的组织协调能力、裁判团队的业务水平、教练团队的教学能力等，这些都是大学群众体育社团技术分系统中的核心技术。各个社团在统一的指导思想下，不同管理者在实施过程中会充分发挥自己社团的风格，因而各个社团在管理和活动组织方面存在一定的差异。如足球、篮球、排球等常见的项目社团，参与人数多且水平参差不齐，这样就加大了社团管理的难度。与此同时，这些项目的社团除了负责社团内的活动，还要与学校的竞赛活动进行链接，成为学校竞赛活动的直接组织者。所以，在这样的形势下，除了管理者的组织管理能力外，参与者的专项技术能力、裁判业务水平、宣传能力等方面的综合能力也需要提升。还有像轮滑、攀岩、极限飞盘、定向越野等不常见的项目，参与人数较少且专项技术要求高，这样的社团组织管理也具有一定的难度。既要做到新兴项目的推广与宣传，保证有源源不断的新成员加入，又要对新成员进行一定的技术指导，促使他们能够尽快地融入整个团队，便于社团的活动组织。所以，大学群众体育社团在技术方面还需要很大的提升，才能将体育社团的价值真正地体现在大学体育事业中，进而促进大学群众体育的发展。

2017 年 10 月，十九大的胜利召开标志着我国进入中国特色社会主义新时代，体育事业也随之进入新时代。① 人们对于体育锻炼的需求日益提升，需要通过体育社团来实现日常的体育锻炼。从大学群众体育发展的角度来看，外部群众体育的环境已然进入高速发展阶段，大学体育事业虽然一直稳定前行，但还是没能跟上时代的脚步。为此，大学群众体育社团作为大学群众体育发展中的重要组成部分，应当在此重要时刻勇于肩负起时代考验，努力为学生和教职工提供更加科学的体育锻炼平台，优化大学群众体育社团的管理体系，促进大学群众体育的现代化发展。

二、大学群众体育社团技术分系统的现状

通过实地调研，笔者发现了我国大学群众体育社团在技术分系统上不尽相同，体育社团由上级管理部门对其日常工作和开展活动进行监督与管理，但各个社团的日常工作主要由社团的负责人进行决议，一般是该团队技术最好或者管理能力突出的人担任，具有一定的群众基础。体育社团负责人的能力直接影响着社团的长远发展，干部能力强的社团比干部能力较弱的社团发展速度快、

---

① 王亚坤，武传玺，彭响. 新时代我国群众体育赛事发展困境及优化路径 [J]. 体育文化导刊，2018（11）：1-5.

规模大和活动质量高。① 我们从实际了解中知道，大学群众体育社团负责人变动比较快，负责人更多的都是按部就班地进行工作安排，很少积极主动地思考社团的未来。所以很多社团经常会因为管理不当、人数过少而难以为继，最终走上解散的道路。当然在一些群众性基础较好的项目中，也会有专业教师参与体育社团工作，这无疑是如虎添翼，除了能够满足社团成员的日常活动外，还能积极地为学校的体育活动服务，成为学校竞赛活动组织管理的主力军，同时还能促进整个大学群众体育的发展。此外，为了满足教师队伍的锻炼需求，诸多学校还在教师队伍中积极开展教职工体育活动，并在此基础上成立社团，促进整个大学群众体育的发展。如湖南大学的校园瑜伽协会、校园乐跑协会、快乐羽毛球协会、定向越野协会、极限飞盘协会、跆拳道协会、排球协会等，均由体育学院的专业教师牵头组建，除了定期为教职工提供专业的技术指导外，还会定期举办社团活动。无论是学生社团还是教职工社团，管理经验是格外重要的，它直接影响着体育社团的兴衰。

通过对大学的一些体育社团进行了解，笔者发现大多数学校的体育社团都可以分为三类：第一类是只在开学初和放假前有活动；第二类是社团工作分工明确，能够定期组织活动；第三类是只有社团成员的自发活动。从上述三类体育社团我们可以发现，出现这三种情况最直接的原因就是负责人的管理能力，能力强的负责人可以保证社团发展快，除了社团内部的活动外，还能积极策划校内外的活动，更加突出大学社团的群众性。而对于有些社团的负责人，他们不具备管理整个社团的能力，所以在岗位上不能保证社团工作的正常进行，直接影响了该社团的稳定发展。当然，我们还了解到很多规模较大的社团能够分工明确，每个部门之间相互协调，使得整个社团的氛围非常好，既能够满足社团内部的正常运转，为成员提供参与体育活动的机会，又能够为学校竞赛体系服务，形成了稳定的发展系统。

大学群众体育社团最重要的任务是对成员进行技术指导，能够让每位成员掌握基本的运动技能。对社团进行考察，我们可以发现很多社团定期为成员提供技术指导，但是在实际操作的过程中又会面临学生水平参差不齐等方面的因素，导致教学效果不佳，最后多以共同参与体育活动的方式进行，以情境教学的方式引导成员进行自主练习。如轮滑、滑板等项目的社团，由于该项目对于初学者具有一定的危险性，所以每年纳新后都会进行一段时间的教学工作，帮助这些新手快速拥有一定的专项技能，以便于他们日后参与社团的活动。还有像篮球、足球这样的大项目，社团除了要完成组织内部的事宜外，还要担任校

---

① 邓源. 湖南省大学群众体育社团活动现状与管理研究 [D]. 吉首：吉首大学，2012.

级活动的组织者与管理者的角色，所以整个社团的培训工作会根据学校活动的计划进行统一安排。一般分为技术培训班和裁判培训班，技术培训班主要为了发展成员的身体素质和专项技能，而裁判培训班是为了提高裁判的业务水平，为学校的比赛进行服务，同时为具有一定水平的裁判员提供一个锻炼的平台，使得他们今后有机会向更高的平台发展。所以，理论知识和专业技能对社团的发展十分重要，群众参与社团活动就是因为他们需要理论和技能方面的补充，可谓是体育社团发展的核心所在。

大学群众体育社团虽然在多年的发展中已形成了相对稳定的模式，并且能够在大学群众体育的发展中起到很好的促进作用。但是从大学群众体育社团的技术分系统来看，管理能力、理论知识、专业技能等方面的能力又直接影响着社团的发展，因而使得大学群众体育社团的发展呈现出两极化趋势，并且各个社团都有自己的社团文化，使得学校层面难以兼顾，从而使得体育社团不能有效地服务于广大群众。如协会参与校级比赛的组织，形式单一、竞赛安排不合理、裁判业务水平不过硬等因素直接影响了整个竞赛的质量。总体而言，大学群众体育社团虽然总体上呈现出规模大、数量多的特点，但在技术分系统中却暴露出很多问题，如社团负责人的综合能力、专业技能培训和裁判技能培训能力、活动组织能力及学校赛事的协调运作能力都难以满足如今大学群众体育的发展。基于此，大学群众体育社团的发展应更加注重社团的内部环境，重点对组织成员的知识和技能方面进行培训，并适当地建立考核机制，保证社团能够发展得越来越好，能够更好地为广大群众提供科学锻炼的平台。

第四节 大学群众体育社团结构分系统

一、大学群众体育社团结构分系统的作用

大学群众体育社团作为学生和教职工锻炼运动水平和交流能力的重要平台，对于普通高等学校构建和谐校园起到了积极的影响，促进了学生和教职工终身体育习惯的养成。[①] 在我国大学群众体育的发展过程中，大学群众体育社团在其中发挥着重要的作用，为课余体育活动的实施提供了平台。大学群众体育社团在各个大学体育工作中均处于重要地位，但因各个学校对社团的管理体系有所差异，所以体育社团在各个学校内的组织结构也截然不同。虽然大学群众体育社团在各个学校内的组织结构不同，但各体育社团却能成为学生和教职

---

① 邓源. 湖南省大学体育社团活动现状与管理研究 [D]. 吉首：吉首大学，2012.

工体育活动的重要组织，肩负着大学群众体育发展的重任。今日，面对国内体育事业的高速发展，学生和教职工在参与体育活动时的选择更多，他们可以根据自己的兴趣去参与社团活动，与志同道合的朋友一起学习技能、自主锻炼、参与比赛，从而让学生和教职工更好地参与体育活动。笔者利用业余时间对湖南大学、中南大学、湖南师范大学、中南林业科技大学、湖南农业大学等大学的体育社团进行了实地考察，充分感受了各个学校的体育社团氛围，许多体育社团能够高效地管理，与省内其他高校保持密切的联系，经常举行一些长沙市的体育社团活动，成为大学群众体育具有代表性的体育组织。当然，通过亲身体验我也发现了一些问题，如各个社团的组织结构尚不完善，无法满足我国大学群众体育的发展需求，影响了大学体育工作的开展。为此，我们需要对大学群众体育社团的结构分系统进行解析，探寻大学群众体育社团发展中的困境，旨在优化大学群众体育社团的结构分系统，促进大学群众体育社团的发展。

二、大学群众体育社团结构分系统的现状

大学群众体育社团是由学生自己组织、自己管理、自由参加的群众性的体育团体。一般由学生会、团委、学校体育运动委员会出面发起组织，得到学校体育部门的支持和指导，大多以单项体育社团的形式出现，如篮球社团、足球社团、排球社团、登山社团、极限飞盘社团、游泳社团等。[①] 团委制定学生社团管理制度（条例），各大学群众体育社团的发起与成立，必须经过校团委或主管部门审批，由学生社团联合会或其他部门对其进行管理或指导。[②] 由于体育社团具有一定的专业性，在具体实施时需要有专业指导教师或者具备一定专项能力的学生进行指导，所以社团"带头人"的水平对社团水平具有很大的影响。大学群众体育社团的存在，让体育爱好者从此有了根据地，能够在各自的社团中锻炼身体和提高技能。正是因为这些丰富多彩的社团，营造了学生和教职工参与体育活动的氛围，使得大学群众体育的发展呈现出良好的态势。事实上，由于大学群众体育社团内的成员均为自愿参与，并且具有很强的积极性，所以社团开展任何活动时总会受到社团成员的支持，并且能够有条不紊地进行。

通过对我国大学群众体育社团进行一定的了解，笔者根据不同学校的社团组织结构，认为现阶段我国大学群众体育社团可以归纳为五种组织结构。第一

---

① 王德炜. 大学体育：理论与技术教程 [M]. 西安：西安交通大学出版社，2008：39.

② 汪桂花，赵永魁. 影响新时期大学体育社团发展的因素及对策研究 [J]. 辽宁体育科技，2010，32（05）：71-73，76.

种是由学生社团联合会集中管理的模式（见图5-1），负责指导和监督各个社团的活动。从我国社团的发展历程来看，学生社团联合会是为了更好地管理大学社团而成立的社团管理部门，作为学校与社团之间的直接负责机构，对社团进行统一管理，具有一定的科学性。学生社团联合会的管理模式结构清晰，分工明确，能够有效地完成社团内部的事情。但对于大学群众体育社团而言，这种模式似乎不利于体育类社团的发展。与其他类别的社团不同的是，体育类的社团更加具有实践性，对场地器材的要求更高，所以需要与学校其他的单位进行协调，由于管理结构体系中与体育部门没有联系，所以对于场馆设施的使用会有一定的难度。换言之，大学群众体育社团的专业性没能在这个模式中体现出来，在实际的工作中会出现很多沟通、协调方面的问题，大学群众体育社团在活动开展过程中会出现活动组织单一、场馆使用困难等诸多问题。

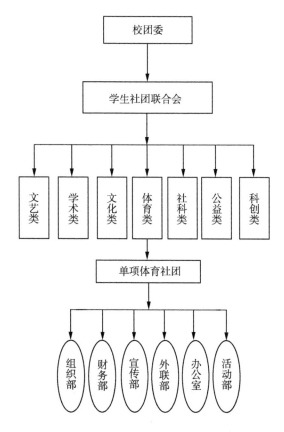

图5-1 社团联合会管理模式组织结构图

第二种是由学生会管理的模式（见图5-2），由学生会中的体育部负责社团的日常工作指导与监督，无形中增加了体育社团的管理结构，从而限制了大学群众体育社团的发展，因而采用这种模式的学校较少。众所周知，学生会是学生的群众性组织，分为主席团、宣传部、组织部、学习部、实践部、体育部、外联部、社团部等，能够为学生提供很多学习和生活上的帮助，是学校管理体系中相对重要的组织。但是对于各类社团而言，社团部管理社团的日常事务，同时还要受到学生会系统中其他部门的管理，从而限制了社团的发展。尤其是体育社团，它相对于其他社团来说具有很强的实践性，场地设施需要保障，但在实际操作中容易受到多部门的牵制，无法达到预期的目的。各单项体育社团既是社团部中的一部分，又是体育部的一部分，开展活动同时受到两个部门的管理，从而在管理过程中无法实现高效。尽管这种模式在学生会的组织下能够完成日常的工作任务，但是由于各个部门具有不同的特点，甚至是有一定的专业性，这时学生会的管理模式就使得这些部门的发展受到了一定的限制。

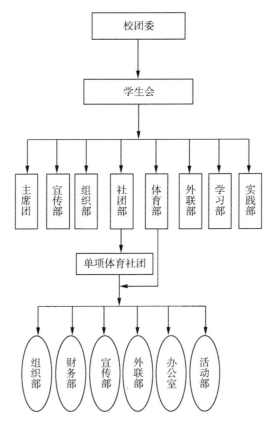

图5-2　学生会管理模式组织结构图

第三种是由学校体育运动委员会管理的模式（见图5-3），该模式较其他模式更加突出了大学群众体育社团的专业性，能够在专业老师的指导下进行组织活动，更加具有专业性、参与性和观赏性，所以一般参与人数比较多，规模也比较大。由于学校体育运动委员会专门负责学校的体育工作，所以能够在场地设施、专业指导、经费方面给予很大的支持，各体育社团也能够充分发挥各自优势，从而在活动的组织形式、创新程度、参与人数上均有很大的提升，营造出良好的体育文化氛围。笔者认为学校体育运动委员会对大学群众体育社团的发展具有很大的意义，在场馆设施使用方面能够统一安排，尽可能地为各体育社团提供充足的场馆设施。在专业指导方面，专业教师的加入更有助于学生体育社团的专业化发展，既能为社团提供技术上的援助，又能在管理方面提供帮助，使得各类单项社团能够"巧借东风"。在经费使用方面，学校体育运动委员会可以根据活动的规模适当进行拨款，解决了学生体育社团因自筹经费不足而无法正常开展活动的问题，促进了各类活动的展开。

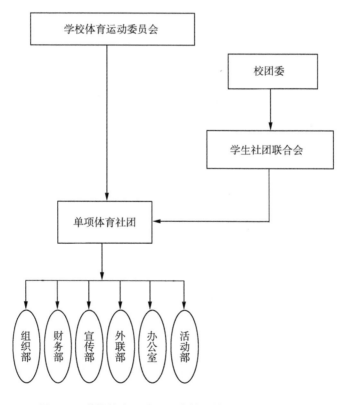

图5-3　学校体育运动委员会管理模式组织结构图

　　第四种是体育学院与社团联合会共管模式（见图5-4），体育学院参与社团联合会对体育类社团进行管理与监督，能够促进体育社团更专业化的发展。采用这种管理模式的体育社团通过对活动前期策划，确定活动的内容、项目等，并将活动的目的、意义及具体方案上报管理机构审批，体育学院能够在实施阶段充分参与其中，提供各类资源，为活动的顺利开展保驾护航。[①] 体育学院参与管理能够有效解决场馆设施使用的问题，并能在社团日常活动中提供专业的指导，解决当前大学群众体育社团发展过程中的实际问题。体育学院一般会成立专门的社团管理部门（如群众体育办公室），专门为社团的体育活动提供帮助，使社团活动能够更加规范、高效。此外，在校级比赛的过程中，体育学院和社团能够快速进入工作状态，合理分配人员，保证比赛的顺利进行。尤其是在裁判这方面能够更好地服务于校级比赛，单项体育社团成员具备一定的裁判能力，通过体育学院的培训后可"持证上岗"，为校级比赛提供了充足的裁判员资源。

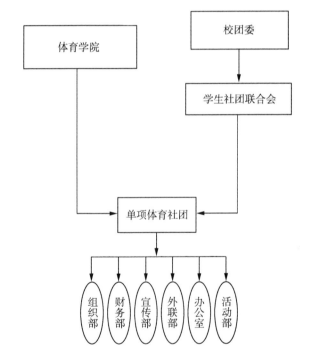

图5-4　体育学院与社团联合会共管模式组织结构图

① 邓源. 湖南省大学体育社团活动现状与管理研究［D］. 吉首：吉首大学，2012.

第五种是工会管理的模式（见图5-5），该模式从结构上看比较简单，工会直接管理单项体育社团，但通过实际的调研发现其管理相对松散，工会一般不会对单项体育社团进行过多的管理与监督。教职工的体育社团更像是自发组织，他们因为爱好相聚在一起，形成了具有一定规模的体育社团。在实际的组织管理中，一般会以专业技术高的作为社长，为大家服务。因为教职工业余时间较少，所以社团的体育活动大多是小规模，并且由成员自愿参与的，其活动过程也是相对自由的。

系统理论认为组织结构决定组织功能，从上述的五种组织结构中可以看出，不同的组织结构在实际的操作过程中也呈现出不同的特征，有的组织结构更有利于活动的开展，有的组织结构却制约了活动的展开。从大学群众体育社团实际的功能来分析，大学群众体育社团就是为学生和教职工提供学习技能、提高技术、参与比赛的机会，所以其组织结构应该更好地满足学生和教职工的锻炼需求。体

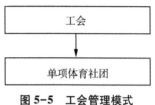

图 5-5　工会管理模式
组织结构图

育社团相比于其他社团具有很强的实践性，既要有场地设施的保障，又要有专业的技术指导，所以组织结构中必须要有体育部门的参与，以便更好地使用学校内的体育资源。目前我国大学群众体育社团还是将学生和教职工分开，学生社团的组织结构依据不同学校的管理风格呈现出不同的结构特点，有些体育社团的组织结构中缺少体育部门的参与，从而出现很多组织管理中的问题。而教职工的组织结构相对简单，社团成为教职工日常参与体育活动的组织，但组织管理相对松懈。因此，笔者认为大学群众体育社团应该在成员组织方面勇敢迈出第一步，不再进行学生和教职工的区分，将大学群众体育的发展思路带入体育社团，为学生和教职工参与体育活动提供保障。此外，在组织结构方面一定要有体育部门的参与，为体育社团的发展提供专业性的保障。

第五节　大学群众体育社团管理分系统

一、大学群众体育社团管理分系统的作用

大学群众体育社团管理分系统主要负责整个社团的运营，其主要内容就是依据学校的指示进行活动策划、协调、组织，为群众提供良好的锻炼平台，促进整个大学群众体育的发展。对于大学群众体育社团管理分系统而言，由于学生社团都是由"学生社团联合会"统一管理，教职工社团由"教工会"统一

管理，所以大学群众体育社团在管理方面一般不会进行战略方面的思考，只需要进行社团管理和日常工作方面的思考。事实上，大学群众体育社团的日常管理工作就是依据大学群众体育的整体发展策略，引导、组织学生和教职工积极主动地参与体育活动，所以其管理职能就是管理社团的正常运行。大学群众体育社团的管理分系统起到了纽带作用，它能依据学生和教职工的体育兴趣，在学校有关部门的支持下，为广大群众提供锻炼平台，有效地实现学校与广大师生的联系。同时，优良的管理分系统具有很强的协调、管理和执行能力，能够准确、高效地完成日常工作，并能为整个体系服务。

二、大学群众体育社团管理分系统的现状

（一）大学群众体育社团的管理现状

大学群众体育社团现如今主要分为学生体育社团和教职工体育社团，学生体育社团同其他类社团一样都实行学生社团联合会集中管理，其他部门部分参与管理的模式，而教职工社团主要由工会统一管理。通过对大学群众体育社团的管理模式进行研究，可以将学生社团的管理模式分为学生社团联合会集中管理、学生会负责各类社团的管理、学校体育运动委员会管理、多部门共同管理、工会管理五种模式。但无论是哪种模式，在举办大型的活动时都会有很多部门协办，使得整个活动具有很高的规格。如学校举办排球联赛时，因参与队伍多、比赛日程紧张，需要许多方面的支持与援助，所以一般校级的比赛都会有校团委、学生社团联合会、体育学院群体办的参与，与社团进行紧密的合作，从而使得整个比赛能够很好地运转。但在各自社团单独举办活动时，就会出现很多问题，限制了活动的举办规模。比如轮滑社团要举办内部的小型比赛，需要向主管部门申请，然后还需要协调场地、组织人员等方方面面的问题，各部门均需要为了此事奔波。但因为管理人员在这方面经验不足，导致各个部门之间不能有效配合，经常在活动举办前后"乱成一锅粥"，使得很多社团负责人不愿意组织类似的活动，渐渐地社团活动就成了社团成员自发组织的小型活动，从而失去了社团实际的存在价值。而教职工的体育社团则显得更加自由，基本上由社长统一管理，大家凭借着对体育项目的热爱聚集在一起，氛围还是比较浓厚的。每年工会组织的篮球、气排球、羽毛球、乒乓球比赛，主要是由工会统一负责，体育学院或体育部主办，体育社团的骨干也参与组织，但更多的是以运动员的形式出现在赛场中，成为比赛中的"闪亮的星"。

通过对各个社团进行调研，笔者发现大学群众体育社团在管理方面，主要体现在各自社团的内部运转方面，学生社团较教职工社团在管理上更加规范。

学生社团一般由社长统一进行管理，下设活动部、组织部、财务部和宣传部，以维持整个社团的日常工作。社长、副社长与各个部长之间分工明确，整个社团工作按部就班地开展。但是通过横向对比体育社团，就会发现不同的社团负责人的管理就会呈现不同的风格，有的社团越办越好，有的社团按部就班地完成计划任务，还有的社团面临解散。与此同时，笔者了解到社团成立之初，社团负责人会向学校提交社团管理章程，并作为今后社团发展的制度保障。然而在实际的发展过程中，大多数的社团会忽视社团管理章程，很多事宜均凭个人意愿去决定，造成了很多不必要的麻烦。特别是在更换社团管理者后，新旧社团管理者对社团管理有着不同的理念，再加上沟通交流不够，便会影响社团的延续性发展，从而只停留在低水平的重复状态。① 笔者通过对湖南大学、中南大学、湖南师范大学、中南林业科技大学、湖南农业大学等高校为期一个月的跟踪调查发现，在开展频次方面，每周组织 1~2 次活动的社团占有很大的比例，组织 3~4 次活动的社团所占比例很小，每周组织活动在 5 次及以上的基本上没有。这足以说明大学群众体育社团在组织成员进行课余体育活动方面并没有我们预期的那么好，很多社团在组织管理方面存在很大的问题。由于学生社团主要是由学生负责，在管理方面缺乏相关的经验，如不及时进行有效的督促和监管，很容易使社团陷入困境，从而最终走向解散。反观教职工的体育社团，由于教职工社团主要是为兴趣相同的教职工提供体育活动的平台，所以它更加注重教职工参与活动这方面的工作，对于管理方面就没有很高的要求，只要能定期为大家组织活动就行，其他方面的要求也不是很高，因而在管理方面相对松散一点。从学生和教职工的管理特点来看，由于学生社团具有很强的流动性，不同的管理者具有不同的管理风格，因而学生社团会呈现出起伏不定的状态，对于社团成员来说，他们的权益也很难得到相应的保障。而教职工的社团则相对稳定，负责人具备了一定的管理能力，且能定期为教职工组织体育活动，因而在大学群众体育的发展中具有一定的促进作用。

　　从大学群众体育发展的角度来审视当前大学群众体育社团的发展情况，虽然在很多方面大学群众体育社团已形成相对稳定的体系，但是与学生和教职工日益增长的体育锻炼需求相比，还是不足以满足他们多样化的锻炼需求，急需大学群众体育社团在学校有关部门的领导下，充分发挥各自社团的特点，以期能够更好地满足大学群众的锻炼需求。

---

① 王瑞卿. 宁波大学体育社团运行现状与策略研究 [D]. 宁波：宁波大学，2017.

（二）大学群众体育社团的日常工作分析

大学群众体育社团下设的活动部、组织部、财务部和宣传部分别负责具体的工作，各部长带领组员进行社团日常工作的开展，使得社团能够为更多成员提供良好的锻炼机会。如活动部负责社团活动的策划，主要负责一学期或一学年社团内部的所有活动方案。但是从实际的操作来看，基本上都是按照往年的形式进行模仿，毫无新意可言。组织部主要根据活动部的方案进行实施，需要提前申请场地、器材，还需要对社团内部的人员进行分工。但在实际的工作中，场地、器材的申请会碰到很多沟通上的问题，所以常常耽误活动的进行。财务部主要负责经费的申请、使用等财务方面的事宜，但很多时候又没有会计专业的学生参与，所以在工作的过程中经常出现一些专业方面的问题。宣传部主要负责社团纳新的宣传、社团的日常宣传、活动的宣传及欢送毕业生的宣传等，对于他们来说工作主要集中在活动前后，需要他们能够快速、准确地对社团活动进行宣传。从各个学校社团的开展情况来看，大学群众体育社团使课余体育活动变得更加规范，但是在实际的社团管理工作中也时常会暴露出诸多问题，导致大学群众体育社团不能很好地为大学群众体育发展服务。

大学群众体育社团促进了大学群众体育的发展，为学生和教职工提供了参与体育活动的机会，在大学体育工作中产生了很好的社会效益。但因为大学群众体育社团的管理分系统虽处于相对稳定的阶段，但在实际的工作过程中却经常因为管理方面出现诸多问题，阻碍了大学群众体育社团的发展。无论是学生社团还是教职工社团，在实际的管理过程中总会出现诸多问题，比如场馆设施的使用、裁判及志愿者的协调、赛程的安排等，任何一个环节出现问题，都会直接影响整个活动的举行。由于大学群众体育社团属于体育爱好者自发成立的组织，缺乏专业人员会阻碍其专业化发展，使得社团的水平不足以举办大规模的体育活动。事实上，在众多的体育社团中，只有极少数的社团能够脱颖而出，成为学生和教职工眼中的好社团。如有些社团能够将技能辅导、日常活动、小型竞赛和校外交流贯穿于整个学期，让成员能够有一个清晰的计划，成员根据社团的安排进行学习、锻炼和比赛，一个学期下来有很大的进步。因此，对于大学群众体育社团的管理分系统需要进行优化。首先，从体育社团的制度建设方面，以具有可操作性的制度为管理者保驾护航。其次，在每年的换届前，对即将上任的社长、副社长、部长进行培训，保障管理层的职能稳定。最后，一定要配有专业的指导老师，以专业的视角为社团的发展提供合理的建议，保证社团能够成为大学群众体育发展中的重要环节。优化大学群众体育社团管理分系统，能够有效地解决当前大学群众体育社团发展的"病症"，从而确保大学群众体育社团能够科学地发展。

第六节　大学群众体育社团发展中的困境与对策

一、大学群众体育社团发展的困境

（一）管理理念陈旧

当前体育事业正处于历史上最好的发展时期，全面建设体育强国，办好人民满意的体育事业，与时代共成长同奋进，全体体育人使命在肩，使命重大。[①] 面对我国群众体育发展的新格局，高校更应该勇担重任，为大学群众体育的发展提供人力、物力、财力支持。对于大学群众体育社团而言，应举全校之力服务学生，为学生提供各种各样的体育社团，引导和鼓励学生参与其中，并能够从中养成参与体育活动的习惯。然而，面对我国体育事业的崛起，大学群众体育的高速发展，大学群众体育社团的发展理念也应与时俱进，而不是故步自封。从当前各个大学体育社团的运营情况来看，大学群众体育社团的管理理念还处于初级阶段，没能准确把握大学群众体育的发展思路。体育活动最大的特点就是无身份的区别，无论是学生还是教师，在踏上运动场的那一刻，他们的身份只能是队友或者对手。所以，当前大学群众体育社团的管理理念陈旧，过于强调学生的主体性，忽略教职工团体参与体育的需求，使得大学群众体育社团发展缓慢，难以实现大学群众体育的繁荣之景。

（二）管理方式不全面

大学群众体育社团常隶属于校团委管理（或者其他专门负责社团组织的部门），即由有专长的学生发起，吸引一些爱好者参与，然后到相应的组织注册后成立，在校团委（或者其他专门负责社团组织的部门）的直接领导下，由社团管理者负责全面工作。[②] 我国的大学群众体育社团同其他社团一样，配有各个部门协助社长完成日常事务，但却没能在实际的工作中展现出强大的工作能力。反而在组织管理过程中出现很多管理方面的问题，社长与其他部门不能有效地配合，造成整个社团内部的混乱。由于社团都是学生成员，缺乏专业

---

① 办好人民满意的体育事业 [N]. 中国体育报，2019-08-08 (001).

② 欧阳秀雄，史辉. 高校体育社团的困境与对策 [J]. 体育科技文献通报，2009，17 (01)：110, 116.

的管理人员，领导人员都是通过民主选举选拔的，具备一定的体育专业能力，但是缺乏一定的管理能力，因而在技能辅导、技能提高、竞赛活动中不能体现出良好的管理能力，反而可能因意见不同造成场面的混乱，直接影响整个社团的发展。此外，校团委及其他监督管理部门很难深入了解每个社团的真实情况，社团内部的活动过于依靠社长和各个部长，成员的真实需求不能获得保障。总体来看，现阶段的管理模式同质化现象严重，管理人员缺乏专业管理能力，活动的组织和开展杂乱无章，整个社团的发展缺乏制度保障，缺少战略性的发展规划。

（三）组织结构不合理

大学群众体育社团具有五种组织结构，各个学校会根据其对于体育社团的需要进行选择，从而采用相应的组织结构。然而，在实际的工作中，不管是哪一种组织结构，都会存在相应的问题。如学生社团联合会管理的模式，对于所有的社团采取同样的管理方式，同质化的管理手段限制了体育社团的发展，经常面临场地设施难以申请成功的窘况。这说明在组织结构中缺乏体育部门的参与，缺乏一定的场馆设施资源。但也有体育学院和学校社团联合会共同管理的模式，这样虽然解决了场地设施方面的难题，但是在活动的组织和管理过程中又面临新的问题，申请程序又过于复杂，使得活动的前期准备过于复杂。这无疑暴露出组织结构的问题，无论我们采取什么样的组织结构，在实际的工作中还是会出现很多问题，其主要原因就是我们大学群众体育社团较其他社团具有很强的专业性，同时又承载着学生和教职工的锻炼重任，所以在组织结构中必须充分考虑到体育社团的特殊性，避免因组织结构的不合理造成大学群众体育社团发展受阻。

（四）社团发展不平衡

因大学群众体育社团是自愿参与的组织，学生和教职工依据自己的兴趣爱好选择性加入，所以有些社团会门庭若市，有些社团却无人问津，从而造就了大学群众体育社团发展不平衡的局面。竞技类社团（如篮球、足球等项目）和表演类社团（如健美操、体育舞蹈等）发展势头存在明显的优势，而理论类社团、棋牌社团却"门庭冷落"。主要是规模和质量受到了很大限制，而且多样化的社团活动内容增加了学生的选择面，从而出现了"热点"和"冷点"。① 受到从众效应的影响，人们在选择社团时也会不自觉地以多数人的选

---

① 欧阳秀雄，史辉. 高校体育社团的困境与对策 [J]. 体育科技文献通报，2009，17（01）：110，116.

择为准，从而使规模大的社团发展得越来越好。我们创办社团的初衷是满足学生和教职工的运动需求，为他们参与体育活动提供帮助。但却因为人们在社团选择上的差异造成了许多社团无法持续发展的困境。由于社团发展的不平衡，从而出现了规模大的社团越办越好，而规模小的社团日渐消失于校园中，与我们创办大学群众体育社团的初衷相悖。社团发展的不平衡，让各个社团享受到的资源也不一样，学校和管理人员更加倾向于让较好的社团多举办活动，而一般的社团举办活动就会受到限制。现实的问题是较好的社团人数较多，即使是举办活动也不能实现全员参与，无法营造出良好的大学群众体育文化氛围。

（五）经费来源单一，发展受限

目前，大学群众体育社团的经费主要有三个来源：一是学校划拨的活动经费（需要申请，并不是各个社团都有）；二是会员所缴纳的会费；三是接受赠予或社会赞助。① 但实际上多数大学群众体育社团的经费来源只有会员所缴纳的会费，因为学校的活动经费有限，并不是每一个社团都能享受。而接受赠予或社会赞助，这需要具有一定规模的社团才能与外界建立起联系，为外界提供服务来换取，很多社团不具备这方面的能力，所以能够获得社会赞助的社团也是少之又少。比如许多社团都是以会员会费作为整个学期的使用经费，基本上全部花费在聘请专业教师进行指导上，其他外出活动一般都是以自费的方式进行。还有社团因会费不足，不足以聘请专业老师，只能由社长等管理人员自费学习再组织成员学习，很难组织大规模的活动。即使是申请学校的专项经费，也受到了金额、时间的限制，具有很强的滞后性，不利于社团的正常运转。所以，很多大学群众体育社团不是不愿意举办活动，而是真的经费受限，不足以支撑他们的活动开销，只能以技能培训作为社团的主要工作，从而丧失了大学群众体育社团的诸多功能。

（六）专业技能不突出，缺乏专业指导

大学群众体育社团中最重要的工作就是为广大成员提供专业技术上的指导，让他们能够掌握基本的运动技能，从而能够进行一般的竞赛活动。体育社团的管理者虽具备一定的运动技能，但是缺乏教学经验，他们只能进行动作的示范，无法对成员的技术动作进行专业的指导。从成员参与体育社团的需求角度考虑，他们加入社团主要是为了在专业技术上有所提升，能够参加日常的体

---

① 陈雁秋. 大学体育社团存在的问题及对策［J］. 无锡商业职业技术学院学报，2010, 10（06）：70-71, 93.

育活动。通过调查发现很多学生虽然具有一定的运动基础，但是无法运用于实战，从而无法从团体运动中感受到体育带来的乐趣。由于社团成员的水平参差不齐，需要在技术战术实践指导过程中，依据水平层次划分进行分层专业指导，付出的精力和代价过大，使得专业指导工作难度加大，所以会以基本功练习为主，毫无层次性可言。此外，还有一些社团会聘请专业教师参与指导，但受到多方面原因的限制，这些专业教师不能长期为社团提供服务，所以必须从根本上解决社团成员的技术指导问题。为此，针对成员的实际需求，大学群众体育社团应为他们提供必要的专业指导，使他们能够快速融入竞赛活动。

二、大学群众体育社团发展的对策

（一）大学群众体育社团的理念革新

时至今日，很多高校还是将大学体育工作的重心放在学生身上，这无疑是忽略了教职工这个群体，从而使得大学群众体育尚未受到认可。对于大学群众体育社团的发展理念，笔者认为首先要打破学生和教职工之间的界限，将大学群众体育的理念融入学校的体育工作中，其目的在于让更多的学生和教职工参与到体育活动中。其次是调整大学体育工作的重心，将学生社团和教职工社团进行合并，由学生和教职工共同参与管理，并在原有的部门基础上进行精细化划分，进而能够让更多的人参与管理。最后，大学群众体育社团的发展理念一定是真正服务于广大群众，不管技术水平是高还是低，都能有机会在运动场上展示自我。社团内部的活动，无论是专业上的技术指导，还是竞赛活动，都需要保证全员参与，让每位成员都能够感受到参与体育的乐趣。

（二）规范大学群众体育社团的管理

现如今，大学群众体育社团在漫长的发展道路上暴露出诸多管理方面的问题，严重阻碍了大学群众体育社团的发展。针对大学群众体育社团管理方面的问题，我们一定要找到"病症"，争取"药到病除"。首先，检查各个大学群众体育社团的规章制度，确定各社团的日常工作都是"有法可依"的，对于不规范的社团责令整改，不能按时完成整改的应予以解散。其次，由于大学群众体育社团的管理者具有易变的特点，所以要充分考虑管理者的变动情况，优化现行的管理者选拔制度，下一届的管理者要提前参与管理工作，保证能够熟练地掌握管理方面的技巧。除此之外，加强体育社团干部和社团骨干的管理、培训和教育考核工作，提高他们的工作能力和管理水平。[①] 最后，社团内部的重大事宜需要由社长、副社长及各个部长投票表决，以保证社团的发展能够具有科学性。除此之外，笔者认为大学群众体育社团的发展一定要有教职工队伍的加入，教职工队伍的融入，既能够在管理方面为学生提供很大的帮助，又能促进大学群众体育的发展。当前学生管理的社团具有很大的可变性，管理者的变动对于社团的发展具有很大的影响，而学生在管理方面的能力是需要锻炼才能提高的，所以将教职工队伍融入学生社团能够解决很多管理方面的问题，还能为教职工提供参与体育活动的机会，营造出良好的学校体育文化氛围。

（三）优化大学群众体育社团的组织结构

当前的组织结构已经渐渐跟不上快速发展的体育社团的需要，根据管理中出现的问题要进行组织结构的升级，努力探寻适合社团发展的新途径。[②] 上述的五种组织结构，在实际的工作过程中各有优势，也有一定的劣势，所以还是得在组织结构上进行优化。首先，对于高校的体育社团而言，它已经不单单是满足学生的兴趣爱好而建立的组织，其功能随着我国群众体育事业的发展而越来越多，它肩负着学生和教职工的运动技能提高、运动习惯的养成及情感上交流等方面的重任，所以在组织结构中一定要有重量级单位的参与，体育学院、学生社团联合会及工会应共同参与管理。其次，在组织结构中应该尽量减少审批流程，保证社团的工作能够高效地运转起来，为学生和教职工提供丰富的体育活动。最后，要有监督和反馈机制，监督部门负责对社团的工作进行检查，确保社团能够按照计划进行工作。而反馈部门则根据社团成员的需要，及时反馈给社团的管理人员，进而及时地进行计划上的调整，从而能够服务到更多的社团成员。

（四）净化体育社团环境，促进小规模社团发展

美国哈佛商学院教授罗伯特·莫顿认为"马太效应"是社会生活中的个体、集团或地区，越是具备某方面的优势，越容易受到人们重视，在获取资源与支持方面也就变得越容易，其原有的优势也就会变得愈为明显。[③] 大学群众体育社团的发展也具有"马太效应"，具有优势的社团会越办越好，而没有优势的社团会日益衰退，最终消失在社团中。为此，我们需要净化大学群众体育

① 陈雁秋. 大学体育社团存在的问题及对策 [J]. 无锡商业职业技术学院学报，2010，10（06）：70-71，93.

② 苗翰初. 苏州大学学生体育社团发展的现状研究 [D]. 苏州：苏州大学，2016.

③ 王庆来. "马太效应"下的高校教师职业发展 [J]. 教育与职业，2015（26）：57-59.

社团的环境，给予小规模社团一定的生存空间，保证其能够为大学群众体育的发展贡献绵薄之力。首先，对体育社团的规模进行划分，学校按照其规模提供相应的支持，保证不同规模的社团均能享受到学校层面的照顾。其次，体育部门对体育场馆设施等资源进行统一部署，依据各个社团的年度活动计划进行统一划分，保证各个社团都能够有展示的舞台。最后，必要时对衰退的体育社团进行援助，在场馆设施、经费方面提供支持，甚至可以暂时挂靠规模较大的社团，由这些规模较大的社团来进行宣传推广，希冀能够通过外部援助渡过难关。

（五）拓宽经费来源渠道

大学群众体育社团的发展离不开经费的支持，但是在现行的经费来源体系内众多社团无法获得充足的经费，仅靠社团成员的会费无法满足体育社团的发展。为此，大学群众体育社团应该积极拓宽经费来源渠道，为大学群众体育社团的发展提供充足的经费。首先，大学群众体育社团应该将视线放置于整个地区，吸纳周边的体育爱好者加入社团，从而实现大学群众体育社团与周边社区一体化的局面，并向外来人员收取一定的会费。其次，大学群众体育社团的成员大多具有一定的专业能力，能够为其他人员提供技术指导，同时还可以为其他单位提供裁判服务，以此来收取一定的服务费。最后，以体育服务的方式积极与其他公司进行接触，以服务销售的方式与他们建立合作关系，并定期为他们的员工进行技术指导，以期能够换来一定的赞助。笔者认为，大学群众体育社团今后的发展必然是社会化的，与周边社区、公司进行合作，既是对大学群众体育社团技术水平的检验，又是为广大人民提供参与体育活动的机会，进而诠释了当代大学体育的社会功能。

（六）加强专业指导

由于大学群众体育社团具有一定的专业性，那么专业技能水平的高低将直接影响整个社团的发展。所以，大学群众体育社团的发展新思路必须是要建立其社团的技术壁垒，保证社团的技术水平。首先，可以聘请学校的高水平运动员或已毕业的高水平运动员担任社团的技术顾问，提高社团在技术层面的知名度。其次，对新成员进行一定的技术考核，选取一部分具有一定技术的成员作为技术骨干，通过定期的培训，保证他们在教学能力和技术水平两个方面可以胜任教学工作。并将其他成员分为若干等级，由这些技术骨干为他们提供技术层面的指导，确保各个级别的成员都能获得技术上的帮助。最后，采用引导的方式，安排各个级别的成员进行竞赛活动，让他们能够进行简易的竞赛活动，以此来激发他们学习基本技术的兴趣，从而真正地掌握一项运动技术。从我国群众体育的发展来审视大学群众体育社团的工作，笔者发现在群众体育的竞赛活动中缺乏一定的技术能力，大部分的群众无法参与技术性活动，因而只能进行跑步等体能类项目，所以大学群众体育社团一定要肩负重任，帮助各位成员掌握技术的同时，教会他们如何在实战中应用，从而为群众体育的发展提供技术支持。

第六章　大学群众体育场馆研究

　　事物的发展是螺旋式上升、波浪式前进的过程。任何事物都是不断发展的，只是在发展中存在着偶然性。新中国成立以来，我国体育随着经济政策的改变而做出相应的调整。作为体育最基础的载体，我国体育场馆的建立也经历了发展、停滞、后退等曲折的过程。目前，随着国家综合实力的提升及经济的快速发展，人们基本上满足了物质需求，进而更加关注精神上的愉悦和身体的健康。建国初期，在"健康第一"的指导思想下，大家都比较重视身体锻炼，但那个时候的活动场地环境较差，基本上没有什么设施，而且都是土地面。学校也不例外，经常出现老师上课会沾一身灰，下课留一身土的情况。一旦遇到恶劣天气，就不得不中止体育课，受气候影响较大。新中国成立初期，北京大学体育场地十分狭小，仅有三块篮球场和一块田径场，场馆的不足加之气候因素影响，导致学生的体育需求得不到满足，体育锻炼的热情逐渐下降。20世纪70年代，随着我国各方面综合能力的提升，排、篮球场地逐渐铺上了沥青，解决了运动导致灰头土脸的窘境。体育院校建起了室内体育馆，克服了受天气影响不能满足体育需求的问题。但室内体育馆主要是水泥地面，坚硬又没有弹性，极易造成运动损伤。后来体育场地发展为中间铺满草坪，周围是塑胶跑道的类型。体育场馆经历了水泥地、木地板向具有缓冲力、弹力及防滑功能的PVC塑胶地板的转换。体育场馆的现代化设计，激起人们参与体育运动的热情，为大学群众"终身体育观"的树立提供保障。

　　目前，由于经济的快速发展，人们生活节奏越来越快，精神压力逐渐加大。为了缓解压力、增强体质，响应国家颁布的《体育强国建设纲要》，越来越多的人参与到体育运动中。体育消费者需求的增多与公共体育场地资源的不足存在矛盾，而高校体育场馆资源丰富且大都处于闲置状态。对高校体育场馆进行梳理，有利于大学群众体育场馆未来的建设与发展。

第一节　大学群众体育场馆的现状

一、大学群众体育场馆的数量、面积分析

1995 年国家颁布了《全民健身计划纲要》以及《体育法》，大大增加了我国体育消费的人口数量，体育更加普及化，体育事业的飞速发展，带动了我国体育场馆的建设。2004 年教育部印发《普通高等学校体育场馆设施、器材配备目录》以及 2005 年颁布《关于进一步加强高等学校体育工作的意见》，在国家政策的支持下，我国大学群众体育场馆的数量大幅增加（见表 6-1、表 6-2）。

表 6-1　第四、五、六次全国体育场地总数普查记录

	第四次（1995 年）	第五次（2003 年）	第六次（2013 年）
数量	615693	850080	1694600
占地面积	10.7 亿平方米	22.5 亿平方米	39.82 亿平方米

注：数据来源于第四、五、六次全国体育场地普查数据公报

表 6-2　第四、五、六次全国教育系统体育场地普查记录

	第四次（1995 年）	第五次（2003 年）	第六次（2013 年）
数量	413583	558044	660500
占场地总数百分比	67.17%	65.65%	38.98%

注：数据来源于第四、五、六次全国体育场地普查数据公报

随着我国经济的快速发展，生活水平的提高，人民对健康越来越重视，活动次数不断增多，由表 6-1 可以得知，体育场馆的数量呈现上升趋势，其中全国体育场地总数普查第五次比第四次增长了 20 多万个；在 2003 年到 2013 年发展速度最快，体育场馆总数增长了 80 多万个。相比之下，我国教育体系下的体育场馆第四次普查为 413583 个，第六次为 660500 个，在这期间增加了 20 多万个场地。虽然高校体育场地也是呈增长趋势，但是占总场地百分比却是不断下降的，说明在第五次和第六次普查过程中，其他系统的体育场馆数量有了突飞猛进的增长，群众体育发展的普及性加快，人们对体育场馆的需求度加深。第六次全国体育场地普查中教育体系下的体育场馆数量有 660500 个，

场地面积 10.56 亿平方米，占总面积的 53.01%。[①] 说明目前我国主要体育场馆有一半以上都集中在教育体系，高校作为教育体系中的一类，必然具有各种类型的场馆来满足学生的体育活动需求。高校体育场馆数量的快速增加，体现了国家对提高高校师生身体素质的关心。高校体育场馆规模大、资源丰富，若加以充分利用，必将促进我国全民健身计划的实施。

二、大学群众体育场馆的设施情况

体育场馆设施是人们强身健体的基础物质保障，目前体育消费人群增多与公共体育场馆不足的问题愈发严峻，体育设施不足导致人们形成错误的锻炼模式等问题突出。在这样的背景下，对高校体育场馆的设施情况进行分析，选取我国"985 工程"院校中具有代表性、信息较为完善的某些高校进行统计，有利于高校体育场馆与周边群众实现双赢（见表 6-3 和图 6-1）。

表 6-3　部分"985 工程"院校体育场馆数量统计情况

场馆类型	大连理工大学	哈尔滨工业大学	华东师范大学	华中科技大学	湖南大学	武汉大学	合计
体育馆	2	2	3	5	2	7	21
室内跑道	6	5	——	——	——	——	11
田径场	3	3	4	4	2	5	21
足球场	10	5	——	——	2	5	22
室外篮球场	28	28	38	59	28	37	218
室内篮球场	4	——	——	——	2	3	9
室外排球场	7	14	20	14	5	28	88
室内排球场	3	——	——	——	1	1	5
网球场	24	11	19	31	8	13	106
室外羽毛球场	4	——	——	16	——	32	52
室内羽毛球场	20	33	——	——	22	49	124
乒乓球场	30	60	——	——	30	57	177
滑冰场	——	2	——	——	——	——	2
游泳池	1	——	2	1	2	1	7
其他场地	9	13	——	2	6	5	35

注：数量单位，场地为块，跑道为条，体育馆、游泳池为座；资料来源于各高校官网

[①] 第六次全国体育场地普查数据公报 [N]. 中国体育报，2014-12-26（003）.

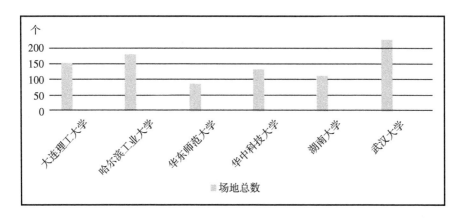

图6-1　部分"985工程"院校体育场地总数情况

（一）体育场馆设施的数量

由表6-3可以得知，我国高等院校的体育场馆数量充足，各种体育设施较为齐全，拥有各种球类场地，在满足日常的教学活动的基础之上，完全有余力缓解周围居民的体育锻炼需求。在这些场地中以室外篮球场地数量最多，其次是乒乓球和羽毛球场地，说明此类项目受大众欢迎程度较高，也是比较方便的体育活动。而像滑冰场、游泳馆这些具有地域限制、修建耗费资金较多的场馆数量较少，所以高校体育场馆未来的发展应多引入攀岩、轮滑等受大学生喜爱的较为新颖的项目。我们可以看出，各高校的场馆数量都在80个以上，说明我国"985工程"院校较为重视体育场馆的建设以及体育对大学生所带来的积极影响，体育场馆是大学校园中必不可少的、可以给学校带来积极向上精神风貌的建筑。

（二）体育场馆设施的多样性

对部分"985工程"院校进行研究（见表6-3），可以发现绝大多数高校都有两个以上的综合性体育馆，综合场馆内一般会有室内篮球场等球类场地、舞蹈室、形体房，还有一些其他多功能场地。室外还有各式各样的露天场地，球类场地最多，几乎所有学校都会修建专门的三大球、三小球类体育场地。甚至有些学校还修建了滑冰场等具有地域特色的体育场地，打破了过去场馆功能单一化的模式，充分满足学生、教职员工等群众体育的多样化需求。

三、大学群众体育场馆的使用情况

（一）大学群众体育场馆的校内使用情况

大学群众体育场馆作为进行体育锻炼的载体，在校内主要的服务对象为学生和教职工。体育场馆的主要职能是在满足师生的体育教学活动、运动队训练及体育类社团活动和比赛需要的前提下，允许学生和教职工的私人活动以及校外人员对体育场馆进行使用。

1. 大学群众体育场馆校内使用费用情况

高校体育场馆在校内的使用费用情况主要有三种：第一种是对校内师生免费开放；第二种为校内师生缴纳相同的费用；第三种为对校内师生都收取费用，老师的费用略高于学生的（见表6-4）。

表6-4　哈尔滨工业大学、华东师范大学、北京大学等高校体育场馆校内收费情况统计

开放情况	学校
免费对师生开放	哈尔滨工业大学等
对师生收取相同费用	华东师范大学等
教职工费用高于学生费用	北京大学、湖南大学、武汉大学、南开大学等

注：资料来源于各高校官网

由上表可以看出，哈尔滨工业大学体育场馆免费对校内师生开放；华东师范大学的体育场馆对校内师生收取相同的费用；北京大学、湖南大学、武汉大学、南开大学等高校的体育场馆是教职工的费用高于学生的费用。我国高校体育场馆目前大部分采用分层收费，即教职工的费用高于学生的费用，一方面是由于学生没有经济来源，因而收取较低的费用；另一方面，对教职工收费高，有利于高校体育场馆的运营与维修。相对而言，第三种收费模式较为合理，实现了学校场馆与校内师生的共赢，也是大多数高校采取的模式。

2. 大学群众体育场馆校内开放时间

我国大部分高校体育场地对校内人员一般是全天处于开放状态，体育馆具有时间限制。从表6-5统计来看，哈尔滨工业大学体育场馆开放时间为5：30—21：00，为喜欢晨练的师生提供锻炼的设施和场所。北京大学、华东师范大学、兰州大学、南开大学闭馆时间较晚，为校内师生提供充足的晚间锻炼时间。总体来讲，我国"985工程"院校的体育场馆对外开放时间较为充足，可以满足校内师生的体育健身需求。

表6-5　哈尔滨工业大学、华东师范大学、北京大学等高校校内体育馆开放时间统计

学校	哈尔滨工业大学	北京大学	华东师范大学	兰州大学	南开大学
校内开放时间	5：30— 21：00	9：00— 22：00	8：00— 22：00	9：00— 22：00	8：00— 22：00

注：资料来源于各高校官网

3. 大学群众体育场馆校内使用功能

我国大学群众体育场馆在校内的功能主要是为学生和教职工服务，学生主要通过体育场馆进行课程学习、体育锻炼、运动训练与竞赛等。如南开大学有男子排球队、女子排球队、田径队等高水平运动队，他们平常的训练都是在体育场馆中进行。教职工也会有专门的比赛，比如教职工篮球赛、教职工羽毛球赛等，也都需要在体育场馆中进行训练与比赛。大学群众体育场馆在为校内人员提供场地的同时，也促进了学校体育文化的传播，给予校内师生一个良好的锻炼环境。

4. 大学群众体育场馆校内的文化传播

大学群众体育场馆作为每个高校几乎必不可少的基础设施，在展示高校积极向上的精神风貌、提高学校知名度方面起到了重要作用。对于校内师生来讲，一方面，高校体育场馆的场地设施为他们提供了一个安全性、功能性都较高的活动场所，吸引广大师生前来锻炼，促进高校体育文化氛围的养成。另一方面，高校体育场馆作为一个建筑，它的设计、颜色、环境等都具有文化的特征，如体育馆墙壁上的浮雕，体育场馆的 logo、壁画，体育场馆周围的景观等。这些无形资产给予校内师生精神上的享受，展示了高校体育场馆的文化价值。高校体育场馆不仅仅有实用性，而且有助于我们对高校体育场馆文化进行研究，促进高校体育场馆文化价值的传播。

（二）大学群众体育场馆的对外开放状况

1. 对外开放收费情况分析

体育场馆作为促进我国体育事业发展的基础设施，它的发展必定会影响我国体育事业的进步及全民健身计划的普及。普通高等学校体育场馆的对外开放在群众体育普及方面发挥了不可替代的作用。高校体育场馆主要分为有偿对外开放和无偿对外开放及部分对外开放三种方式。据了解，大多数体育场馆都是以有偿和无偿相结合的方式进行场馆的运营，如哈尔滨工业大学、湖南大学、山东大学等高校都是采取这样的方式。大部分的露天场地是对外开放的，而体育馆内的场地、设施一般都会收取费用。

体育馆中篮球场、羽毛球场、乒乓球场等大都对外开放，而足球场、游泳馆等维修费用较高的场地对外开放情况较差。高校体育场馆由国家出资修建，但为了维护体育场馆，高校大都采取"以馆养馆"的模式。通过对外有偿开放，来实现体育场馆的正常运行。笔者认为，高校体育场馆主要是为满足学校师生的教学活动，然后再进行对外开放。另外，体育场馆对外开放容易造成设施的损坏，容易造成安全隐患，还要耗费人力、物力、财力去维修。所以，各高校对无偿对外开放的积极性不高。

2. 体育场馆对外开放时间分析

对我国高校体育场馆对外开放时间进行分析，可以更好地发挥高校体育场馆为全民健身服务的作用。我们对北京大学、华东师范大学、哈尔滨工业大学体育场馆的对外开放时间进行了统计（见表6-6），结果如下：

表6-6　北京大学、华东师范大学、哈尔滨工业大学等院校体育场馆对外开放时间调查统计

	北京大学	华东师范大学	哈尔滨工业大学
工作日	8：00—23：00	8：00—22：00	6：30—21：00
双休日	8：00—23：00	8：00—22：00	6：30—21：00
合计	15 个小时	14 个小时	14.5 个小时

从统计结果来看，北京大学、华东师范大学、哈尔滨工业大学这几所高校体育场馆对外开放时间工作日和双休日是相同的，并且都在 14 个小时以上。其中哈尔滨工业大学是从早上六点半开始对外开放，为晨练的人们提供便利场所；北京大学和华东师范大学晚上关闭时间较晚，为下班较晚的体育锻炼者提供场地。通过合计我们发现，高校体育场馆对外开放的时间充足，周末可以达到 14 个小时，为学生、教职工以及周围群众提供了一个较为便利的锻炼环境。

3. 影响体育场馆对外开放的因素

（1）思想观念

大众对于体育场馆对外开放持不同的态度，支持高校体育场馆对外开放的人认为，高校体育场馆相比营利性健身会所来讲，具有距离较近、场地面积大、较为方便等优势。学校应在满足平常的教学课程、运动训练等活动之外，发挥高校体育场馆为人民服务的功能，使高校体育场馆发挥出最大的作用，充分利用场馆资源，提高学校在社会上的影响力。其他不支持学校体育场馆对外开放的人们认为高校体育场馆的主要活动是进行教学，校园里的设施、资源应由学校进行管理，体育场馆就是进行教学的活动场所，对外开放不仅会影响学生学习体育的环境，造成设施的损坏，甚至有可能发生口角、争斗，对学生的人身安全造成威胁。再加上有些领导对体育场馆对外开放的积极性不高，缺乏对全民健身的深刻认知，仅仅碍于高校场馆的公益性质，大搞形式主义，导致高校体育场馆并未真正、全面地对外来人员开放。

（2）经费限制

大多数高校的体育场馆是由该校的体育学院或者体育部进行管理，体育场馆运营收入与体育场馆进行修复所支出的费用，都由体育学院统一分配。但学校对于体育场馆维修的费用是有预算的，若对外开放力度过大，场馆设施磨损加快，当损耗的程度超过学校给予场馆的维修费用时，体育学院就缺乏经济能力去进行修复，所以大部分体育场馆都采用"以馆养馆"的自主化经营模式。即使对外收费，因高校体育场馆具有非经营性国有资产性质，在转换为经营性国有资产性质时，因其公益性，也只能收取具有一定限制的费用。收取的费用与器械损耗的维修费用比起来是杯水车薪，再加上若出现场馆器材遭到破坏、偷窃等恶劣行为，为不影响正常的教学课程，学校要支出一大笔经费用于购买新器材以及进行设施的维修、保养。因此，高校体育场馆的经费不足限制了场馆向社会全面开放。

（3）安全隐患

近年来，校园恶性事件频发。如果体育场馆对外开放，则会产生许多安全隐患。外来人员良莠不齐，无法进行统一管理，存在各种安全隐患。比如，会造成财产安全问题，主要包括窃取体育场馆的设施等。还会产生学生和其他群众的人身安全问题，在节假日，因为没课，学生喜欢走出宿舍去室外进行运动，而这个时间段大多数体育场馆也是对外开放的。体育运动本来就是比较容易产生磕伤碰伤的，如果学生在运动中与外来人员产生争执，引起不必要的纠纷，势必会影响正常的教学活动。体育场馆是人群较为密集的场所，若携带传染病的人员进入，会产生病毒的扩散与传播，造成许多人感染。高校体育场馆对外开放，不仅要为进入场馆锻炼的外来群众负责，也要为校内的师生负责。相对来说，体育场馆对外开放存在很大程度上的安全隐患。

（三）特色案例分析——以湖南大学为例

1. 湖南大学体育场馆对内对外开放的时间分析

表 6-7　湖南大学体育场馆对内对外开放时间统计

场馆	对校内师生开放时间	对校外人员开放时间
羽毛球馆	工作日：6 小时 20 分钟 双休日：12 小时	工作日：4 小时 20 分钟 双休日：12 小时
乒乓球房	工作日：6 小时 20 分钟 双休日：12 小时	工作日：4 小时 20 分钟 双休日：12 小时
南校区足球场	工作日：4 小时 双休日：12 小时	不对外开放
荫马塘排球场	工作日：6 小时 双休日：14 小时	工作日：4 小时 双休日：14 小时
网球场	工作日：14 小时 双休日：13 小时	工作日：14 小时 双休日：14 小时
财院校区羽毛球馆	工作日：6 小时 双休日：10 小时 40 分钟	工作日：4 小时 双休日：11 小时 40 分钟
财院校区乒乓球房	工作日：6 小时 20 分钟 双休日：12 小时	工作日：4 小时 20 分钟 双休日：12 小时
财院校区足球场	工作日：2 小时 双休日：10 小时	不对外开放
南校区游泳馆	工作日：7 小时 双休日：7 小时	不对外开放

注：资料来源于湖南大学体育学院官网

　　由上表可以看出湖南大学体育场馆在工作日对校内师生开放时间比对校外人员的长，并且全部场馆都对校内师生开放。其中，羽毛球馆、乒乓球房、排球场、网球场、羽毛球馆等场馆开放时间较长，足球场和游泳馆不对外开放。通过上表我们可以看出：第一，湖南大学体育场馆在工作日的开放时间较短，主要是因为工作日大部分场馆都用来上体育课程，无法对外开放。第二，双休日由于学生没有体育课程，场馆闲置，大多数场馆都对外开放 10 小时以上。第三，体育场馆对校内师生开放的时间比对校外人员的长，更利于校内师生的运动。第四，足球场、游泳馆等场地因其维修困难及维修费用高等原因只对校内学生和教职工开放。产生的困境有：首先，场馆大都在相同的时间段对外开放，主要集中于周末。学生、教职工、外来人员混杂在体育场馆中，具有极大的安全隐患问题。其次，若统一集中于周末对外开放，可能会出现场地不够用、设施不够齐全等问题，导致具有运动热情的人只能观看而无法参与。

　2. 湖南大学体育场馆对内对外开放的收费情况

表 6-8　湖南大学体育场馆对内对外开放收费情况统计

场馆	学生	教职工	校外人员
羽毛球馆	20 元/60 分钟	25 元/60 分钟	50 元/60 分钟
乒乓球房	1 元/120 分钟	1 元/120 分钟	20 元/60 分钟
南校区足球场	白天：100 元/60 分钟 晚上：200 元/60 分钟	白天：100 元/60 分钟 晚上：200 元/60 分钟	不对外开放
荫马塘排球场	1 元/120 分钟	1 元/120 分钟	白天：100 元/60 分钟 晚上：200 元/60 分钟
网球场	20~40 元/60 分钟	30~60 元/60 分钟	白天：60 元/60 分钟 晚上：120 元/60 分钟
财院校区羽毛球馆	15 元/60 分钟	20 元/60 分钟	40 元/60 分钟
财院校区乒乓球房	1 元/60 分钟	1 元/60 分钟	60 元/60 分钟
财院校区足球场	100 元/60 分钟	100 元/60 分钟	不对外开放
南校区游泳馆	30 元/次	40 元/次	不对外开放

注：特价时间除外，资料来源于湖南大学体育学院官网

　　通过上表可以看出，对校内师生来讲，足球场收费较高，其次为游泳馆、网球场、羽毛球馆，而乒乓球房、排球场收费最低。对外来人员来讲，排球场、网球场收费较高，乒乓球房、羽毛球馆其次。可以得出：湖南大学体育场馆对学生、教职工、外来人员都是收费开放的，但收费的标准有所不同，像乒乓球房、排球场对校内师生几乎是免费开放；大部分场馆的收费是从学生、教职工到校外人员逐渐递增的；排球场、网球场对外来人员收费较高；白天收费较低，晚上收费较高，一是因为晚上场馆会开灯光，耗费一定的电费，二是因为晚上大家都下班回家，属于健身高峰期，人数比较多，所以场馆管理者根据供需原理会适当提高场地价格。总体来讲，收费较为合理。对于无经济来源的学生实行一元场地政策，可以更好地激发学生的运动热情。对于乐于运动的外

来人员，收费较低也不会使他们承受较大的经济压力。

四、大学群众体育场馆的管理运营

(一) 大学群众体育场馆的运营与管理模式

一直以来，我国的体育场馆都是为满足广大师生的体育需求而建立的，体育设施较为简陋，功能单一，管理模式也是之前的计划经济时期的福利性模式，没有具体的规章制度。随着我国国民对体育越来越重视，体育场馆的数量大幅增加，但经营管理模式并没有很大改变，极其不符合新时代我国体育场馆的发展。现如今我国大学群众体育场馆的经营与管理模式主要有以下四种（见表6-9）。

表6-9　大学群众体育场馆的主要经营与管理模式①

经营管理模式	优点	缺点
高校自主经营管理型	分工明确，责任到人，有利于对高校体育场馆的充分利用、维护和保养，能不断提高服务质量且具有较强的公益性	缺点是经营管理目标不明确，缺乏动力，员工工作积极性不高，"等、要、靠"等依赖思想比较严重
高校与体育公司、社区共同管理型	能实现高校与社区和体育公司的优势互补，互利双赢，既能分散风险，又能实现规模效益	管理过程中双方责任不明确，管理难度较大，经济效益难以实现最大化
专业公司承包租赁经营管理型	高校体育管理部门收入固定，易于管理，能提高场馆使用率并能及时分散经营风险	高校对承包租赁方的经营管理行为难以控制，承包期间可能会造成场馆过度使用，短期行为严重，且高校收益较低
委托经营管理型	高校规避风险且收入稳定，双方责任明确并能实现互利双赢，同时高校体育部门可以集中精力投入到高校体育教学中，顺利完成教学任务	高校缺乏自主权，对受托方的经营管理行为难以控制、监督，高校收益较低，且有可能造成场馆过度使用

通过上表可以得知，任何事物都有它的两面性，无论采用哪一种方式，都有利有弊。目前，大多数高校都属于自主经营管理，有利于对体育场馆的维

① 刘新光，刘新征. 学校体育场馆设施向社会开放现状与管理模式的研究 [J]. 沈阳体育学院学报，2009，28（01）：78-81.

护，但是会有员工积极性不高等问题出现，运营形式较为单一。高校体育场馆对外经营时要具体情况具体分析，选择合适的场馆经营管理模式，最大限度地减少高校体育场馆经营的弊端，促进学校体育场馆的运行，满足群众对健身场地的需求。

（二）管理运营存在的问题

1. 缺少专业化管理运营人才

高校体育场馆缺乏专业的运营管理人员是目前抑制体育场馆发展的重要因素。一般来讲，高校体育场馆的管理人员应兼具体育运营与管理能力。但长期以来，我国体育场馆主要聘请退伍军人、退休教师以及后勤人员等来进行运营管理，他们缺乏专业的运营管理知识，对体育场馆的管理也仅限于校内的师生活动和日常开关门及打扫卫生。这对于我国体育场馆管理运营的发展极为不利，限制了体育场馆的对外开放，易造成资源的浪费。

2. 场馆利用率较低，对外宣传形式单一

高校体育场馆是为满足广大师生的体育课程及课外体育活动的开展而建设的。大多数的体育课程一般集中于周一至周五的工作时间，而节假日一般没有体育课程，体育馆就处于闲置状态，造成资源的浪费。有的体育场馆对外开放，但由于体育馆内有大量的设施，若对外开放会导致器械的损耗，不仅需要大量的人力物力，还需要大量的资金进行维护。所以大多数高校对外开放仅仅局限于训练场地，对于器械室等对外开放的积极性并不高。高校体育场馆的宣传主要是通过发传单、贴公告等较为传统的方式，形式较为单一。应该在此基础上，充分利用运营团队和互联网优势，开拓多样化的运营形式，增加高校体育场馆的对外吸引力，提高场馆设施的利用率。

3. 资金不足，难以进行场馆的维修与保养

我国大部分体育场馆是由国家出资建设的，一直以来都是政府在不断地提供经费。政府在管理的过程中先后采用了全额补贴、差额补贴以及后来的自收自支等政策。随着政府支出的减少，体育场馆的维修与保养费用上升，资金周转不灵，造成体育馆的运行出现困难，于是管理者只能改变体育场馆的经营管理模式，采用自主经营方式，来维持体育场馆的正常运行。

4. 场馆对外宣传不足

我国高校体育场馆运营能力较差，有些体育场馆即使对外开放也大都处于闲置状态，主要是由于在完成体育教学任务后没有进行市场运营，造成体育场馆资源的闲置。产生这种现象一方面是由于场馆的环境、设施较差，没有运动的氛围，人们不乐意来此进行锻炼。另一方面是因为高校体育场对外运营程度

较低，领导对场馆宣传不重视，也不会与体育场馆运营的专业团队合作。由于缺乏宣传，人们不了解高校体育场馆的开放状况，调动不起人们锻炼的积极性，丧失了大量的潜在体育消费人群。

5. 公益性与经营性的矛盾

我国体育场馆在管理模式上很大程度都是沿用之前的陈旧模式，绝大多数高校体育馆由国家兴建，具有承担国家使命的公益性质。这一点限制了高校的自主经营与管理，高校若免费对外开放或仅仅收取很低的费用，将很难维持日常的开支及场馆的维修。加上政府对体育场馆的费用支出减少，体育场馆设施资金紧张，所以高校必须走自主经营的道路，"以馆养馆"是大多数高校普遍采用的模式。我国的体育场馆是具有公益性质的，但在市场化发展的今天，为了场馆的继续运行，却走上"以馆养馆，以场养场"的产业化道路。

五、大学群众体育场馆的文化内涵

体育在从古代社会发展到现代社会的过程中，由最初的生存技能过渡到军事需要，其后成为贵族象征，而后又成为社会、政治统治的手段，最后再由强身健体的手段演化成为人们生活中不可缺少的身体上和精神上的需求。[①] 体育所具有的文化特性随时代变化反映了作为体育基础设施的体育场馆也随之演变，由之前的土地面演变为现在的多功能体育场馆。不同时期的体育场馆体现了不同时期特定的建造技术，具有特定的文化内涵。体育场馆的变迁，见证了我国体育事业的曲折发展。体育场馆在不断发展过程中，既能使人们通过体育获得愉悦的心情，又可以展示人们顽强拼搏、锐意进取的文化精神。

（一）体育场馆的文化结构

体育文化可以分为三类：体育物质文化、体育制度文化、体育精神文化。作为体育基础设施的体育场馆主要是体育场馆物质文化，如体育场馆内的设施、雕塑、运动器材等；体育场馆制度文化，如体育场馆的时间规定、体育场馆的运行规定等；体育场馆精神文化，如体育场馆给人们带来的那种坚韧精神、热情，以及展现的美感。

（二）体育场馆发挥的文化作用

随着时代的发展，国家对体育与健康的重视，高校修建的体育场馆越来越

① 亢瑾，尹辉. 体育场馆对体育文化传播的影响 [J]. 运动，2014（89）：149，60.

具有设计感及后现代价值。每个高校体育场馆都有它独特的文化内涵，在新时代发挥着重要的作用，对高校体育场馆进行研究，既可以响应国家政策，为全民健身服务，还可以感受高校体育场馆的文化特征，给人带来精神上的满足。高校体育场馆可以展示高校积极向上的风貌与充满青春朝气的校园，寓意着坚韧不拔、顽强奋斗的精神；可以烘托高校的体育文化氛围，给人们提供锻炼场所，让人们勇于锻炼、习惯锻炼、爱上锻炼，为树立终身体育观打下坚实的基础。我国高校体育场馆功能设施较为齐全，对高校体育场馆的文化内涵进行分析，对我国高校体育场馆文化的传播能起到重要作用。

1. 为体育文化传播奠定基础

体育场馆作为体育锻炼的一种必不可少的基础设施，具有无形的文化价值，对校园体育文化的传播起到了十分重要的作用。体育场馆作为传播体育文化的一种载体，它可以扩大校园体育文化的影响力，形成浓厚的体育文化氛围。对体育活动和形式的不断改进，在满足校内师生体育教学的基础上，也为体育文化的传播奠定了基础。

2. 展示高校的精神面貌

体育场馆很大程度上起到了展示高校精神面貌的作用，作为一种特殊的文化矗立于高校中，成为高校的建筑标志。体育场馆的建筑多样化、设施齐全化、灯光的设置以及向外展示的特殊理念，都体现了体育场馆的文化特性。具有设计感的体育场馆可以提升学校的知名度与影响力。近年来，高校体育场馆对外开放，缓解了人们的体育需求与场馆不足的困境。如南京大学方肇周体育馆，因由香港企业家方肇周先生捐资修建，故而得名。其主题颜色为暗红色，加之格栅，由三个正方形咬合组成，以其独特的设计给人以视觉的冲击。其曾因霸气的外表在江苏省体育馆评比中获胜，被人们亲切地称为"火立方"。

（三）体育场馆建筑的文化理念

体育场馆作为传播体育文化的载体，在建造方面有它功能性和形象性的价值，不同体育场馆的设计都具有它独特的魅力，无论是在色彩、外表，还是结构功能上都有其独特的意义。

1. 场馆色彩文化

充分利用体育场馆的色彩可以给人们以视觉的冲击。色彩在运动中都有特殊的意义，红色代表着活力、积极，深灰蓝代表着力量等。通过合理的色彩利用，不仅可以赋予体育场馆精神价值，又能使体育场馆变得更具有设计意义。如湖南大学体育馆在结构上主要采用两片反曲向上的空间网架形式，并在中间留一通风口；在色彩上，屋顶主要选取雾绿色材料，以更好地与岳麓山融为一体，给人以美的享受。通过场馆的色彩搭配可以吸引人们的关注，提升学校知名度；色彩作为建筑最基本的内容，不仅仅起到装饰作用，在情感的表达以及建构精神特征方面也起到重要作用。

2. 场馆外观文化

高校体育场馆的外观向外展示了一个学校的形象。外观设计一般都有它内在的寓意，好的设计对扩大学校影响力起到促进作用。如复旦大学体育馆，建筑造型就像一轮升起的太阳，寓意"旦复旦兮、日渐向上"的复旦精神。上海交通大学闵行体育馆的造型新颖独特，是交大的标志性建筑，金属遮阳板和竖向构件随着斜屋面高低错落。北京大学邱德拔体育馆是由邱德拔基金向北京大学捐资修建，若在平地仰视，"中国脊"伸展两翼，与百年燕园传承一脉；若是俯瞰，中间的透明球体像是旋转中的乒乓球。这些颇具特色的体育场馆既调动了广大师生参与体育的积极性，在校园内传播了体育文化，又向外展示了高校积极的精神风貌，提高了学校的知名度。

第二节　大学群众体育场馆使用的 SWOT 分析

改革开放以来，我国国民经济呈快速增长趋势，人们的生活水平不断提高，对健康也更加重视。为更好地进行新时期的社会主义建设，积极响应国家对全民健身的呼吁，我国体育消费人群迅速增多，但公共体育场地的建立却远远达不到体育消费人群的需求。于是高校体育场馆在满足师生教学及学校活动的基础上实行对外开放，响应国家政策的同时又提高了高校体育场馆的利用率。

SWOT 分析，包括分析优势（Strengths）、劣势（Weaknesses）、机遇（Opportunities）和挑战（Threats），是将企业内外部条件各方面内容进行综合和概括，进而分析组织的优劣势、面临的机会和挑战的一种方法。该方法自20 世纪 80 年代初由美国旧金山大学的管理学教授韦里克提出以来，在制定企业发展战略规划中被广泛应用，还经常被用于需要进行竞争对手分析的各个社会科学研究领域。本节中将使用 SWOT 分析方法对大学群众体育场馆的发展进行分析。

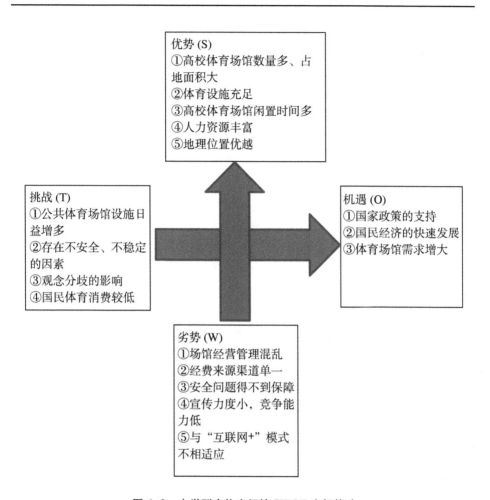

图 6-2 大学群众体育场馆 SWOT 坐标构建

一、大学群众体育场馆使用的优势

（一）高校体育场馆数量多、占地面积大

据资料显示，截至 2016 年 5 月 30 日，教育部公布的全国高等学校共计 2879 所。其中每所高校都有数量不等的体育场馆，充足的场馆对缓解我国国民的体育需求必定可以发挥巨大的作用。下面对我国某些"985 工程"院校的体育场馆数量及占地面积进行统计分析（见表 6-10）。

表 6-10　我国部分"985 工程"院校体育场馆数量及占地面积统计

地区	学校	体育场馆数量/个	占地面积/万平方米
吉林	吉林大学	131	23
黑龙江	哈尔滨工业大学	90	15
天津	南开大学	90	17
上海	华东师范大学	86	12
湖北	华中科技大学	127	21
湖北	武汉大学	161	16
甘肃	兰州大学	55	6.87

注：资料来源于各学校官网

　　由上表可以得知，我国部分"985 工程"院校的体育场馆数量都在 55 个以上，占地面积都在 5 万平方米以上。其中，吉林、天津、湖北等东部地区由于经济发展速度较快，体育场馆的占地面积较大；而处于西部地区的兰州大学，体育场馆占地面积相对来说较小。但总体来讲，高校体育场馆数量较多、占地面积较大，而且大都集中分布。据我国第六次全国体育场地普查资料显示，平均每万人拥有体育场地 12.45 个，人均体育场地面积 1.46 平方米。① 对高校体育场馆满足的居民数量进行分析（见表 6-11），可以反向推出我国体育场馆若是对外开放可以满足若干居民的体育需求。

表 6-11　高校体育场馆满足的国民人数

学校	吉林大学	哈尔滨工业大学	南开大学	华东师范大学	华中科技大学	武汉大学	兰州大学
占地面积/万平方米	23	15	17	12	21	16	6.87
满足人数/万人	15.75	10.27	11.64	8.22	14.38	10.96	4.71

注：资料来源于各学校官网

　　由于人均拥有场地面积为 1.46 平方米，可以知道高校体育场馆满足的人数。通过表 6-11 我们发现，吉林大学体育场馆的占地面积最大，达到了 23 万平方米，可以满足 15.75 万人的体育场地需求。而兰州大学体育场馆占地 6.87 万平方米，可以满足 4.71 万左右国民的体育场地需求。由于我国东西部

———————————

① 第六次全国体育场地普查数据公报 ［N］. 中国体育报，2014-12-26（003）.

经济发展不平衡，体育事业的发展也存在一定的差距，作为体育载体的体育场馆也存在东西分布不均的问题。兰州大学属于西部的甘肃地区，经济发展相对较落后，体育事业发展比东部慢，高校体育场馆面积小。吉林大学、华中科技大学体育场馆的占地面积都在 20 万平方米以上，基本上可以满足 14 万人的体育场地需求。总体来说，高校体育场馆数量多，占地面积大，要充分利用高校的场地资源，更好地为周边居民的体育需求服务。

（二）体育设施充足

王菁在《发达国家学校体育场地设施管理现状及对我国的启示》中客观分析了目前我国学校体育设施的现状，认为"在国家《全民健身计划》实施的推动下，学校体育设施种类丰富多彩，拥有了一定数量的高档次体育设施，但体育设施使用率不高，结构有待改善"。[①] 对于大多数高校来说，学校场馆每年的维修与保养需要消耗大量的资金，大多数高校体育场馆都处于经费紧张的状态。还要考虑学校设施的利用率，利用率过低会造成资源的闲置，利用率过高会造成设施的维修保养经济负担加重。目前我国社区的体育设施主要是单双杠、漫步器等，设施种类较为单一，设施仍存在"结构性不足"，无法缓解体育场地不足的压力。对于高校，人们谈及的都是它的教育价值，而很少谈及高校服务社会的功能，学校应在满足教学的基础之上，充分地利用、整合学校的各种资源向社会服务，为社会做出贡献。通过上文表 6-10 对某些"985 工程"院校体育场馆的数量统计情况来看，我国高校体育场馆的设施充足，在满足高校师生课程教学的基础上还可以满足周围群众的多样性体育需求。

由表 6-12 可以看出，我国高校球场数量多，而社区公共体育设施主要是一些简单的器材，没有足够的场地来进行球类运动。但因为球类是大部分群众所喜爱的运动，而社区却缺少此类场地，高校此类场地丰富且大部分时间处于闲置状态；再加上学校的周围往往都是居民区，他们在闲暇时期也较为方便来学校进行体育锻炼，所以高校体育场馆对外开放与促进全民健身具有可行性机制。

---

① 王菁. 发达国家学校体育场地设施管理现状及对我国的启示 [J]. 西安体育学院学报，2012 (1)：44.

表 6-12　大连理工大学、哈尔滨工业大学等"985 工程"院校体育场地数量统计

学校	大连理工大学	哈尔滨工业大学	湖南大学	武汉大学
三大球场数量	52	94	38	74
三小球场数量	78	104	60	151
其他	21	25	12	31

注：三大球主要是足球、篮球、排球；三小球主要是网球、羽毛球、乒乓球；资料来源于各学校官网

（三）高校体育场馆闲置时间多

我国大部分高校的体育课程都在工作日的上午 8 点到下午 6 点左右，而且清晨、晚上、节假日等大量时间体育场地处于闲置状态。如湖南大学的体育场馆大部分都是在工作日的晚上及周末的整天对外开放，而此时居民恰好有空余时间进行体育锻炼，既可满足学校的体育课程，又能促进全民健身计划的展开，有利于提高场馆的利用率。

（四）人力资源丰富

拥有充足的消费人群。1995 年 6 月 20 日国家颁布了《全民健身计划纲要》。《全民健身计划纲要》的颁布不仅可以提升国民素质、促进全民参与体育活动，更是借体育手段来推动国家政治、经济、文化建设，进而提升国家综合国力。《全民健身计划纲要》实施以来，越来越多的人认识到了健康的重要性，人们对体育的需求越来越强烈，通过体育来进行健身娱乐、减肥塑形、体育医疗等越来越受到大家的欢迎，人们开始培养体育锻炼的习惯。体育消费人群的猛增与我国公共场地不足的问题突出，解决这个问题一是靠增加我国国民的体育场馆，二是合理地分配、利用高校体育场馆资源。因此，我国高校拥有充足的体育消费人群。

高校专业的师资力量。高校专业的师资力量可以体现在两方面，一是高校的教练员、指导员都拥有丰富的教学知识和经验，会给大家专业的指导，避免因运动不规范而造成的运动损伤，促进大家科学地锻炼。另一方面，高校都有不同的体育设施，高校体育场馆指导员可以指导人们合理地利用体育设施，使人们达到促进身体健康最合理的强度。他们对高校体育场馆进行规划，通过学校场馆的面积大小和实施情况，来确定场馆可以满足的体育需求者的数量，使体育场馆的开放更加符合学校的现状。充分利用优质的体育师资人才，推动体育场馆对全民健身发挥出重要的作用。

（五）地理位置优越

从当前政府大力构建和谐社会的阶段性目标来看，高校与社区融合，高校体育场馆资源与社区体育资源共享，高校需要进一步开放学校场地，逐步形成一种以学校为中心的社区体育一体化发展模式。① 所以，高校周围都会有大量的健身意识较强的住户。另外还有以下几个方面的原因：一是大学周围超市、商场应有尽有，生活较为方便。二是可以享用图书馆、自习室、体育场地等一些对外开放的设施。三是居住在大学周围，可以感受高校的文化特色，提升自己的精神高度；再加上高校一般较为整洁，能给人们提供一个干净的锻炼环境。高校周围的居民就会因距离较近、整洁、较为方便等优势而选择进行锻炼。例如傍晚，许多阿姨都会聚集在高校空余场地上跳广场舞。若距离较远，她们将很难聚集在一起。高校正因为拥有距离优势，对外开放体育场馆，能为周围居民提供一个较好的进行锻炼的场所，从而激发了人们对运动健身的热情。

二、大学群众体育场馆使用的劣势

（一）场馆经营管理混乱

学校体育场馆遵循学校的秩序，满足学校的教学任务以及各种课外活动。但是大部分领导并没有投入太多的精力、物力、财力来对体育场馆进行管理。高校体育场馆大部分由国家投资兴建，具有公益性质。而随着近年来政府对体育场馆投入资金的减少，各体育场馆大都开始走"以场养场、以馆养馆"的自主化经营道路。总体来讲，我国高校体育场馆原有的管理模式主要有两种，即行政性管理和经营性管理。② 而目前不存在绝对的行政性管理模式，大部分体育场馆都采取了高校自主经营管理型，高校与体育公司、社区共同管理型，专业公司承包租赁经营管理型，委托经营管理型等模式。还有些体育场馆管理秩序杂乱无章，管理模式混乱，严重影响体育场馆的管理与使用。在我国部分高校中，高校领导对体育场馆对外开放政策并不支持。首先是由于安全问题责任主体没有保障；其次是社会人员在校园内流动会造成不必要的麻烦；最后是即使对外开放，收取的费用也不会太高，甚至无法补贴场馆设施的维修。受学校制度以及校领导态度的影响，高校体育场馆很难做到完全开放。

① 杨震，李艳翎. 我国高校体育场馆对社会开放的困境与优化策略 [J]. 北京体育大学学报，2013, 36（01）：91-96, 101.

② 顾冬梅. 高校体育场馆专业化管理模式探讨 [J]. 武汉体育学院学报，2005（04）：30-32.

（二）经费来源渠道单一

根据第五次全国体育场地普查数据显示，"九五"以来高校体育场馆资金来源中学校自筹资金的比例为49.2%，而"十五"前三年学校自筹资金的比例增加到58.8%，其中在2001年高校新增体育场馆的资金来源中学校自筹资金比例更是高达65.7%。由此可知，我国高校体育场馆的人员管理以及设施维修的经费大部分来源于学校自筹。据调查，我国部分高校体育场馆尤其是篮球馆、羽毛球馆、排球场等容易损坏、维修费用又较高的体育场馆是收取费用的。但由于高校体育场馆的公益性质，造成体育场馆通过运营收取的费用不足以支付场馆工作人员的劳务费及场馆设施的维修费用。因此学校场馆对外开放会导致学校需要源源不断地投入资金来维持场馆运营，所以高校对于体育场馆对外开放抱有消极的态度。

（三）安全问题得不到保障

安全问题是影响高校体育场馆对外开放的一个关键因素，社会人员良莠不齐，人员过多必定会带来各种问题。第一，会造成财产安全问题。涌入场馆的人群素质高低不齐，可能产生故意破坏设施及偷盗行为，造成体育课程无法正常进行。第二，在运动的过程中，若两人发生摩擦，产生口角、打斗现象，必会导致混乱局面。第三，运动时本来就极易受伤加之外来人员大多数动作不规范，更易导致受伤情况的发生。若锻炼时发生意外，责任主体不明确。第四，外来人员与学生因为使用场地发生矛盾，大量外来人员涌入会影响学生、教师对体育场馆的正常使用。第五，国家对于高校体育场馆的安全问题并没有详细的指导，高校不敢轻易开放体育场馆。以上五个安全方面的问题，使得我国高校体育场馆对外开放变得困难。

（四）宣传力度小，竞争能力低

市场营销既是一种职能，又是组织为了自身及利益相关者的利益而创造、沟通、传播和传递客户价值，为顾客、客户、合作伙伴以及整个社会带来经济价值的活动、过程和体系，主要是指营销人员针对市场开展经营活动、销售行为的过程。高校体育场馆也可以通过营销手段，吸引更多的人员，获取更多的经济效益。但目前大多数高校并没有对体育场馆进行营销，有的也仅仅是通过竖广告牌、发传单等单一形式。要采取与互联网相结合的方式进行网上营销，增加高校体育场馆的宣传力度，扩大影响面积，吸引更多的体育消费者来高校进行体育锻炼，提高高校体育场馆的竞争力。

（五）与"互联网+"模式不相适应

随着互联网时代的到来，大数据、云计算以及人工智能等现代化技术与体育场馆融合发展。记录入馆锻炼人员的信息，为全民健身提供科学的指导。在国家高度重视"美丽乡村""健康中国"建设的大背景下，我们要更加重视体育场馆的发展，充分挖掘体育场馆所带来的社会价值。通过运用手机 APP 的模式，完成体育场馆的查询、预定、缴费、评价等一系列步骤。若高校利用这个模式，必定可以解决体育场馆空闲，周围居民无法得知体育场馆开放时间，导致丧失锻炼热情的问题，使高校体育场馆更具信息化，提高场馆利用率，促进高校体育场馆为全民健身做出社会贡献。

三、大学群众体育场馆使用的机遇

（一）国家政策的支持

近年来，我国教育事业发展得如火如荼，教育重视德智体美劳全面发展。然而却有越来越多的学生出现体质下降、眼睛近视、弯腰驼背的现象，体育作为增强学生体质，促进身体健康的一种重要的手段，必定要发挥它的作用。而体育场馆作为不可或缺的促进体育发展的基础设施，是推进全民健身的重要载体。政策是国家分配或调整各种社会资源的调节器，它具有合法配置资源和导向功能作用。① 1990 年，国家颁布的《学校体育工作条例》和《普通高等学校体育教育专业场馆设施、器材配备目录》（试行草案）是指导学校体育工作的基本法规，体现了国家对体育的重视，不仅使我国体育工作有了法制的保障，确保我国体育正式进入法制化轨道，而且通过高校体育场馆的建设，让更多的大学生养成终身体育的观念。《全民健身计划纲要》在普及体育知识、提高人民群众的体育意识以及促进体育理论发展的同时，也对学校体育、群众体育实践的推广产生了深远的影响。国家颁布政策为高校体育场馆的发展提供保障，更好地保障本地区学生、教职工及周围居民进行体育锻炼，充分发挥高校体育场馆作为基础设施的作用。

（二）国民经济的快速发展

改革开放以来，我国实行对外开放政策，并且随着计划经济向市场经济的

---

① 孙成林，王健，高嵩. 新中国学校体育设施政策发展研究［J］. 北京体育大学学报，2014，37（05）：36-43，76.

转变，我国民营企业快速发展，极大地带动经济的提升。人们生活质量有了物质保障，思想也随之转变，更加注重身体健康，所以生活消费结构也发生变化，开始由过去注重吃饱穿暖到现在开始注重健康、外在形象的转变。如今，体育消费额度大幅上涨，体育场馆作为体育的基础设施被大量开发。体育消费人群的增多，使得公共体育场馆供应不足。在这样的背景下，高校应抓住机会，在满足基础教学的情况下，运用经营手段，通过对体育场馆进行对外开放，获取一定的经济效益来满足高校体育场馆工作人员的工资及日常的维修管理。

（三）体育场馆需求增大

现如今人们生活水平大幅提升，空余时间增多，越来越多的人选择通过体育锻炼来提高生活质量，走进健身房成为一种潮流，人们开始追求健康美，各种马甲线、人鱼线、腹肌、蜜桃臀等成为人们心中的身材标准。还有的人专门为了发泄、缓解压力、增强体力等踏进健身房。青年人需要有场馆来进行体育娱乐，中年人需要体育场馆进行减肥及释放压力，老年人需要体育场馆愉悦身心、保持健康。无论哪一年龄阶段对体育场馆都有需求，而有的居民可能受到距离、经费、时间等各种因素影响，无法去健身房进行锻炼，所以使得高校体育场馆的开放成为一种趋势。高校体育场馆多为政府出资建设，大多数露天体育场都不会收取费用，既能缓解居民的经费问题，又能满足他们的健身需求。

四、大学群众体育场馆使用的挑战

（一）公共体育场馆设施日益增多

第六次全国体育场地普查数据显示，2013年全国体育场地总数为169.46万个，比2003年增加了约84.45万个，增长率约为99.34%；总用地面积为39.82亿平方米，比2003年增加了17.32亿平方米，增长率为76.98%；总场地面积为19.92亿平方米，增加6.62亿平方米，增长率为49.77%。[①] 由以上数据可以得知从2003年到2013年的10年间，体育场馆增加数量较多，增长率达到99.34%，而高校体育场馆大都在2003年之前就已经修建完成。所以在这期间，公众体育场馆数量增长速度快，给高校场馆的运营带来了一定的压力。高校要通过各种方法提高体育场馆的知名度，吸引人们来此进行锻炼。

---

① 李国，孙庆祝. 新世纪以来我国体育场地发展变化的实证研究——基于第五次与第六次全国体育场地普查数据的统计分析 [J]. 西安体育学院学报，2016，33（02）：164-171.

（二）存在不安全、不稳定的因素

高校属于一个相对比较稳定的环境，对外开放后，人口流动量增大，外来人员情况复杂，素质良莠不齐，导致各种问题的出现。校园人员情况变得复杂，可能会造成师生人身安全以及财产安全问题的发生。大量社会人员涌入高校，给高校的环境卫生也带来了一定的压力。如随地乱丢饮料瓶，带宠物进校园、破坏公物等，最终会引发一系列的问题。大量使用体育场馆的设施也会产生磨损现象，若没有及时进行检查，可能会引发一系列后果。不仅影响正常的教学活动，还会引出不必要的麻烦。

（三）观念分歧的影响

大众对高校体育场馆对外开放的态度褒贬不一。一方面是校领导对体育场馆对外开放的态度。有一部分校领导对体育场馆管理较为严格，为避免产生不必要的麻烦，对高校体育场馆为社会服务的态度较为消极，难以使高校体育场馆发挥缓解公共体育场馆不足的作用。另一方面是大众对高校体育场馆有偿开放的态度。有的人认为高校由政府出资修建，具有公益性质，应无偿对外开放，不应收取费用；还有人认为，高校体育场馆收取一定的费用是应该的，毕竟高校还要对场馆进行一系列的维修与管理。由于受到传统观念的制约比较严重，使得高校体育场馆对外开放与运营增加了难度。

（四）国民体育消费较低

目前由于经济、国家政策等各方面的原因，使得体育消费人群增多，人们对于体育的消费水平有所提升。目前文教娱乐仍为我国的第四大支出，体育行业与其他行业相比，尤其是与娱乐业相比，人们的消费情愿程度、消费水平还比较低。为促进居民在体育行业的消费，2014 年下发《国务院关于加快发展体育产业促进体育消费的若干意见》，全民健身上升为国家战略，政府、社会、家庭、个人联动推动着全民健身真正覆盖全民，服务全民。2016 年，国家体育产业总产出为 19011.3 亿元，比 2015 年增长了 11.1%。我国绝大部分的消费者属于中下层人民，他们人数较多但消费水平有待提升，在体育事业上没有较多的关注，对体育锻炼投入的时间、资金相对不足，高校体育场馆也因此会受到一定的影响。

第三节　大学群众体育场馆的发展对策研究

一、培养专业体育场馆管理运营人员

我国体育事业正面临着更新换代，作为体育基础设施的体育场馆也要大踏步地赶上时代的发展。目前高校体育场馆的管理人员来源庞杂，大部分都缺少专业的运营管理知识，没有明确的职责，这些都是影响高校体育场馆开发运营的重要因素。所以要设立专业化的模式，要有专业的管理人才来管理高校体育场馆的使用与维修，以及专业的运营人才来进行高校体育场馆的对外开放，并定期对这些工作人员进行培训，做到与时俱进。这样一来，高校体育场馆的管理和运营就会更加专业、系统，可以缓解高校体育场馆之前的管理压力，使得高校体育场馆的各项工作变得井井有条。

二、制定相关政策，明确责任主体

高校体育场馆对外开放存在安全问题，主要有财产安全隐患、环境安全隐患、人身安全隐患等问题，进行运动时本就比较容易受伤，易发生意外，国家没有明确的政策对学校进行保障，所以只要受到损失，人们首先认为负有责任的便是学校，而学校有时候并不是造成事件发生的主体，也没有明确规定应由谁来承担责任，这给学校带来一定的压力，也导致校领导对高校体育场馆对外开放存在顾虑。因此，学校有必要制定出一套切实可行的安全方案，阐明责任主体，可以选择与体育消费者签订安全协议，确保安全问题的责任主体。或者建立保险机制，让进校锻炼人群购买安全保险，消除高校领导的顾虑，让高校体育场馆发挥最大化的功能与效益。

三、建立科学的运营机制

目前，大多数高校体育场馆运营机制混乱，造成高校体育场馆的服务效率低、场馆限制问题严重。在美国许多大学的体育场馆特别是 NCAA 一级高校中的很多体育场馆委托给专业的体育场馆运营公司管理，实施体育场馆的专业化运营与管理。[①] 我国应借鉴、学习美国大学的专业化运营模式，在我国高校设立专门的场馆运营与管理部门，推动场馆的专业化运营。

---

① 刘晶，陈元欣. 高校体育场馆供给现状、特点及其发展趋势 [J]. 武汉体育学院学报，2010，44（10）：24-28.

高校要找到自身场馆的优点，结合外部政策、经济等建立科学的运营机制，推出具有高校体育特色的运营模式。各个高校的体育场馆的文化背景、周围环境、地理位置、规模大小等都有所不同，所以学校体育场馆的运营要根据学校的实际情况做出合适的决定。比如处于市中心与处于郊区的高校要选择不同的运营模式；场馆的规模大小不同，容纳的人口数量也会存在差异，也应选择不同的运营机制。高校体育场馆首先要有明确的定位，然后在日后发展中逐渐找到最适合自己的运行模式。

四、定期调整收费标准

高校体育场馆对外开放存在一定的收费行为，运营者要定期进行调查研究在某一时期的收费情况是否合理。高校体育场馆对外开放一般存在三种形式：第一种是校内外统一标价；第二种是校内师生统一价格，校外人员稍贵一些；第三种是学生、教职工、校外人员收费情况依次呈递增趋势。若进行统一收费，价格过低，学生有能力支付，但会导致进入场馆人数较多，物品损坏严重，不利于高校体育场馆的发展；若收费过高，学生没有能力支付，就违背了高校修建体育场馆的初衷。所以，只有分层收费最为合理。学校在规定场馆使用收取费用时，应首先考虑收费的标准在政府允许的范围内。并且尽量制定比较合理的价格，避免因价格制定不当而引起高校体育场馆的浪费和闲置，这就要求运营人员定期进行民意调查以及市场供需研究等，通过定期调整场馆的收费标准，促使高校体育场馆更好地运行。

五、塑造场馆文化氛围

高校体育场馆文化概念，从广义上讲是指由高校体育场馆广大员工和顾客共同创造具有高校体育场馆活动特色的物质和精神文化的过程及其结果。从狭义上讲是指高校体育场馆广大员工和顾客共同创造具有高校体育场馆活动特色的道德规范、形态意识等精神文化的过程及其结果。[①] 对于体育场馆，应塑造具有运动精神的外部环境。如在体育场馆外建造对本学校影响很深或者从本学校走出去的运动冠军塑像，在体育场馆周围修建体育文化主题公园，修建一些其他的室外场地等。对体育场馆周围的环境进行塑造，不仅使得场馆更为美观和系统，而且对高校体育文化的传播具有促进作用，更好地吸引校内外人员来进行体育锻炼。对于体育场馆的内部环境，可以张贴本校培养的运动冠军的壁

---

① 陈启湖. 我国高校体育场馆文化建设刍议 [C] //体育文化遗产论文集. 北京：中国体育科学学会，2014：6.

画，在墙上画一些篮球、足球、体操等运动场景，把体育场馆内部设计得具有现代艺术气息，人们在进行体育锻炼增强体质的同时，也可以获得精神上的愉悦。通过对高校体育场馆外部和内部的塑造，使得体育场馆的文化氛围变得更加浓厚，吸引体育消费人群，促进体育文化传播，为高校体育场馆未来的发展铺垫道路。

六、吸引人群，刺激体育消费

大多数高校都有体育场馆，但如果不对场馆进行宣传，大家都不知道场馆对外开放的情况，也会造成场馆闲置、资源浪费。因此，通过各种方式对高校场馆进行宣传，吸引更多的体育消费人群，不仅增加了场馆的资金收入，又满足了消费人群的体育需求。高校体育场馆因具有公益性质，管理人员也大都不是专业人士，对于体育场馆的运营并不放在心上，而是顺其自然。高校体育场馆可以通过举办赛事、活动来提高知名度，或者将高校体育场馆资源与学校文化理念相结合，建立学校自身的场馆文化品牌，提高高校体育场馆的知名度，吸引体育消费人群，有助于高校体育场馆资源的社会共享。

七、增加高校体育场馆的经费来源渠道

对于高校体育场馆的经费来讲，虽然目前政府还会给予一定的补贴，但是随着时代的发展，高校体育场馆的升级，政府补贴的减少，政府发放的资金早已不够高校体育场馆的日常运行，体育场馆不得不走上市场化发展的道路，通过市场化道路谋求场馆未来更好的发展。但由于大多数高校仅仅只是对外开放体育场馆来获取一点点收益，甚至连场馆基本的维修保养费都支付不起。再加上高校体育场馆的功能主要是为了教学，为学生和老师提供服务，这种服务主体的单一性限制了高校体育场馆经费的来源渠道。在这样的情势下，增加体育场馆的经费来源渠道十分有必要。一方面，可以通过举办比赛、出租场地、出售饮料、药品、服装等来提高体育场馆的知名度，增加人流量。另一方面，可以让出部分股权，有助于场馆日后的运营，加大场馆的开发力度，使高校体育场馆的对外开放呈多元化趋势，增加场馆经费的来源渠道。

八、结合互联网优势，进行场馆运营

随着时代的发展，互联网已经融入我们生活的方方面面。高校体育场馆与"互联网+"模式相结合，利用互联网平台，将高校体育场馆进行升级，促进场馆的市场化发展。开发高校体育场馆的手机 APP，实现高校体育场馆的查询、预定、缴费、评价等功能的一体化发展，为大众提供方便快捷的锻炼模

式。我国现已迎来了 5G 时代，将 5G 技术融入体育场馆中，进行现代化建设。国家体育场"鸟巢"、国家游泳中心"水立方"、国家速滑馆"冰丝带"三大北京冬奥场馆将引入 5G 技术打造冬奥智慧场馆，在通信网络建设、智慧场馆建设等领域开展深入合作。我国高校也可以借鉴联合 5G 技术的发展模式，为消费者提供更加便利、智能化的服务，让高校场馆更加高效地管理运营。

第七章　国外一流大学群众体育比较与借鉴

　　不同的文化塑造着不同的民族性格，不同的文化思想引导着不同的生活方式，不同的体育价值观也决定着体育事业的发展。① 体育在不同时代与民族发展中做出不同的应答。在当代飞速发展的社会中，我国高校体育发展取得了骄人的进步，高校体育指导思想在不断前进，高校体育课程日渐丰富，体育场馆设施日益健全，管理运作体系逐步规范成熟。但与世界一流大学相比，与占据高等教育金字塔顶端的西方发达国家相比，我国的高校群众体育教育的发展仍有不足。西方发达国家的一流大学体育发展的成功经验对我国学校体育的发展具有指导作用。在范德拉夫所主持的《学术权力——七国高等教育管理体制比较》研究中，② 研究者提出当今大学的三种模式：以德国为代表的欧洲大陆模式、英国模式、美国模式。德国是现代大学的诞生地，有着悠久的大学发展史，在高校群众体育中具有极强的原生代表性。此外，德国高校大众群体参与体育活动现象极为普遍，高校群众健身体育为社会群众体育服务，对我国高校群众体育的发展研究具有借鉴作用。英国现代大学的起步仅次于德国，高等教育的发展紧追并赶超其他大国，成为现代拥有世界一流高等教育的大国。在高校群众体育发展中也以"牛剑赛艇之争"闻名世界。美国的高等教育相对起步较晚，但随着美国的崛起及其经济的发展，美国的高等教育早已步入世界一流水平，而其高校群众体育的发展更是随着其竞技体育的发展而完善，塑造了极具竞争意识的高校群众体育体系。从世界高等教育学术排名来看，美国、英国、德国是当之无愧的教育发达国家，其大学体育的发展均各有特色，譬如美国大学体育的"业余主义"、英国大学体育的"绅士风度"等。本章中以英、美、德三国为考察对象对大学体育进行比较分析，以期为建设我国大学群众体育提供参考和借鉴。

---

　　① 于可红，张俏. 世界一流大学与体育文化互动发展研究 [M]. 杭州：浙江大学出版社，2015：171.

　　② ［加］约翰·范德拉夫，等. 学术权力——七国高等教育管理体制比较 [M]. 王承绪，张维平，徐辉，等，译. 杭州：浙江教育出版社，2001.

第一节　德国大学体育发展及启示

一、德国大学体育发展概述

纵观欧美教育史，可以发现从中世纪至 18 世纪，德国的高等教育虽不是一直遥遥领先于英国、法国、美国等国家，但是德国柏林洪堡大学的建立却是欧美教育史上第一所现代意义的大学，在后期大学教育的发展中更是后来居上，成为最先实现大学现代化的国家。德国的现代高等教育改革对世界上其他国家的教育体系产生了深远的影响。谈及体育，德国也是体育最早萌芽的国家，早在 18 世纪德国体操便被其他多国仿效学习，19 世纪的德国体操更是被美、英等国家借鉴学习。德国人民一致认为，在竞技体育中他们并不是世界冠军，但在群众体育中他们一定是世界冠军。德国的体育可分为竞技体育、学校体育与群众体育三部分，其中群众体育重点发展，学校体育为群众服务，竞技体育自主加强。在这样的体育发展大背景下，德国高校体育逐步实现竞技体育向群众体育的转换，高校群众体育体系构建稳固的体系架构，实现高校群众体育的稳步发展，促进德国群众体育的发展。但德国高校群众体育的发展并非横空出世，而是在德国体育的改革发展中逐渐孵化的。随着德国的多重变革，德国的体育发展也经历了多个时期的转变。

（一）宗教改革时期至 1871 年：体操时代

宗教改革时期至 1871 年，德国体育是一种"体操卫国"的体育，在当时的宗教改革背景下，"泛爱教育"成为德国教育的主要思想，这一时期以体操为中心的体育战略服务于国家崛起，强调通过体操达到身体教育的目的，人们参与体操运动，首先要服从国家利益，而不是个人需要。[①] 而这一时期的学校教育均以体操作为主要的体育课程设置，体操成为学校体育课程的固化内容，无论是德国由福禄培尔建立的幼儿教育，还是在裴斯泰洛奇等教育学家改革思想影响下的初等教育、师范类院校还是文科中学与实科中学构成的中等教育都以不同形式的体操作为课堂内容。当时崇尚"教学自由""学习自由"的德国高等学校更是将体操作为国家培养护国人才的方式。1811 年，路德维希·杨在柏林的哈森海德开办了体操场，通过体操激发民众对祖国的热爱和对入侵者

---

① Becker, Christian. German sports, doping, and politics: A history of performance enhancement [M]. Rowan & Little field Publishers, 2015: 23-42.

的憎恨。1817 年，古茨姆兹出版《祖国青少年体操》，把体育目标从单纯的"教育体操"转变为"为培养祖国的卫士做准备"。[①] 1842 年，施皮斯为学校设计了革新性的体操方案并广泛推广，该方案包括身体控制、纪律和秩序等，塑造了德国体操的军事教育风格，确立了体操作为国家大众化身体教育的形式。[②] 这一时期的德国大学体育以体操为主，虽然在教育中提倡以儿童为中心，以博爱为教育思想，提倡教育要以遵循自然生长为原则，但是在体育的发展中，坚持以通过体操教育的形式可以促进学生强身健体的方式；还作为"公民教育"的一种实践方式，同时在当时强调体操对爱国主义的塑造，以期培养出自由自信的、具有高尚爱国情操和鲜明民族精神的社会公民。

（二）1872—1932 年：军事健身齐头并进

1872—1932 年，德国大学体育经历了体育改革发展期，军事体育、健身体育齐头并进。1871 年德意志帝国成立，德国开始实行君主立宪制度，中央集权制主义逐渐兴起，促使国家开始实行改革，试图通过战争振兴德国。在这期间，德国政治发生了重大转变，德国体育、教育的发展响应着国家的改革，服务国家的需求。社会以及国家教育都逐步实现军事化的发展，学校体育军事化的元素逐渐增多，学校体育的目标转变成为国家培养健康、适合战斗的公民。首先，学校体育的发展开始强调军事体育人才的培养。譬如，柏林的军官总校改为帝国军官总校，整个教学进程参照军事体育实施，通过体育强化帝国的军事实践训练。军事体育的发展使德国的军校成为当时世界上最好的军事学校。[③] 除了学校培养目标上的变化，国家层面上也颁布了相应的政策文件支撑学校体育的军事化，1882 年德国颁布的《果斯列尔游戏训令》鼓励大众积极参与户外活动，并将户外活动和竞技体育作为培养群众军事素养、民族精神的手段，同时不断增加学生的体育课程时间。以军事人才培养为目的的大学体育在此阶段得到了全面发展。尤其是在 20 世纪初，一方面培养学校军事体育为国而战，另一方面德国也注意到了群众体育的发展。在德国健身计划实行的时候，德国"自然体操"也应运而生，"自然体操"注重的是学生身心素质的发展，注重学生的差异化培养。1913 年德国颁布了"德国体育奖章"制度，对体育达标的公民颁布金牌、银牌、铜牌等不同的奖牌，激励公民积极参与到体

---

① 刘志民，陈红玲. 对德国竞技体育强国之道的再研究 [J]. 南京体育学院学报（社会科学版），2016（2）：8-13.

② 朱庭光. 法西斯体制研究 [M]. 上海：上海人民出版社，1995：245.

③ Ronald B，Woods. Social issues in sport [M]. Gainesville，Florida：University of South Florida Press，2001：30.

育活动中来，极大地增强了国民的体育意识。1917 年"德意志帝国体育委员会"成立，该组织为 20 世纪德国体育的发展做出了突出贡献。1918 年德国在第一次世界大战中的失利以及不平等条约《凡尔赛和约》的签订，让德国在战争中损失惨重，失去了 13% 的国土和 12% 的人口，武装被解除，陆军被控制在 10 万人以下，且不准拥有空军。[①] 1919 年，现代奥林匹克之父顾拜旦便提出有必要将体育这个娱乐方式推广到更多的年轻工人的生活中去，而不是让它成为有钱人以及小资产阶级的习惯性娱乐方式。每个人都应该有机会体验所有的体育项目，"Sport for All"成为乌托邦式的理念。自此欧美各国便开始了全民健身计划的实施。在这样的社会背景下，德国开始从全民健康方面进行改革，在 1920 年提出了"黄金计划"，这项庞大的计划涉及体育场地的面积、规格、要求等方面，在当时可谓十分超前，这项计划的实施极大地促进了德国群众体育的发展，为后期两德统一后的"黄金计划"打好了基础，同时各大高等院校也积极响应"黄金计划"的实施。该阶段的德国大学体育的发展紧跟国家政策的变化，为国家需求服务，军事体育化与健身计划协同前进，大学体育课程兼顾军事与健身锻炼等多方面，体育课程不再以单纯的体操为主，而是引进英美的各种户外娱乐活动在课堂上开展，体育课堂内容丰富多彩，体育活动项目众多。体育管理机制上开始出现国家级体育委员会。

（三）1933—1944 年：军事体育政治工具

1933—1944 年纳粹时期体育发展呈现军事化、种族化。纳粹时期，学校体育沦为法西斯暴政统治下的强权强政军事化的政治工具。希特勒想通过体育活动培养具有强烈主动性、主人气概、不胆怯的青年，以此来体现种族优越感，实现政治上的目标。在他们身上既不允许有软弱，也不允许有温和，要从他们的脸上看出骄傲的神色和猛兽般的狂野，要让全世界在这代青年的面前倒退。[②] 该阶段的德国学校教育以身体训练为首位，反对传授一切"无用的"科学知识；在学校体育课程中，体育课程增加至每周 4~5 节，体育课程的内容除了以往的体操、田径、篮球等项目课程，还增加了军事训练课程，学校体育变成军事体育的重要组成部分；在群众体育中，通过"全民健身"的形式鼓励公民积极参与到体育锻炼中，其中年龄小于 45 周岁的人需要通过"体育标准"测试才能成为一名合格的公民。总之，该阶段的德国体育无论是群众体

---

① 刘波. 德国体育政策的演进及启示 [J]. 上海体育学院学报，2014（1）：1-7.

② Pierre A，Jim R. Sport and international politics：Impact of fascism and communism on sport [M]. London：R outledge，1998：16-33.

育还是学校体育均沦为法西斯政治强权和军事统治的工具，从内至外彰显着法西斯政权的意图，在一定程度上增强了公民的体质，但阻碍了德国学校体育的多样化发展，中断了德国早期群众体育"黄金计划"的实施，阻碍了群众体育的发展；大学体育中的体育活动项目也以军事训练项目为主，大学体育中的群众体育发展军事化、政治化倾向严重。

（四）1945—1990 年：竞技、大众体育协同并进

1945 年第二次世界大战结束后德国分为民主德国和联邦德国，民主德国与联邦德国的体育发展方向各不相同。在 20 世纪后期，民主德国的体育整体以竞技体育为主，学校体育为竞技体育服务，大众体育都为竞技体育让位。在经费投入中，民主德国为其竞技体育斥巨资，投入大量经费。以 1988 年为例，民主德国全年体育经费为 15 亿德国马克（约合 75 亿元），占当年民主德国国民收入的 0.56%。这其中有 40% 直接分配给竞技体育，其余 60% 在名义上分配给大众体育，但实际上有很多用在支持青少年体育运动上，也在间接为竞技体育服务。[①] 在群众体育的发展中，民主德国起初并非一味追求竞技体育成绩，而是十分注重群众体育的发展，到 1968 年，民主德国开始独立组队参加运动会，为在奥运会中展示出领先世界的综合体育能力，所有体育活动均变成"为奥运而战"的铺垫，大力开展竞技体育，因此该阶段的体育无论是学校体育还是大众体育均强调竞技体育的开展。这个时期的民主德国学校只是由政府、政党决定和控制的整个身体教育、体育运动体系中的一部分。[②] 而民主德国的体育体系中的最高级管理中心是中央竞技体育委员会，中央竞技体育委员会分管着体育科研和场馆建设、学校体育（与竞技体育相关的选材）、警察和军队体育等部门，同时负责领导民主德国体育联合会，也就是同时负责着体育俱乐部、行业体育协会等相关大众体育中心的责任部门，因此该阶段的民主德国学校体育以竞技为中心，为奥运而战，与当今我国的"举国体制"十分类似。

然而，联邦德国体育截然相反，联邦德国的体育发展战略以大众体育为主，竞技体育自由发展。第二次世界大战后联邦德国迅速恢复了群众体育的发展，继续实行"黄金计划"，促进大众体育的发展；不仅如此，该阶段联邦德国还开始推行了"体育的第二种形式"（1959 德国体育联合会推行）与"锻炼活动"（1970 年开始）等两项全国健身计划，推动联邦德国体育发展中心由

① Reichelt F. Das System des Leistungs sport in der DDR [M]. Marburg：Tectum Verlag, 2006：52.
② 刘波. 德国体育政策的演进及启示 [J]. 上海体育学院学报, 2014, 38（01）：1-7, 30.

竞技体育向群众体育转化。在联邦德国的体育管理体制中，联邦德国最高层的管理组织是德国体育联合会，德国体育联合会直接领导下属机构和组织（如特殊体育协会、教育与学术协会、全国性质的单项体育协会以及各联邦州的体育联合会等），下属机构与组织又通过分管各级各层面的协会实现与基层俱乐部组织挂钩，从而将联邦德国的俱乐部体制协调统一起来。在联邦德国，即便是竞技体育也是以俱乐部体制为基础的管理模式，因此联邦德国群众体育取得了较好的发展。在学校体育中，中小学体育采用体育必修与辅修相结合的形式，促进学生身心健康和体育课程内容的开展，除此之外，德国中小学学校的课外体育俱乐部活动，以某些趣味项目为教学内容，学生可根据自己的情况选择感兴趣的项目进行学习，德国大学体育不再开设体育课程，而是将课后俱乐部与大众体育联系起来。学校中的体育活动以锻炼计划的形式进行，为此1956年德国体育联合会、各联邦州文化部和地区体育联合会共同签署发布了"促进学校中的身体教育计划"，并于1972年和1985年又分别出台了"学校中的锻炼计划"和"第二次学校锻炼计划"，以期通过若干计划的提出督促各州级学校根据州教育部计划拟定科学的锻炼计划。

（五）1990年至今：人本体育重在参与

1990年两德统一后，民主德国的竞技体育中心的发展战略伴随着苏联的解体而被淘汰，联邦德国的大众体育继续被延续，大众体育重点发展，竞技体育与学校体育自主性加强，俱乐部管理体制发展得更为健全。在大众体育发展过程中，德国除继续实现"黄金计划"外，于1999年实行"东部黄金计划"，2000年颁布《德国体育指南》《联合声明》等文件，又于2002年开展大规模的全面健身活动"体育使德国更好"，这些政策并没有刻意追求竞技成绩，而是为培养全民健康生活方式，着眼于大众从体育中获得幸福与快乐。在这种大众体育发展的背景下，德国的中小学校体育自主性很强，中小学的教学大纲均由各联邦州政府自己制定，且通过与校外俱乐部合作的形式加强学生的课外锻炼，同时对德国的中小学体育老师要求非常严格，他们必须掌握除体育外的另外一门专业并拥有任教资格才能成为体育教师。这样高质量的中小学体育发展使得德国这一时期的大学体育发展自由度更高，自主性更强。除此之外，该阶段德国俱乐部体制更加完善，2006年5月，德国最高组织机构的体育联合会即德国奥林匹克体育联合会成立，成立后各类体育俱乐部均直接或间接地接受其管理。这一行为促进了俱乐部体制的健全发展，同时也影响了现今德国大学体育的发展。

二、德国大学群众体育现状

（一）核心理念

在浓厚的"以人为本"的大众体育社会氛围的影响下，德国该阶段的大学体育的核心理念与德国奥林匹克体育联合会提出的"大众体育发展是为了通过体育活动，为公民提供健康的生活方式，提高人民的幸福感"有共通之处。德国大学体育的发展始终关注着人们的健康问题，希望通过学生学习之余的体育活动为学生提供健康的生活方式，期望锻炼者能够形成稳定的、健康的体育生活模式，提高工作、学习效率，最终实现生活质量的提高。德国大学体育的宗旨是满足本校学生和教职工各种不同的愿望和要求，通过运动的方式去寻求乐趣和调节情感，提高生活的质量。德国的大众体育已经形成一种德国文化，这种大众体育生活方式在他们心中是"自然而然"的生活习惯。德国大学"以人为本"的大学体育核心理念，体现在他们对体育的认知中，德国大学体育的教育目标首先是让学生学会进行与自己能力相吻合的创造性运动并提高这种能力；其次是通过体育运动的方式带动身体运动，增强体质；再次是使学生喜爱体育运动，掌握有关的体育知识并通过身体活动掌握运动和游戏进行的方法；最后是期望学生将体育课中学到的东西应用到校外，无论以后在哪里，在干什么，都能积极地参与体育锻炼，保持身心健康和精力充沛，通过运动排解负面情绪，使学生在面对事情的时候能保持积极乐观的心态，为适应繁重复杂的社会工作做准备。

（二）体育计划开展

在大学体育课程方面，德国现代大学体育与我国有着显著差异，德国大学体育计划是以项目为单位，以学校统一规定的时间段为标准，根据学校开设的学期时间（夏季：4—7月；冬季：10—2月）与假期时间（冬季：2—4月；夏季7—10月）分别规划了学期锻炼计划以及假期锻炼计划，同时根据季节规律性为学生开展不同的运动项目。在运动项目方面，德国大学体育科学研究所根据人体发展规律和健康锻炼原理等，将学校体育划分成竞技类、闲暇类、格斗类、健身类等四种类型，不同类别项目下的数量不同，共设置了篮球、排球、足球、田径、体操、游泳、自行车、赛艇等近六十个运动项目。不同的项目由学校体育教师与校外指导教练共同合作完成。在体育教师方面，德国大学实行的是与校外俱乐部合作办学的形式，德国大学的体育科学研究所一般在职的教职工并不多，有些学校仅十位左右，学校体育教师的职责主要是负责制定每学年的体育锻炼计划，科学指导学校体育活动，保证学校体育活动的正常运行。而项目教练往往是外聘俱乐部中拥有国家教师资格证的体育职业教师，他们负责学生具体运动项目的开展事宜，与我国上不同公共体育课程的体育教师职位相同。德国大学体育锻炼计划的特点，除了每年都开展假期锻炼计划与拥有丰富多样的运动项目之外，还有一个独特之处——校园体育文化氛围。德国大学体育课程与我国体育课程不同，他们的体育活动主要集中在17：00—22：00，不强制参加，自主选择性极强，且不限制参与对象，参与对象可以是教职工也可以是学生。学校每学期会根据"学校体育计划"制定相应手册，手册内容简洁明了，对每个项目都有简单的介绍，其中包括训练时间、训练地点、收费标准、注意事项等等。"学校体育计划"手册在图书馆、教学楼、体育馆、训练场等地方均有分发与摆列的地方，方便学生与教职工等想参与到体育计划中的锻炼者获取。

（三）体育管理机制

在德国的大学中一般不设置体育院系，而是以研究院的形式存在，被称为大学体育研究所，相当于国内的体育系或者体育学院。德国大学体育研究所一般分为体育专业教学、体育科学研究、学校体育训练三大块，其中体育专业教学是针对体育专业硕士的课程，体育科学研究是研究所体育教职工对学术水平的研究，一般会有具体的论文发表等要求，而学校体育训练则是满足全校的学生与教职工的一种体育活动。德国大学体育研究所实行所长负责制，研究所中有所长、副所长、行政人员、学术代表人员、教研组人员等；研究所的主要职责是：理念策略研究，行政管理以及机构、委员会的管理和运作。[①] 不同的职责由不同的部门负责，理念策略研究主要集中在指导思想、教育、运动健康、体育发展、体育理论等学术层面的研究，由学术部负责。行政管理主要是管理部门与管理各部门的负责人，具体包括大学体育锻炼部门、考试与教务部门（主要为体育专业教学服务）、场馆部门、电脑与媒体互联网以及图书馆等部门，而管理人主要是管理各部门的技术与领导成员等等。管理层是大学体育中的一张关系网，通过管理将各部分连接成为一个整体，是德国大学体育中重要的组成部分。其具体师资情况，以斯图加特大学体育科学研究所为例：共有24人，其中教师15人、秘书4人、管理人员5人。

德国的大学体育训练与本书提及的大学群众体育最为相似，对我国大学群众体育的发展具有指导意义，故在此对其大学体育训练的管理机制做详细的介

① 王海源. 对德国大学体育的认知与探究 [J]. 体育学刊，2004（03）：139-141.

绍。德国大学体育训练开展的目的是为满足全校师生以及管理人员体育锻炼的需求与愿望。大学体育训练由体育科学研究所制定每学期的学校体育计划，计划中详细地介绍了学校体育训练的项目、内容、时间、收费情况、地点和指导训练的教师情况。同时，体育科学研究所委派几名教师负责体育训练管理组织等全部事项。人事部门与管理部门负责招聘具有国家持教资格的校外体育教员，如有参与锻炼者反馈教员教得不好，研究所所长有权直接解聘教员，这样提高了教员的持教压力，保证了锻炼者所享受的锻炼服务的质量。其次，从参与对象来说，只要是对体育训练的项目感兴趣、想学习的锻炼者均可参与进来，无年龄和身份的限制，选择也充分体现了自主性，锻炼者可以根据自己的情况选择适合自己的项目；对于具体的锻炼时间与运动项目的开展，不同的学校情况不同，由科学研究所根据场地设施、锻炼经费、师资力量等多种因素决定。

（四）体育场地设施

德国大学体育场馆实行的校内外结合的形式，大学中体育场馆对所有锻炼者均开放，除此以外，当学校中的体育项目需要用到校外场馆时，各体育协会和体育俱乐部的场地在上课日的上午免费向学校开放，私人机构的体育场馆也要向学校开放，由政府支付租金。① 这在一定程度上归功于政府为提倡大众体育鼓励资源共享，并为此设置了减税免税的相关政策，从而极大程度上推动了"校""部""政"三方合作，为提高德国公民健康生活水平做出了努力。由于德国致力于推动大众体育的发展，并将体育场馆设施视为推动大众体育发展的基础，所以早在1920年"黄金计划"时便大力兴建体育场馆，后期虽经历了纳粹时期、第二次世界大战等，德国也并未在体育设施的建设上有所懈怠。德国的体育设施一般围绕学校而建，大部分体育场馆均分布在大、中、小学附近或者学校里，但对所有锻炼者开放，极大程度上实现了资源共享。德国大学中的体育场馆设施十分齐全，管理严格，场馆中的器材设施除了在体育专业教学中使用，更多的是在学期体育训练与假期体育训练中被锻炼者所使用。就场馆管理人员而言，场馆中会匹配若干名懂专业维修技术的管理人员负责大学体育场馆的日常管理，其中就包括开闭馆、维修器材设备、配合教师上课等事务。在经费方面，德国大学体育研究所每年会获得大学提供的5万欧元的体育维修费，这些维修费中大部分就是用于场馆器材设施的维修。此外，德国大学

---

① 段琼. 德国学校体育发展的创新模式及其启示［J］. 体育文化导刊，2015（10）：167-170，193.

体育场地设施还有一处别样的特点——操作性强，体育场馆中布置着便捷、可组装与拆卸的体育器材，这样便捷的器材与智能化的场馆设施相匹配使得锻炼者在体育训练中提升身体素质的同时，也熟练地掌握或了解了各种运动器械的性能与装配，更加体现出了体育的教育性与生活性，使锻炼者的操作技能得到锻炼，并在潜移默化中让体育更好地融入到锻炼者的日常生活中。便捷与智能的体育设施的使用不仅提高了锻炼者的操作技能，而且在场馆的高效运转中发挥了重要的作用，比如大型体育馆中的自动帷幕，就可以提高场地的利用率，降下帷幕时一块大场地就可划分为三个项目训练场地，而且操作便捷，使用方便。同时还利用不同的颜色划分不同项目的场地以满足各项目对场地的需求，比如黑色代表篮球场地，绿色代表羽毛球场地，等等。总而言之，德国大学的体育场馆十分简洁，但设备应有尽有，十分齐全。由于德国冬季较漫长，室外场地长期被大雪覆盖，因此德国大学中的室内场馆相对较多，数量远远超过室外场地。总之，德国大学体育场馆设施配置质量高，环境优美，使用率高，可操作性强，管理严格。

三、德国大学群众体育发展经验与启示

（一）体育文化：全民健身，全员参与

德国的大学没有专门的体育课程，他们更多是以与校外俱乐部合作实行"体育锻炼计划"和参与校外体育俱乐部来实现"体育活动自由"，简言之，德国大学的体育文化与社会体育文化是紧密联系的，大学体育文化只是社会体育文化的一个缩影，这与我国体育文化的发展是完全不同的。因此，对德国大学体育文化的分析实则是对德国体育文化的分析。德国的发展历史复杂多样，经历了跌宕起伏的多个阶段，不同阶段的特点与矛盾都以不同的形式表现在体育的发展过程中，影响着体育文化的形成与传承。

德国是世界群众体育开展最好的国家之一，体育早已成为德国国民生活不可或缺的一部分。在德国，随时随处可见德国不同年龄段的男女民众跑步、骑车、轮滑、踢足球、泛舟的身影。[①] 德国作为一个体育大国，一个群众体育起源的大国，国家的群众体育文化浓厚，历史源远流长，值得我国分析借鉴。德国大学群众体育的发展经历了体操时代、健身体育兴起、军事体育、竞技与大众体育协同发展、人本体育五个阶段，无论是在早期的体操时代，还是现在的

---

① 鲁毅. 德国体育管理体制及其对我国体育发展的启示 [J]. 广州体育学院学报，2016，36（04）：1-4.

人本体育时代，德国体育的发展一直是以全体人民为对象，目的是为了整个国家民众身体素质的整体提高。即使是在体操发展的阶段中，也蕴含着大众体育文化的影子。在德国体操盛行的时代，体操成为德国群众主要的身体活动，活动对象是全体人民，而非部分人民，Gymnastic 体操起初就是强调通过身体训练和教育，培养市民勇敢、纪律、苦行和忍耐的美德，在精神、身体、个性等方面培养德国公民。在路德维希·杨、古茨姆兹、艾瑟勒和斯皮兹等学者们的不断改进中演变成的 Turnen 体操，其目的也转变成在博爱主义教育背景下通过身体训练教育、培养热爱和保卫祖国的市民。虽然该时期的德国体育的形式有限，但强调的仍是所有人都参与到身体训练中成为合格的市民，成为可以保卫祖国的健壮的市民，强调的仍然是全民健身、全民运动。当时的学校教育亦是如此，学校教育通过体操课程锻炼学生的身体素质，期望通过体操锻炼的形式为建立统一、强大的德国培养出身体强壮、自由、自信的具有强大自我意识的德国公民。而德国当时大学体育的发展既不是单纯地从教育的角度，也不是为身体教育建立体系，而是将体操作为国家和大众化的身体教育形式建立与推行。德国启动"黄金计划"后，开始建设大量的基础体育设施，积极营造群众体育的社会氛围，并通过财政政策、税收政策等在经济政策上使每位公民都有机会参与到体育活动中，使每位公民都可以根据自己的兴趣和能力找到适合自己的体育活动项目。其后，德国的体育发展虽然经历了纳粹时期的军事体育，以及民主德国时期的竞技体育唯上的举国体制，在大众体育发展的道路中蜿蜒前行了一段路程。但在与民主德国同时期的联邦德国仍坚持以大众体育发展为主、学校体育与竞技体育自由发展的体育政策。大众体育是增强身体健康、提高生活质量、培养合格公民的基础，而学校体育、竞技体育等其他体育均是大众体育的衍生物，都依托于大众体育的发展而发展。联邦德国时期"黄金计划"的继续实行使得德国大众体育得到空前的发展，大众体育的文化已成为德国公民的一种习得性的文化。此时的大学体育文化与社会体育文化是融为一体的，大学体育文化即大众体育文化，强调为所有有锻炼意愿的人提供体育锻炼的机会，往往以人为本，实现培养个人到服务社会的转变。在这样的社会体育文化背景下，体育的第二种形式"锻炼活动""人人受益计划""东部黄金计划""体育使德国更好"等以全民健身（Sport for All）为主题的系列活动相继实施，为家庭、学校、社会提供体育服务，组织形成以家庭为核心，以学校为辅助的大众体育活动，使体育家庭化、日常化、生活化。在以人为本的体育导向阶段，德国体育文化实现了从追求体育的科学化，注重参与对象的心理需求向强调参与对象的生理、心理等各方面的需求的转变，实现了从社会本位到人本位的转变。

德国大众体育的发展使得大众体育文化融入了每个人、每个家庭、每个社区、每个地区中，成为与吃穿住行等文化一样的生活文化。体育生活化，使得每个德国人的体育精神融入骨髓。德国人心中无论是大人还是小孩，人人都认为自己拥有能够胜任体育活动的能力，拥有高度的"体育自信"。德国大学"人人参与"的体育文化是社会大众体育文化、家庭体育意识在大学校园中的延续。总而言之，德国大学体育文化逐步形成的过程与德国社会大众体育的发展密不可分，德国大学体育文化的形成与其说是归功于大学体育教育系统，不如说是由于德国大众体育文化近百年来相对稳定的发展使德国公民形成了高度的"体育自觉"，德国体育的人本位思想形成了高度的"体育积极"，从而促使德国大学"体育自主"文化的形成。德国社会大众体育文化孕育了大学体育文化，大学体育文化的发展促进了社会大众体育的发展。

我国大学体育文化与德国大学体育文化截然不同，我国的大学体育文化一直处在变动中，不同的时期大学体育文化表现出不同的特征。新中国成立以来，我国大学体育的发展随着课程改革的发展取得了不少的成就，在体育课程、体育竞赛、体育社团、体育管理等方面都有各种突破性的进展，但总体上来说，我国大学体育文化的发展处于社会本位的阶段，仍未实现向人本位的转变。首先，我国大学体育以"健康第一"为指导思想，贯彻终身体育的核心理念，但在实践执行的过程中，并没有做到以学生为主体，而是过分地强调学生对运动项目、运动技能的学习。除此之外，在实现终身体育的核心理念的时候，在体育公共课程等体育相关活动的规划设计中并未体现出终身体育的延续性，更多的是强调运动项目技能获取的短暂性，这是我国大学体育的弊病，也是我国体育教育的通病。大学体育在教育过程中忽视了通过灵活多变的体育活动、体育课程、课后体育锻炼等学习机会教会学生学习运动技巧，让学生掌握运动的能力。其次，大学体育属于群众体育的一部分，但我国大学体育的现实情况更倾向于一种微缩的"竞技"体育文化，是少部分人参与的"精英"体育，强调的是运动技能，运动水平；大部分体育弱势者在我国体育教育体系中早已被排挤在体育圈外。大学体育虽然提倡人人参与，但从体育活动开展、体育社团的参与情况、公共体育课程参与积极性以及大学生体质健康水平等方面均直接或间接地证实了我国大学体育仍然是一种少部分人可以参与的"奢侈活动"。即使我国大学中的各种体育活动都提倡人人参与，但是在体育活动设置与开展时，并未考虑大学群众体育认知水平、体育运动能力的高低，一味地"按部就班"开展体育运动，失去了体育本身的趣味、活跃的特性，使得人人参与成为华丽的形式设置。最后，德国大学体育文化是由社会体育文化孕育而生的，而我国更多的是期望培育出良好的大学体育文化，期望从大学中出去的青少年正确引导社会体育的发展，塑造出良好的社会文化，大学体育的肩上承担了太多责任与义务，而忘却了使大学体育参与者获得愉悦与运动能力的根本任务。简言之，我国大学体育过度地重视其他附属功能的实现，忽视了为参与者服务，使其获得参与感、愉悦感并形成持续参与感的本位功能，从而孕育出"畸形化"的大学体育文化。

德国大学体育文化对我国大学群众体育文化的启示主要有以下几点：其一，重新定位。大学群众体育是一种群众体育，是全员参与的体育。我国大学体育应对其定位清楚，并转移重心，将大学体育的教育重心转移到普及大众体育、推广群众体育中来，改变当前大学体育是小型的竞技体育，是少数人的体育的现状。将群众体育文化"全员参与，重在体验，学会运动，学会玩的艺术"的核心理念贯穿到大学体育建设的各个方面，削弱竞技化体育、技能化体育、应试化体育、体质化体育的负面影响。其二，改革创新体育活动开展。根据我国大学群众的需求改革创新我国大学体育的课程、社团活动开展、校际竞赛的形式，激发大学教职工参与体育活动的积极性；通过丰富体育活动内容，为参与对象提供可选择的运动项目，促使大学中的大部分群众乐于参与体育活动；通过以人为本的体育指导思想与连续性的"新奇"体育活动规划设计与引导帮助大学群众获得永久性的体育行为习惯。其三，创建大学体育引导人新思维。目前，我国大学体育的建设与培养主要依靠各大高校中的体育引导人（体育学院教师、体育学院学生、高水平运动队员、各学院运动能力较强的教职工团队、各大体育社团等）在引领大学群众参与体育活动，但目前绝大部分大学体育引导人的思想都相对比较"固化""保守"，缺乏创新意识，被中国近百年的传统体育形式所禁锢，缺乏对现代大学群众体育的全新思考，缺乏站在群众的角度对传统大学体育的反思。因此，根据我国大学体育发展的"自上而下"的特点，革新大学"群众体育思想"应该先从传统体育引导人开始。去除引导人的体育"旧思想"，开发大学群众体育新思维，一方面要创新大学体育的形式与内容，譬如新型大学群众体育趣味运动会、教职工学生团队自协比赛、师生混合课堂、课后趣味锻炼计划等等，扩大大学体育参与对象的覆盖面，让大学体育活动成为大多数人都能参与的平民运动，而不是少部分人参与的"奢侈活动"；另一方面通过大学体育"引导人"积极引导并主动参与到大学群众体育中去，实现以一带多的群众体育"帮扶"计划，逐步实现大学群众体育"引导人"的扩散，充分照顾体育"弱势者"，让绝大部分人都成为大学体育的"引导人"，实现大学群众"体育自信"，从而促使大学群众体育文化的实现，譬如由学校体育部门规划设置群众体育拓展计划，定点定时开设一些以科普、娱乐等身体教育为目标的运动项目，并向高校全体人员开放，帮助有锻炼意愿的参与者学会相关的运动技巧，并设置一系列环环相扣的体育趣味比赛与团队活动等，形成高校中的"新体育"，打破全员对体育的传统认知，体育不再是竞技运动，不再是田径、跨栏、铅球、两百米、四百米等项目，而是所有人都能参与的有规则、有条件的"体育游戏"。

（二）核心理念：玩的艺术，观照生活

德国大学体育价值观的形成和发展深受人们所处的社会环境、思维方式、价值倾向、个体需要、个体愿望等的影响。[①] 德国大学体育追求的不仅是对参与者运动知识与运动能力的培养，更多的是对参与者心理、情感价值观等方面的培养，强调通过体育活动来实现对学生正确价值观、人生观的培养；强调通过体育活动让参与者感受到体育中的愉快、兴奋、参与体验感与自我满足感，从而实现体育意识在参与者心中的持续发展，进而实现体育生活化、社会化。同时，德国的体育教师也认为取得最佳成绩不能成为进行体育活动的终极追求，体育应倾向于满足个人的愿望和社会化、生活化要求。[②] 德国大学体育的核心理念简言之其实就是通过生活化的体育活动培养参与个体的运动能力、体育兴趣以及面对人生的积极情感、正确的态度与坚韧不拔的意志，进而培养出一个可以独立面对生活的个体，强调的是人本位。德国大学体育中的核心理念在贯彻落实中强调的是从玩中学，通过体育游戏的形式观照生活、反映生活。德国大学的体育锻炼计划中往往以强度小、活泼欢乐的游戏开始，以强度大、轻松愉悦的游戏结束，中间基本部分采用主题教学、情境教学等方法，充分发挥游戏活动的作用，激发学生的运动兴趣。德国大学各个运动项目中的教练员很少就单独的某个技术动作、单项能力来对参与者进行训练，往往是通过将某项能力的练习融入到游戏中，同时训练参与者的多重能力，而教练员对游戏的设计往往会根据已有的器材设置不同阶段的教学目标，游戏目标一般是根据学生的情况设置，很注重实用价值，而且依据参与者不同的身心特点逐步增加游戏的难度，突出对生活中需要的素质与能力的观照。

在德国体育教育体系中，初、中等教育是必须上体育课的，而其高等教育是不需要上体育课的，大学体育是以学校体育锻炼计划的形式在每天的下午及晚上开展。同时假期也有假期体育锻炼计划安排，每学年体育锻炼计划不限课时，但学校开展的体育锻炼课时分布的集中度比我国大学体育课程分布时间段

① 蒋远松. 新课程标准视野下管窥德国中小学校体育教学 [J]. 教学与管理，2014（26）：59-60.

② 高振发. 美国、德国体育教学模式的比较研究 [J]. 南京体育学院学报（社会科学版），2004（05）：58-60.

高很多。有锻炼意愿的参与者（包含学生、教职工及其家属等所有大学群众）可以集中时间进行锻炼，体育锻炼机会连续性强。就体育锻炼计划而言，计划中的运动项目设置包含慢步行走、运动杂技、健身与放松、恢复性训练、背部力量训练等各种类型的训练，健身锻炼者可根据自己的身体状况、兴趣爱好、运动能力、愿望要求等进行选择，指导教练也会根据参与者的具体情况划分健身训练小组或混合组，为锻炼者设置不同的体育活动内容，并通过设置从小到大的具体的活动目标，一步步引导锻炼者在参与中前进，最后在"玩"的过程中实现由实用功能到该锻炼计划理想价值的转变。总而言之，德国大学体育的核心理念中保证锻炼者在"玩中学"的主动性、积极性与参与感，通过训练项目的设置映射生活，帮助学生在获得运动能力的同时逐步实现体育的生活化。

　　纵观我国大学体育的发展史，大学体育的发展过程中强调的是学生体质健康与运动能力的获取，而对于学生参与体育活动的积极主动性、参与感、自我成就感、愉悦感等情感、价值观方面的培养往往是抽象性的培养；而体育活动开展形式过于强调单项运动技能与运动水平，学生参与感不强，实用性弱，从而导致大部分学生无法实现体育的习惯化、生活化。最后，导致我国大学体育"健康第一"与"终身体育"的核心理念过于抽象而不能落地，成为一个外表华丽，内在空荡的体育理念空壳，这也是为什么中国大多数家长质疑的"学了十几年的体育，大学还是学习一样的东西，最后还是什么都没学会"。而德国大学体育将体育核心理念与体育开展形式结合的做法值得我国高校体育借鉴。德国大学体育核心理念与开展形式给我国大学群众体育发展的启示主要有以下几点：其一，加强人文关怀，落实核心理念，体育生活化、具象化。学习德国将体育游戏融入到运动项目的学习中，通过不同类型的游戏使参与者既达到提高运动综合能力的锻炼目标，也关注参与者的情感培养，使体育真正地融入参与者的世界，成为参与者生活中必不可少的一部分。其二，营造良好的学校体育氛围。可根据我国普通大学生的体育基础多设置符合当代大学生需求的专题锻炼计划或者新型综合项目，先培养营造出大学群众参与体育活动的积极欢乐的氛围。同时在宣传等方法上，也可借鉴德国印发校级体育训练手册，通过形象生动、简洁明了的图文形式介绍训练的项目、内容、时间、收费、地点和指导训练的教师等情况改变普通大众对"体育"的刻板印象。其三，学习德国大学的体育消费观念，可根据"校情""学情"推广和发挥学校体育团体的作用，以满足不同层次锻炼者的健身需求。其四，仿效德国大学体育锻炼计划。设计课余体育活动，但不与学分成绩等挂钩，以学生自觉参与为主，从计划设置伊始便营造一种自由的非应试、非强求性体育环境，为学生提供多样可选择的既能调动参与者积极性又符合绝大部分运动者能力的项目。总之，我国大学体育既要培养锻炼者的体育兴趣，又要重视鼓励锻炼者参与体育活动，重点突出培养学生愉快的参与感与体验感，使其养成终身体育的习惯。

（三）运行机制：多方互动，社会融合

德国大学体育中大众体育的运行是多方结合的，受德国社会大众体育文化的影响，德国大学中的群众体育的发展实现了高校、政府、社会等多方面的支持与鼓励，大学群众体育的开展不仅仅是大学体育老师的事情，也不仅仅是各州市联邦政府教育部的事情，还是社会与政府共同关心的事情。德国大学群众体育的具体开展运行中也只是学校体育研究所在唱独角戏，社会中的体育场馆在特定时间段向有需求的各大高校免费开放，以此来支持德国学校体育的群众化、生活化发展；而政府方面则在政策上一方面给予高校经费聘请校外指导老师，推动大学体育实施体育训练计划的热情与激情，一方面对校外提供场馆支持的社会俱乐部提供税收优惠政策，鼓励社会资源与学校资源共享。学校、政府、社会三位一体共同参与大学群众体育的发展，以学校为主体，社会为辅助，政府宏观支撑，推动大学群众体育的稳定发展。目前，德国大学生有三种参与体育活动的方式：校内体育活动、学校与体育俱乐部开展的体育项目、校外体育俱乐部活动。① 这样的校企联合，一方面为大学体育填充了社会体育的成分，同时在一定程度上也为竞技人才的培养做准备，对大学体育进行了必要的补充；一方面学校与企业联合培养学生相当于为企业做了隐形的推广，为企业输送了部分体育人才。总之，德国大学体育对参与锻炼者的培养主要是以学校为基础，体育俱乐部为载体，单项协会积极参与的一种多方合作、相互融通、基础雄厚的多级后备人才培养体系。

我国大学体育运行机制中主要是大学体育教师在唱独角戏，与校外体育俱乐部、体育企业等机构几乎没有联系，政府部门主要在教育文件中对高等院校中的群众体育做指导工作，在经费支持，税收优惠，财政政策等方面均没有重视群众体育的发展，相比而言更注重的依旧是高水平运动队等竞技体育的建设。除此之外，政府对学校体育的"隐性干预"影响着高等院校群众体育的发展。众所周知，我国体育实行的是举国体制，在举国体制的影响下，我国学校体育体系的发展一直偏向于竞技体育这架独木桥，而忽视群众体育这条阳光大道，学校跟着政府的指引将千千万万体育弱势者按照竞技体育的模式培养，

---

① 段琼. 德国学校体育发展的创新模式及其启示 [J]. 体育文化导刊, 2015（10）：167-170, 193.

学生既体验不到体育的快乐，也没有达到政府的"体质健康"标准要求。在高等教育的体育中可谓"赔了夫人又折兵""杀敌一千自损八百"。政府重视竞技体育的培养是一个国家体育发展强大的必要条件，但群众体育的发展是人们身体健康、幸福快乐的充分条件。总而言之，在我国大学群众体育发展体系中，高校中的相关部门献策献计积极改造但效果不佳；校内校外企业缺乏联合，校内体育发展过于单一；政府部门关注体育课程量化结果，对过程的支持较少，从而导致大学群众体育在发展的过程中进退两难、举步维艰。

德国大学群众体育的运行机制对我国大学群众体育的启示主要有以下几点：其一，政府部门简政放权。各高校根据实际情况制定独特的高校体育发展计划与目标，在坚持中央主导基础上，给各大高校充分的自主权，以便各大高校根据实际情况发展学校群众体育，而不是为了体质达标开展相关体育活动。同时，避免大部分高校"千篇一律"的情况出现，充分调动各大高校的自我能动性，创新发展，创造出多样化的高校群众体育。其二，加强校外俱乐部与体育协会的发展，并建立校内外联合发展机制。中国有句古话"三个臭皮匠，赛过诸葛亮"。目前我国高校群众体育的发展仍然处于起步阶段，需要借鉴学习的还有很多。校外俱乐部的发展一方面可以带动社会群众体育的发展，营造社会群众体育的氛围；另一方面建立校内外联合发展机制可以丰富大学群众的体育活动，补充学校体育课程的内容，同时方便调动更多不同社会人士，集思广益，共同协商大学群众体育的发展模式、开展形式，让大众参与到高校群众体育发展的建言献策中来，使高校群众体育真正实现群众化、生活化。除此之外，校内外联合发展，发动体育俱乐部或者协会中的社会人士参与进来，在一定程度上可以帮助高校群众体育建设解决一些实际问题，有利于高校群众体育的管理。其三，加快我国体育俱乐部、体育协会的改革力度，使之逐步向半实体化和实体化过渡，以充分发挥其作用；简化体育俱乐部审批手续，降低进入的门槛，使之成为群众参加体育锻炼的主要形式和阵地。其四，进一步丰富我国高校体育的新目标，改变"健康第一""终身体育"等抽象目标的治理逻辑。可将促进健康、减少肥胖、形成体育习惯以及培养合作意识凝练为我国学校体育治理的新目标。总之，大学群众体育运行机制的多元化，有助于凝聚社会共识，增进体育认同，减少大学群众体育发展的阻力，增强大学群众体育实效以及扩大大学群众体育的边际效应。

第二节　英国大学体育发展及启示

一、英国大学体育发展概述

英国是现代体育的起源地，其体育的发展是自下而上的发展，推动英国体育发展的中坚力量是民间力量，中产阶级成为推动近代英国社会变革的重要力量，[①] 也成为推动英国体育现代化发展的主力。此外，整个英国教育历史悠久，大学体育的发展深受教育思想的影响，如约翰·洛克的绅士教育思想、赫伯特·斯宾塞崇尚科学教育的功利主义观和托马斯·阿诺德的体育实践思想等不断推动英国体育的现代化发展，同时也促进了大学体育的不断改革创新。受整个教育改革的影响，大学学校体育的发展也经历了几次改革。本节根据英国体育发展的特点以及英国高等教育学府的发展阶段将英国大学体育的发展分为12 世纪—15 世纪末期、16 世纪—19 世纪初期、19 世纪中期—20 世纪中期以及 20 世纪中期—21 世纪初期四个阶段。

（一）萌芽期：12 世纪—15 世纪末期

英国大学体育的起源可追溯至英国高等教育的起源——牛津大学的建立。12 世纪牛津大学的建立意味着英国大学体育的萌芽，随着发展，牛津大学成为英国乃至世界高等教育的楷模，其体育发展也为世界各国大学所仿效。英国高等教育起源之初、大学体育起源之际，正是基督教时代，由于基督教崇尚灵肉二元论（轻肉体、重精神），体育被当成一种满足欲望的身体运动而被否定，甚至被当成是一种耻辱的事情。但在 12 世纪后期，随着骑士教育的发展，骑士教育中的"骑士七技"——骑马、游泳、打猎、投枪、击剑、游戏、吟诗等以及骑士比武等逐渐被市民所接受与仿效而得以发展；除了骑士教育，12 世纪—15 世纪的修道士教育、行会教育也在一定程度上促进了当时大学体育的发展。譬如，教士们改进民间网球与足球，使其变得文明并加以推广；教会神职人员喜欢并推广的地掷球运动；等等。总体上来说，这个时期的大学体育取得了较大的发展。大学中虽未开设正式的体育课程，但贵族体育、骑士体育以及民间体育中的击剑、骑马、比武、足球、游戏等体育活动仍在大学校园中自发开展。在体育文化方面，当时的体育观念是平等与不平等共存的体育，在

---

① 车旭升，金春光，姜允哲. 从阶级与社会控制视角解读英国足球演进历程 [J]. 体育科学，2013，33（5）：84.

比赛规则上人人平等；但在社会地位上，教士是第一等级，贵族是第二等级，劳动者是第三等级，部分人由于经济物质条件上的优越而成为体育活动的主要参与者，体育是少部分人的体育。正因为此时体育的参与者主要是贵族人士，深受骑士精神的影响，所以此时的体育是一种勇于挑战、追求勇敢的体育，是一种礼仪性的体育。12 世纪—15 世纪末期的大学体育处于萌芽阶段，大学体育仅为贵族或是劳动者自发开展的体育活动。

（二）发展期：16 世纪—19 世纪初期

16 世纪—19 世纪初期，英国大学体育处于发展期，该阶段的大学体育项目逐步完善，体育相关法制法规相继颁发，大学体育场馆设施大量建设，大学体育俱乐部兴起并逐步完善，大学体育竞赛领先发展。英国传统体育孕育于 16—17 世纪，在亨利八世的宗教改革的影响下，英国人的休闲娱乐相比 15 世纪之前有着更为宽松的内外部环境，各种传统的体育休闲活动又兴盛起来，大学体育的限制逐渐放宽；然而，宗教改革与时代的变化使得英国的体育发展逐渐出现等级化与分层化。1563 年，牛津大学神学教授劳伦斯·汉弗莱在《贵族》一书中，将体育分为令人赞美的一类与令人唾弃的一类。令人赞美的体育使人强身健体，展示男子气概，如跳跃、投掷、摔跤、奔跑等；令人唾弃的运动项目对人的身心发展无太大的作用，不适合贵族学习，如跳舞、打猎、下棋等。17 世纪，英国上层阶级逐渐退出下层阶级的体育活动，开始花费重金租赁场地，进行钓鱼、网球等活动。英国大学教育一直以来便是精英教育，其教育对象在 17 世纪主要以贵族为主。因此，大学体育的发展主要与贵族体育的发展相似，出现等级化。随着 18 世纪工业革命进程的加快，人们的生活方式发生转变，英国体育的发展在理性精神和工业文明中出现了新的转变，大量的体育俱乐部和体育协会成立，为体育项目拟定了新的规则和制度，并广泛组织各种竞赛，规范了体育的发展。这些体育组织拟定的规则，不仅通俗明了、简单易懂，而且体现出一定的科学性和"公平竞争"的基本理念。[①] 虽然在理性精神、体育文明化的发展思潮中，直到 19 世纪初期，大众经常参与的休闲活动是赌博、酗酒和各种斗兽活动，[②] 但这一阶段的大学体育反映的仍然是精英体育，是面向少部分人的体育而不是大众的体育。划船、板球、骑马、游泳、网球、赛艇、手球、斗鸡、拳击、保龄球、斗牛等运动项目在大学校园中

---

① WRAY V. Playing with the Rules：Influences on the Development of Regulation in Sport ［J］. The International Journal of the History of Sport，2007，24（7）：843.

② PERKON H. The Origin of Modern English Society 1780—1880 ［M］. London：Routledge，1972：12.

都是非常流行的。校际间开始进行比赛，最早的板球比赛是 1788 年在伊顿大学与威斯敏斯特大学之间进行的，1829 年著名的"牛剑赛艇之争"自此拉开序幕。总之，16 世纪—18 世纪，英国体育逐渐实现从传统到现代化的转型，大众体育逐渐从野蛮向文明转变，大学体育从骑士体育向绅士体育发展，体育活动制定新的规则，成立体育团队、开展体育竞赛等，逐渐形成了英国体育与社会发展学校体育的初级体系，确立了传统的游戏和户外运动在学校教育中的地位。

（三）转折期：19 世纪中期—20 世纪中期

19 世纪初期，在产业革命的推动下，英国高等教育掀起"新大学运动"与"大学推广运动"，1828 年伦敦大学学院成立后，英国城市学院纷纷兴起，科学教育逐渐融入英国大学的讲坛，高等教育开始面向中产阶级子弟，19 世纪中期兴起的"大学推广运动"，将高等教育以校内外讲座的形式进行推广，加强了大学与社会的联系，强化了大学的社会职能，为中下阶级与女子提供了更多的受教育机会。此外，该阶段科学教育倡导者赫伯特·斯宾塞与托马斯·亨利·赫胥黎充分认识到当时英国教育的弊端，提倡科学教育与自由教育，推动了英国教育的科学化建设与发展。19 世纪末 20 世纪初，英国教育体系的改革主要聚焦于教育行政管理体制与公共教育体制的改革，在"新教育"主义的影响下，英国教育逐渐转向自由教育、爱的教育，强调人本位的教育目的。在教育氛围如此浓厚的背景下，英国学校体育、体育教育的相关思想应运而生，此时校长们开始大力提倡体育运动，体育运动及其教育价值日益被提升，体育教育开展的好坏成为衡量教学质量的重要指标。① 在托马斯·阿诺德、查尔斯·金斯利、汤姆·休斯等学者对体育教育的改革下，学校体育教育在 19 世纪中后期得到繁荣发展，户外运动、体育游戏、力量竞赛等个体活动或团体活动不断被引入校园，成为校园中炙手可热的教育课程，不仅为国家培养了健康向上、全面发展的人才，也大力推动了大学体育的长足发展。此时学生是否取得学业成就，不是家长最关心的事情，他们最大的心愿是把孩子送往有宽阔体育场的学校，孩子能接受良好的体育教育，让他们从体育中学会自律与管理他人，积极健康地成长。在大学中体育项目逐渐完善，体育规则受到重视，剑桥大学三一学院召集 12 位代表撰写了首版现代足球规则，被称为"剑桥规则"。体育比赛竞争机制逐渐完善，每年一度全国和部分地区最高级别的赛事即锦标赛在大学中也开始出现。在社会体育组织俱乐部的大力发展背景下，学

---

① 任明慧. 英国现代体育的起源 [D]. 开封：河南大学，2015.

校体育俱乐部和公共管理机制大力发展；同时，由于普及高等教育，参与体育运动的社会成员阶级基础扩大。总而言之，该阶段的大学体育的主要特点是体育教育得到大力发展，体育成为一种大众喜欢的活动，大学体育受益对象不再仅限于贵族子弟，而是普及至中下阶级及女性，业余组织联盟等社会组织大力发展。

（四）繁荣期：20 世纪中期—21 世纪初期

英国作为老牌资本主义国家，在第二次世界大战结束后，综合国力明显下降，英国有识之士呼吁改革教育为恢复昔日霸主地位做准备。20 世纪 60—90 年代末英国推行了一系列教育改革政策。60—70 年代，英国高等教育改革主要是推广高等教育，强调高等教育要适应现代科学进步与社会发展对人才的需要，据统计，1958—1968 年英国全日制大学生人数增加 110%。80—90 年代，英国教育改革把高等教育作为改革重点，在高等教育方面，废除"双重体制"，建立统一的高等教育体制，高等教育彻底实现从精英教育到大众教育的转变，新型英国大众化高等教育框架形成。该阶段的大学体育逐渐走向繁荣时期，在体育教育方面，要求体育实现身体、心理、社会等综合教育功能，把学校体育作为学校整体教育的有机组成部分。1960 年，提出沃芬顿（Wolfenden）报告——"社区体育"（Sport in the Community），大学体育为社区体育服务；1966 年，欧洲委员会采纳"Sport for All"的口号，英国在这种理念下，在群众体育与学校体育中强调全员参与。20 世纪后期，户外运动在英国最为流行，户外运动也被纳入大学体育活动中，形成了英国学校体育不同于其他国家的独立发展道路。此外，20 世纪 70 年代，游戏和竞技运动成为英国大学体育的一大特色。从 20 世纪 90 年代梅杰上台保守政党执政开始，英国体育便被认为是一个新的开始，[①] 这一阶段大学体育突出强调竞争团队之间的比赛，并确立了板球、足球、橄榄球、曲棍球以及无挡板篮球五个核心运动项目。梅杰执政时期，英国体育以竞争类游戏为主，大学校园中体育竞争意识强烈。在工党政府执政时期，学校体育作为一种政治工具，其重要地位进一步被提升。政府颁布了相关政策文件促进学校体育的发展，如《针对所有人的体育未来》《游戏计划》等。此外在体育教育方面也出台了很多具体实施方案，加强大学体育建设与政府以及社会组织的协同合作，促进大学体育全面开展。比如

---

① Lesley Phillpots. Centralized grassroots sport policy and 'new governance': A case study of County Sports Partnerships in the UK-unpacking the paradox [J]. International Review for the Sociology of Sport, 2011, (46): 268.

《体育教育、学校体育和俱乐部联结计划》（PESCL）和《关于青年人的体育教育和体育战略》（PESSYP）。在大学体育活动方面，大学体育俱乐部在鼓励学校体育发展的政策下实现了突破性发展，体育俱乐部在数量上呈直线上升趋势，而大学体育管理者体制已演变成成熟的管理体制。大学体育遵循高校教育人本位的教育目的以及大众教育发展的宗旨，针对不同层次的学生实施不同层次的体育活动与训练。大学体育形成不同水平的学生运动队，积极参与校际间、地方组织间的体育竞赛，希望从体育活动中挖掘自身潜能，实现自我价值。

　　从 12 世纪的大学到现代大学的发展中，英国的体育由仅有贵族可以参与的骑士体育演变成如今人人均可参与的大众体育；从粗暴野蛮的民间体育演变成如今人人尊重的体育艺术，从被禁止转变成人人参与，与英国人体育观念的转变密不可分。英国人将体育看成一种娱乐方式，英国人不把竞争归结为简单无情的博弈，而是把竞争的哲学含义人性化，强调胜利的价值没有失败的实用意义大，成功与失败只是一个结果而已，即使失败也要像胜利一样有尊严。除此之外，英国体育强调参与体育活动要顺其自然，以培养人们广泛的体育参与热情，从而使体育融入人们的生活，从体育活动中培养绅士气质与骑士精神。

二、英国大学群众体育现状

（一）体育文化

　　英国是一个传统的国家，高等教育文化的形成深受英国"骑士精神""绅士风度"等传统思想的影响，因此，英国一流大学的教育中一直认为具有教养比具有渊博的学识更重要。在英国的高等院校中体育文化的形成往往是大学文化、大学培养理念在体育教育中的渗透与融入。所以，在英国大学中体育被认为是一种培养绅士的手段，更多的是被当成一种精神，体现的是一种荣誉与责任，培养的是绅士风度和骑士精神。英国人自古爱好体育，其体育起源可以追溯至 11 世纪。由于受到古希腊传统体育的影响，英国人热衷的体育是以游戏、比赛、竞技等形式出现的竞争意识较强的体育活动。英国的体育政策为社区体育（Sport for All）与竞技体育服务，而学校体育则更突出其教育功能，从教育的角度培养绅士与贵族精神，同时为社区体育的推广与竞技体育的发展服务。英国大学的体育文化主要体现在对传统体育的尊重，对学生参与的重视，对竞技体育的推崇上。英国大学群众体育文化与其他国家大学群众体育文化不同的一点在于大学生价值观中强烈的竞争取向。英国的大学是综合类院校，无单独的体育类大学或者院校，但综合类院校中均设置有体育学院或者体育部，并且由于英国中小学教育以及社区体育的成熟发展与潜移默化的培养，综合院校中的体育运动氛围十分浓厚，并不亚于我国的体育综合类院校。由于英国学校文化将体育看成是一种培养绅士风度、骑士精神的手段，学生都非常喜欢参与到体育活动中来，而且大学阶段的学生均具有一定程度的运动能力，并且绝大部分学生热爱运动，喜欢体育运动中的对抗与竞争，享受运动中的奋力战斗、激烈对抗争取胜利的过程，他们热爱在这个过程中努力追求"更高、更快、更强"，并且一代代将其延续了下来。因此，英国大学将自由、竞争的体育理念转换为校园体育活动的方方面面，实现大学体育群众化，引导学生通过自主自愿的体育运动挖掘自身潜能，实现自我价值。[①] 总之，在英国大学中，与美国、德国等其他国家不同，体育被当成一种娱乐的方式，是生活的必需品；体育被认为是一种塑造人格的手段，是一项人人都尊重与推崇的活动。体育体现的不仅仅是学生的运动能力，更被大家视为培养与塑造参与者"贵族精神"的活动；在这种公平自由的环境中通过体育活动的竞争，更能锻炼学生们的团队合作、坚持不懈、顽强拼搏与富有责任心的高尚品质与领导能力。简言之，英国大学的群众体育不仅要教会学生享受运动的乐趣，使其拥有健康的体魄，还要帮助他们树立良好的自信，在合作、竞争、彼此尊重和自我实现的过程中得到发展。

英国大学中的体育文化除了在体育活动的日常核心理念中表现得淋漓尽致，在校园文化的硬质景观与软文化中也随处可见，英国大学校园中有许多体育类的logo、体育类雕塑、体育人物或者运动队的展示牌、宣传海报等，此外，英国大学体育俱乐部中有许多代表队，每个代表队有自己独特的队徽、队服、队名等，有的学校甚至有自己的吉祥物以及与学校体育馆建筑风格相匹配的队服等。英国大学的校园中有着许多的体育俱乐部，校园中到处可见体育俱乐部的宣传海报，校园中的学生每天生活的环境中充满着体育的氛围，在各个学院中，只要有学生就有体育俱乐部。这种浓厚且强大的校园体育氛围代代传承，造就了英国高等学府中的尊重传统体育，面向世界拥抱新兴项目，不断创新发展的体育大格局。英国大学体育将大学培养理念融入学校群众体育的方方面面，让体育真正地融入教育，让体育成为一种品格、一种精神、一种荣誉。这种具有一定高度的教育策略值得我国借鉴与深思。

（二）管理机制

大学中的体育管理机制可分为校内管理机制与高等院校间体育协作组织两

---

① 夏玉玲. 艾因哈德的《查理大帝传》与加洛林文艺复兴 [J]. 南京师范大学文学院学报，2013（04）：16-20.

部分。首先就校内部分的管理机制而言，英国的高等院校是综合类院校，无专业体育院校，而是综合类院校中设有体育部或者体育学院。设有体育学院或者体育系的大学中的体育活动主要分为体育专业与校园体育活动，体育专业与校园体育活动分别属于两个管理系统，体育专业是对体育专业学生的一种专业教育，该部分属于主管校长领导下体育（系）学院院长（系主任）负责；而校园体育活动是为全校学生提供的体育活动，体育活动主要分为课后体育训练、体育俱乐部、体育竞赛等活动，该部分属于分管校长领导下的校体育部主管，学生会协管，校学生会主席负责，学生会各部门具体运作完成的三级结构。本书中主要研究英国大学中针对普通学生体育活动的管理机制，所以重点描述英国大学学生活动管理机制。校园体育活动主要由校体育部主管，校体育部主要负责校园中的俱乐部、校园体育活动的开展、场馆的日常运营管理以及社会休闲体育等。校体育部中无专职体育教师，只有教练员与管理员，管理员负责场地设施的管理以及协助各项体育活动与比赛的开展与举办等，教练员负责为俱乐部运动队和学生课外锻炼提供服务，除此之外，还有学生教练员的选拔与外聘，管理员与教练员之间分工明确，互相协作。因此，英国大学体育部门的工作人员相对较少，一般最多也就二三十人，比如安格利亚鲁斯金大学校体育部只有 8 名工作人员。而具体体育活动的开展以及体育俱乐部的运营则由校学生会体育部门统一负责，给予学生充分的自主选择与决定权，充分发挥学生的积极主动性和创造性，有利于挖掘学生潜能，培养学生的个性，锻炼其领导与组织能力，使学生在锻炼的同时不断地突破自我，实现自我。这样的校内体育管理机制既能充分发挥学生会的作用和学生自身的管理能力，又能培养专业的体育俱乐部运营团队，极大地丰富了校园体育活动。

　　英国大学校内体育管理机制促进了英国大学校园体育氛围的形成，也培养了一批批热爱体育的学子。除了校内体育管理机制，英国高等院校之间的体育管理组织很大程度上促进了校际间体育竞争意识的形成与发展，促进了英国大学群众体育的可持续发展，为大学群众体育的开展不断地注入活力。英国体育实行的是政府与社会合作管理的机制，政府分为中央—区域—地方三级分管，政府部分分别为英国文化媒介体育部、英国体育理事会、区域体育理事会（包括英格兰、苏格兰、北爱尔兰、威尔士等四个区域体育理事会）三级结构，社会组织部分别为体育与娱乐中央委员会、奥林匹克委员会、国家理事机构、大学体育联合会（BUCS）以及国家青年体育基金会等。英国大学体育的主要行政管理机构是英国体育理事会与各区域体育理事会，主要参与的社会组织是体育与娱乐中央委员会、国家青年体育基金理事会、英国奥林匹克委员会以及大学生体育联合协会等；各部门之间互相协作，部门协作中强调的是协作关系而非管理关系。

其中，直接管理大学相关体育政策的是国家理事机构，国家理事机构与国家体育理事会、奥林匹克委员会合作管理大学中的竞技体育部分，与四大区域理事会合作管理大学群众体育部分；而大学生体育联合会则直接与各高校的学生会组织取得联系，协调管理各大高校的体育竞赛与群众体育的发展，为高校体育的发展出谋划策。大学生体育联合会主要由各会员学校构成，目前会员学校有 17 所，管理的运动项目超过 50 种，这些会员学校组成了一个庞大的联赛机制，每年会有超过 100 项锦标赛，会吸引超过 4800 支队伍参与到比赛中来。① 但大学生体育联合会不仅仅只有会员学校，还包含其他民间组织。大学生体育联合会的管理机构由董事会、顾问小组、地区和民间组织以及其他组织组成。② 大学生体育联合会主要负责各大校际竞赛的组织、开展以及与其他管理组织之间的衔接。在英国，国家理事机构是国家体育政策实施的执行者，是竞技体育、群众体育以及学校体育的连接桥梁；而大学生体育联合会则是大学体育与国家理事机构、奥林匹克委员会等其他体育组织沟通连接的主动脉，缺一不可。除此之外，在《体育教育、学校体育和俱乐部联结》《地方体育合作伙伴方案》等政策的引导下，英国大学体育校内俱乐部与地方组织、俱乐部之间都有各自的组织。学校与俱乐部合作的组织 SCL 具有自己的董事会与三个具体操作机构（焦点运动、多技能俱乐部与其他运动机构）。它的目标是不断增加青少年在被国家体育组织认可的体育俱乐部中的比例。总而言之，英国大学体育的管理机制就学校内部而言，充分发挥学生组织的积极作用，鼓励与肯定学生们自主引导学校体育的开展，营造校园中自由竞争的体育氛围；就社会管理层次而言，大学学校群众体育与多方社会组织以及政府机构互相合作，形成紧密的关系网，共同促进大学体育的发展。

（三）活动开展

在英国的高等校园中，学校体育分为两大板块：一类是体育专业的活动；另一类是校园体育活动。本书主要研究的是校园体育活动。如前文所述，校园体育活动的开展包括课后体育训练、体育俱乐部、体育竞赛等活动。英国大学对在校大学生没有开设体育课，对体育也没有强制性要求，但学校会开设不同的体育俱乐部，或者提供丰富的体育课外活动供学生选择。一方面，大多数学

---

① About UsBritish Universities&Colleges Sport［EB/OL］．［2018－05－20］．http：//bucs. org. uk/page. asp? section = 16983&section Title = About + Us.

② Key Governance-British Universities&Colleges Sport［EB/OL］．［2018－05－20］．http：// www. bucs. org. uk/page. asp? section = 18780&section Title = Key + Governance.

生会参加不同的体育俱乐部，由学生缴纳会费，俱乐部聘请教练负责指导，每周指导 1~2 次，会员每周到运动场地活动两小时。每个学校会为学生开设不同项目的俱乐部，俱乐部的规模不等，规模大的人数多达几百人，规模小的人数则只有十几人，譬如巴斯达大学网球俱乐部人数多达 300 人；就俱乐部的数量而言，多数学校的项目俱乐部均有 50 个左右，譬如牛津大学 85 个、剑桥大学 53 个以及巴斯达大学 48 个体育俱乐部等，这些俱乐部的发展为英国大学在校学生提供一种相对自由的锻炼环境，让学生的体育兴趣可以得到充分的发展，让体育走向学生，成为学生生活的一部分。另一方面，学校为没有参加体育俱乐部的学生提供课外体育活动辅导班，比如网球、瑜伽、板球以及橄榄球等初学者班。这些初级辅导班主要是为体育基础相对较弱的学生或者是某个项目的初学者服务的，该部分辅导的主要目的是为学生提供基本技术指导，增强学生体质，培养学生兴趣。以俱乐部发展为主，课外辅导形式为辅的大学群众体育开展形式，既考虑了学生个体的差异性，也兼顾了校园体育运动的参与率，满足了学生不同层次的运动需求，营造了一种自由愉快的体育活动氛围。兴趣是参与体育活动的灵魂，没有灵魂的被迫参与是无法让学生在体育活动中找到属于自我的成就感与实现感的。一定程度上来说，英国大学体育校园活动中的"不强迫""自由选择"反而成就了英国大学浓厚的体育氛围。

英国大学体育活动中除了日常的俱乐部活动以及课外体育辅导外，另外的一个板块就是体育竞赛，英国大学的体育氛围是一个崇尚自由竞争的环境，学生的竞争意识十分强烈。英国大学中的校际竞赛、地方组织的比赛非常多。而校际间的比赛往往由英国大学体育协会负责，英国各大高校之间每年大概会开展 100 多项锦标赛，参加 BUCS 锦标赛的学生大部分来自学校特招的高水平运动队队员。此外，还有部分参赛学生是参加学校体育俱乐部培育出来的具有一定水平的学生，这些学生不仅有机会加入学校高水平运动队，还有可能成为国家重点培养对象。在俱乐部层面，与我国大学社团体系不同的是，英国大学体育俱乐部除了为大部分学生提供体育活动外，还根据会员人数划分不同层次的队伍，水平高的队伍有机会参与 BUCS 的校际竞赛，其他队伍可参与学校俱乐部或地区组织的各类比赛。BUCS 在不同学校的体育馆举行不同的比赛，每年举行一百多项比赛，所有学校都会参与进来，其中参与规模最大的两个赛事：BUCS Nationals 和 BUCS Big Wednesday。因此，在英国高等院校中大大小小的竞赛随处可见，"常赛"是其追求自由竞争的一种表现。但在英国的大学中或者校际间的比赛并不全是竞技类的比赛，而是针对广大群众的比赛，并且不同层次的竞赛足以满足各层次参与者的需求。此外，英国大学校园俱乐部、校际间的 BUCS 或者与地方组织合作的项目竞赛中还会充分考虑残疾人群或者其他特殊人群的需求，尽最大可能满足大学全员的需求。比如 netball 就是一种女生参加的运动，残疾人的项目有轮椅篮球等。① 在诺丁汉大学，针对学生提供了"运动之路"的体育项目，围绕校园设立五个站点，在每个站点放置不同的健身器材，以五个站点、健身器材以及线性道路空间围合成一条运动之路，为学生提供运动的校园空间，鼓励学生参与校园体育活动。斯特灵大学也开展了休闲体育项目"活跃起来"，给学生营造轻松愉悦的体育运动环境，不带任何考核性质，吸引学生参与进来。总之，英国大学体育活动的开展以俱乐部为主体，课外体育训练为辅助，体育竞赛拉动体育活动参与度的增长，永葆大学开展体育活动的活力。

（四）场馆设施

英国大学中的体育场馆设施由学校体育部管理，管理部中设有专门的场馆人员，具体数目的多少由场馆设施规模决定，如巴斯大学体育场馆管理人员高达 50 多位，而安格利亚鲁斯金大学体育部包括场馆管理人员在内的工作人员一共仅有 8 位。除此之外，英国大学体育场馆还存在向社区体育中心租赁的形式，譬如安格利亚鲁斯金大学。在服务对象方面，英国大学体育场馆不仅向学校俱乐部会员免费开放，还为社区体育提供体育场馆与设施，早在 1988 年就通过立法允许学校体育设施自由租赁，目前英国大学的体育设施基本都对社区居民开放。② 部分大学不仅提供体育场地，还为周边居民提供免费的运动项目器材，充分体现学校体育服务社区体育的理念。在英国，政府制定了诸多计划推动体育设施的建设，英国人将体育设施的建设看成是政府发展经济、促进旅游消费、提高居民身体健康的重要举措。1937 年，英国第一个针对体育设施的立法《身体素质和训练法案》颁布后，《教育法案》《大型体育场馆安全法案》《地方政府法案》《体育：提升精神》《未来的全体育》《体育供给计划》《城市计划》《社区使用计划》以及《未来十年体育规划》等法案相继颁布，形成一系列持续性极强的政策法规，促进英国体育设施在学校、商业区、社区等地方的发展。在商业区方面，要求商业开发前必须规划体育设施；在社区方面，要求尽可能广泛地向公众开放体育设施，以最大限度地使用体育设施资源；③ 在学校体育设施中，建设社区学校体育设施网，中小学提供简单的体育设施与专业化的体育服务，大学体育提供高水平的体育中心。总体上来说，英

---

① BUCS Sports-British Universities&Colleges Sport ［EB/OL］. http：//www. bucs. org. uk/athlete. asp? section = 17183&section Title = BUCS+Sports，2018-05-20.

② 王志威. 英国体育政策的发展及启示 ［J］. 上海体育学院学报，2012（1）：5-10.

③ 孙成林. 我国体育设施政策演进及优化 ［D］. 武汉：华中师范大学，2013.

国大学体育设施是从长远的角度来规划体育设施的建设的，保障了体育设施建设的长期性、持续性和实效性；就服务对象而言，大学体育场馆设施并非单纯地立足于为学校学生服务而建设，而是立足于学校体育服务社区体育的核心理念之上建设的。

正因为英国大学体育场馆设施不仅为自己学校的学生服务，还需为 BUCS 等校际间竞赛以及社区体育服务，所以，英国大学体育的场地设施都比较完善，足球场、网球场、壁球场、板球场、健身房等场地设施一应俱全，如巴斯大学"运动训练村"可开展 50 多项体育项目，诺丁汉大学的"大卫罗斯体育村"可开展 70 多项体育项目，斯特灵大学有 9 洞高尔夫球场和先进的健身房设备，巴斯大学的"运动训练村"有奥运会标准的游泳场馆，泳池中有最先进的摄像系统，能对游泳运动员进行分析，还有户外泛光灯照明的 400 米田径跑道、全天候灯光曲棍球球场以及拥有 2000 个座位的巴斯舞台，这些运动场地既可以举办超级联赛和其他顶级赛事，在赛事之余均对学生及附近居民开放。在诺丁汉大学"大卫罗斯体育村"，仅壁球这一项运动就拥有七块场地，其中一块是先进的全玻璃场地。此外，还有健身中心、运动损伤医疗机构、高水平区等。除了"大卫罗斯体育村"，诺丁汉大学校园内还有两处体育公园和环绕校园的运动之路。而斯特灵大学也有自己独特的特点，其场地设施中比较有特点的是 9 洞高尔夫球场以及先进的健身房设备；高尔夫场地设施可为学生、附近儿童、成人开设高尔夫球课程，而健身房也可以让用户建立个人账户，设置健身目标，实时监测用户的健身进展情况，帮助用户更好地实现健身目标。此外，还有多功能游戏区可以实现一地多用的功能，如进行 5 人制足球、网球和健身活动等，其他设施场地也应有尽有。在英国，体育设施的建设被视为体育活动开展的基础，刺激城市经济增长的手段，因此大部分地区的体育设施体系建设十分健全。在体育氛围浓厚的大学中，为了更好地促进校园体育的开展与社区体育的服务，英国大学建设了大批的体育场地，体育场地除了为附近参与锻炼的人提供运动场地，其他相应的用途也非常广泛，譬如举办音乐会、学术会议或者企业活动等，充分体现了场地设施可灵活运用的特点。完善的大学体育设施的建设也反作用于英国大学体育本身，推动英国大学体育文化的发展。

三、英国大学群众体育发展经验与启示

(一) 体育文化：尊重体育，体育为荣

英国大学校园中大学体育氛围非常浓厚，竞争意识非常强烈，体育被视为

一种培养绅士风度与贵族气质的手段，他们认为培养有教养的人比培养有知识的人更重要。在英国校园中体育雕塑、俱乐部宣传海报等蕴含着体育文化的标志也随处可见。大学运动队的建设也不单单只是身体训练的建设，而是融入了体育精神、绅士风度的校园文化建设。反观我国大学校园中体育文化的建设，首先是师生体育意识不强，对体育的认识较为片面；其次是学校体育理念没有紧密地与学校教育理念融合，学校文化建设过程中忽视体育文化；最后是我国大学体育中的体育引导人并未正确树立与诠释"体育"形象，使得国内大学体育的发展仍处于"答疑"阶段而无法实现全员参与。因此，我国大学体育文化在营造的过程中，首先，学校与体育部门的教职工与体育专业的学生需要通过自身的展示与校园体育活动的营造为其他人树立重在参与的正确"体育观念"，引导全员用正确的方式打开"体育"这扇大门。让大学校园中的人尊重体育、了解体育、认可体育，从而引发学生与教职工对体育的喜欢与热爱；借鉴引用英国体育竞争哲学加强学生与教职工的竞争意识，一方面促进学生正确认识体育、尊重体育，另一方面推广校园体育竞赛的发展，彰显校园体育的活力与生机。其次，注重大学精神与体育理念的结合，并在学校开展的体育活动中落实下去，同时注重体育的教育意义。不论是在体育构筑物的建设，体育制度的制定，还是在体育标识、运动队的打造与吉祥物的设计上，都与培养大学生精神，提高大学生能力结合在一起。最后，将人才培养的理念贯穿体育文化建设的方方面面，将人才培养理念作为体育发展的指导，把体育作为人才培养的重要手段，让体育真正地融入校园生活中，营造良好的校园体育文化氛围，促进高校群众体育的可持续发展。

（二）管理制度：伙伴关系，协同合作

英国大学体育活动的组织管理体系对外与政府、社会组织等多方共同合作，但不过度干预，在管理协作中做到有的放矢，各司其职，和谐共生，强调与社会的广泛合作，把社会力量纳入大学体育运动的发展战略之中。中央政府对整体进行调控，区域与地方政府对大学体育的竞技体育与群众体育及其推广分别进行统筹协调，但并不直接参与体育项目的实施和开展，而是与国家体育理事机构、青年体育基金会等众多的、各种各样的合作伙伴一起合作，派发专项基金，共同完成国家对大学体育的各项战略目标。英国大学体育活动的组织管理不局限于校园内的群众体育，而是强调大学体育与社区群众体育、竞技体育的紧密联系与协调发展。对内而言，英国大学由校体育部专管，学生会体育部落实负责，在组织管理中以学生为主体，自发组织，自发参与，全面调动学生的积极主动性与创新性，让学生参与者在体育活动的开展中学会管理自己、管理他人，实现自我价值。在英国大学的体育管理制度下，大学体育不仅为大学生提供了休闲娱乐的机会，也促进了竞技体育的发展，同时还为附近居民提供了运动环境，实现了大学、群众、竞技"三马并驱"的发展模式。而我国大学体育活动管理机制与国内政府、社会组织机构之间的关系隶属于"科层"管理，以上下级"组织"的模式推进大学体育活动与社会活动的合作开展，往往呈现出反应慢、耗时长、协调能力弱、竞技指向性强等问题，影响大学体育活动与社会组织的合作的开展，导致我国大学体育活动形式单一、竞赛体系不完善。此外，我国大学体育校内的管理机制以教师为主体，教师主管负责在一定程度上限制了学生参与体育活动。对照英国大学体育管理制度，首先，我国大学体育管理制度要与社会组织机构建立"伙伴关系"，将政府"组织推动"改为"目标定向"，各组织机构朝着共同的大学体育目标齐心协力，共同努力，充分发挥各界有识之士的能力，促进大学体育"走出去"，走出大学的围墙，与社区体育、群众体育、竞技体育协调发展，实现大学体育管理组织的多元参与，混合协调。其次，政府要将"统治"角色转变为"协调"角色，适度"简政放权"，实现权力下放，给各大高校充分的自主权组织开展大学体育活动，增强大学体育管理执行者的主体性与灵活性。再次，对大学内部的体育管理组织而言，学校将权力下放至学生组织与学生俱乐部，减少对学生组织管理机构的干预，充分发挥学生组织机构的管理与调控能力，强调学生组织管理的主体性，教职工部门起引导与辅导作用。最后，增设与社会组织的协调性管理部门，正确地培养学生的管理服务意识，一方面锻炼学生的组织管理能力，让更多"体能弱势者"参与体育活动，感受体育的乐趣；另一方面促进大学体育与社会组织的合作，增加大学群众体育活动关系网的多样性，促进大学体育活动的多元稳定发展。

（三）活动开展：层次丰富，活力不断

英国大学群众体育活动的开展特点是层次多样，体育俱乐部主导、课外体育训练辅助、学生体育竞赛激发活力、地方组织比赛强化趣味的四层活动开展结构，以满足大学生不同层次的体育运动愿望和需求为目标，提升全校师生体质健康，培养学生竞争意识、体育意识，塑造学生完美人格。以体育俱乐部形式开展体育活动，学生自主参与，通过 BUCS 与地方组织开展各种校际间的竞赛项目，为不同水平的学生提供参与体育竞赛的机会，让学生在竞赛中感受体育的荣誉感，在竞赛中突破自我、释放自我。同时，开设课外体育训练辅导班，为"体育弱势者"提供参与体育活动的机会，并设置相应的比赛，期望参与者从竞赛中感受体育竞争的乐趣、感受胜利与失败的价值。不放弃、不抛弃任何一位想参与体育运动的大学群众，确保每位参与的学生在体育活动中找到自我。针对未参与校园体育活动的同学，通过不同的宣传方式与构筑物、体育标志、运动队等文化构建，营造良好的校园体育文化氛围，提高学生体育运动参与率，增强体育运动的吸引力，以此激发学生参与体育运动的热情。反观我国大学群众体育的开展，首要的问题就是体育活动形式固化单一，体育运动吸引力小，参与对象少。我国大学体育活动中竞赛活动体系不完善，大部分体育竞赛活动将体育弱势群体关在门外。我国大学体育活动的开展以教师为主导，以公共体育课程为主体，课外体育活动较少，体育竞赛服务体育精英，体育活动覆盖率低下。我国大学群众体育开发建设本质上不过是将竞技体育中精英体育的培养模式缩小放置于大学群众体育的建设中，并未服务到大众，未体现出大学群众体育的"业余性"。此外，我国大学学校体育在宣传方面也颇有缺失。参照英国大学学校体育的发展，我国大学体育活动的开展首先要创新体育活动形式，切忌墨守成规、一套固化，而应该根据新生代的实际要求，敢为人先，创新发展校园体育活动的开展项目与形式，调动大学群众参与体育活动的积极性。然后，建立多层次体育活动形式与多元化体育竞赛体系，提高体育活动服务覆盖面，扫除"体育盲"，让所有大学群众都积极参与到大学群众体育活动中，建立与活动项目、活动形式对应的体育竞赛体系，激发校园体育活力，让参与者在其中赛出乐趣、赛出水平、赛出友谊；而不是一边创新体育项目开发，一边守旧传统体育，最终产出不对等的校园体育活动，消耗参与者的激情与热情。同时，我国大学群众体育的构建可借鉴英国的大学体育服务社区体育、竞技体育的模式，突破大学围墙，走向社区、走向社会，赋予大学体育的发展以实用性功能与意义，突破口号式的体育锻炼价值，赋予其具体价值与目标，为大学群众体育的发展增加活力，推动多方力量共同助力大学体育改革长跑。除了运动项目竞赛外，大学可以举办更多体育相关的竞赛，如体育知识竞赛、体育规则竞赛等等，吸纳更多大学群体参与到体育活动中。总之，在我国大学群众体育的发展中，要积极拢入"体育弱势群体"，创新学校体育活动的开展，丰富校际间比赛体系，保障校园体育活动的持续性发展。

（四）场馆设施：政策保障，持续发展

在体育设施的管理方面，英国在其文化媒介和体育部设有体育与娱乐司，司下设置的二、三、四处均对英国的体育设施进行管理。并出台一系列政策为英国体育设施的建设制定长远持续的规划策略，如《体育供给计划》《城市计划》《社区使用计划》以及《未来十年体育规划》等等。英国体育设施的管理与建设是在法律框架下的建设，既有法律的刚性规定，又有政府、体育民间组织和俱乐部之间形成的一种契约关系，从而形成了体育设施在政府、体育组织与俱乐部之间求同存异的最优发展制度架构。在英国体育设施建设方面，英国是在对区域一级的地方现有体育设施进行摸底，基于现有体育设施审计结果的基础上进行的，体育设施建设、投资计划的战略明确，确保其产生最大的效应。此外，体育设施建设立法先行，颁布了有关体育设施建设、安全使用和运营等相关的法案；在体育设施建设资金方面，制定了各种税收减免或优惠政策、财政政策和土地政策等，以确保体育设施的建设。英国的大学体育设施建设不是一个单独的个体，而是融入整个国家体育设施建设的规划策略中，在全国建立可持续性发展的体育设施圈，强调的是其整体效应与服务最优化效应。大学体育设施不仅是校园中的师生才可享用，而是资源共享，也为周边居民提供服务。我国大学体育设施的建设对比英国体育设施的建设与发展还略显不足。其一，缺乏整体性、持续性、系统性的规划指导，我国大学体育设施往往仅需符合学校建设规划与国家住建部的建设标准即可，孤立于其他体育设施组织之外，各部门之间的体育设施规划建设没有取得良好的沟通协调，从而导致资源分配不均匀、资源过剩、资源不足等问题同时存在。其二，大学场馆设施并未实现资源共享，大部分学校中的体育设施无法实现群众共享，资源浪费严重。其三，部分学校中的体育设施规模不够，无法满足不同层次学生的运动需求。因此，我国在建设大学体育场馆设施时应制定长远规划，持续发展，加强法制保障，做到立法先行；同时加强与其他场地设施体系的沟通联结，稳定场馆设施体系。一定的物质条件是大学体育开展的前提与保证，我国大学体育场馆设施仍需扩建与新建，才能在物质基础上保障人人参与体育。体育场馆设施建设要兼顾实用性与标志性，通过标志性建筑与吉祥物等融入体育文化的实物，增强学生的认同感与归属感。

第三节　美国大学体育发展及启示

一、美国大学体育发展概述

美国的大学将体育作为培养领导人才的手段，他们对大学体育秉承的态度是重在参与，通过体育帮助学生形成完善人格，提升自我能力，突出大学体育的"业余主义"，强调大学生在成为学生运动员之前必须是"学生"，并且在大学体育的开发与培育中强调体育运动的纯粹性的原则。美国高校体育的发展历史源远流长，纵观美国大学体育的发展历程，可以发现美国大学体育的发展经历了萌芽期、形成期、本土化期、多元期、自由期五个时期。每个时期大学体育发展的侧重点、教学理念、培养目标、课程设置等各有千秋，在发展阶段的演变过程中，美国大学体育由科学化向多元化转变，最终坚持"业余主义"的大学体育。

（一）萌芽期：17 世纪—1860 年

早在 17 世纪中后期美国大学形成之时，大学体育便初现雏形。在美国哈佛大学成立 20 年后，哈佛学院的校规便允许学生在不缺席学习的情况下，利用闲暇时间从事体育活动。18 世纪早期，包含哈佛学院在内的耶鲁学院、普林斯顿学院、费城学院、国王学院等院校的学生非常热衷于狩猎、手球、棒球、场地曲棍球等体育活动，虽然当时各院校均提供了专门的户外场地给学生们进行健身娱乐活动，但各学院也都颁布相关禁令，在没有校方允许的情况下禁止在学校进行狩猎、钓鱼、游泳等活动，这在一定程度上阻碍了美国大学群众体育的发展。

（二）形成期：1861—1889 年

美国大学体育的形成期是在 1861—1889 年，在此期间，美国沃伦（J. C. Warren）博士强调运动的重要性，介绍多样的体育活动并帮助设计体育馆，为美国大学体育的发展铺垫了基础，在此基础上美国独立创设了体育系。1861年，马萨诸塞州的阿姆赫斯特学院（Amherst College，MA）创建了第一个大学体育部（Department of Physical Education）并开设了全美第一个有组织的大学公共体育课程。[①] 研究美国的体育史可知，美国大学的公共体育课程逐渐成形，体育课程逐步覆盖所有高校，教学形式由单一内容向多元内容转变，高校体育管理组织也正式成立并得到学校认可。同年，路易斯（Dio Lewis）在波士顿创建美国第一所体育师范学校（Normal Institute for Physical Education），这标志着美国大学体育中专业体育的诞生，并且该校还实行分年级进行体育教学，并开设卫生学、解剖学、体操与口令等课程，带领美国大学体育师范类院校逐渐走向规范。在路易斯创建的体育师范学校的影响下，1886 年，布鲁克林体育师范学校（Brooklyn Normal School for Physical Education）在威廉·安德森博士的努力下开办了起来。1887 年，麻省春田市的基督教青年会干事专科学校（YMCA Training School）开设了体育系，形成了带宗教色彩的体育系，其主要领导人古利克（Dr. Luther H. Gulick）的"新体育"理念使得该校与其

---

① 　D B Van Dalen. A World History of Physical Education：Cultural，Philosophical，Comparative ［M］. California Prentice-Hall，Inc，1971：376-377.

他学校有所不同，并成为下一阶段美国大学体育发展的主要兴起地。同年，在美国272个主要城市中只有7%的大学将体育列入教学计划中，在1890年增至29%，1892年增至54%。随着组织化、制度化的大学体育课程的发展，课外组织活动也应运而生。阿姆赫斯特学院开创了美国大学体育组织化的课余体育训练的先河，成为第一个具有组织化课余体育训练的美国大学。1881年，希区柯克博士在阿姆赫斯特学院校务委员会报告中陈述了开设体育课余训练的目的和依据，强调希望学生可以通过体育活动解放自己、释放自己，将体育完全视为一种愉快的修养和优美的运动。① 这种"希区柯克模式"在19世纪90年代逐渐被美国其他各大院校仿效，不过此时的课外体育组织并不是为学生提供休闲娱乐的机会，更多的是为了强身健体以及特长培养，即为体育能力强与体育能力弱的学生提供的体能训练。在体育竞赛方面，1876年，全国棒球联盟取代全国职业棒球运动员协会，美国校际橄榄球协会成立，大学体育逐渐完善，校际竞赛越来越多。1881年，哈佛大学为了限制学生参加比赛，对学生的参赛条件、时间、次数等进行约束，从而成立了第一个由教师与管理人员组成的学校体育协会，促成美国首届全美大学校际运动会议的召开。耶鲁与哈佛大学引领美国院校进行有组织的校际间体育竞赛。同时期，美国院校数量突破性地增长，各院校间竞争意识增强，各高校的体育发展也被用来宣传，提升学校影响力。19世纪60年代至20世纪初美国大学近代体育得到了发展。

（三）本土化期：1890—1955年

1890—1955年，美国大学体育进入本土化阶段。第一次世界大战爆发后，美国民族主义被激发，在教育、经济文化等方面开始追寻"美国本土化"，美国本土化的根本诉求也涉及大学体育教育方面，体育学者提出的新时期体育理念就是一种教育在体育方面的本土化，本阶段美国大学体育在体育教育目标、大学体育课程内容、大学体育形式等各方面均出现了带有美国特色的韵味。从上述历史背景的回顾可以看出萌芽形成期美国大学体育的发展目标是通过体育的形式增强体质，使得体育逐步科学化、多样化。本土化时期美国大学体育教育目标实现了"从增强体质到培养服从、谦让、自我牺牲、合作、友善、公平以及具备运动道德的青年"② 的转变。在大学体育形式上，不同学者对前阶段的体操形式体育教学发表了不同的见解，赫瑟林顿在其著作《学校体育教

①　D B Van Dalen. A World History of Physical Education：Cultural，Philosophical，Comparative［M］. California Prentice-Hall，Inc，1971：378.

②　The aims and scope of physical education［J］. American Physical Education Review，1920（6）：259-260.

育的课程计划》中对体操进行了全盘否定，而威廉姆斯则在肯定的基础上对其进行了批判，在此基础上新时期体育学者开创了自然体育，在形式上克服了体操形式的弊病，实现大学体育的本土化。在大学体育内容方面，美国大学不再以德国体操与瑞典体操等体操类活动为主，而是以田径与球类等运动取而代之，这一改变极大地促进了美国校际竞技体育赛事的发展，同时也使得美国大学生体育发生了巨大的改变。美国大学体育的本土化创新发展在一定程度上促使美国大学体育蓬勃发展。此外，为了保证学校体育的实施，美国体育法也在快速发展，1990 年之前美国体育法仅有 4 部，但截至 1949 年，美国有 41 个州均设置了自己的体育法。该阶段美国在通识教育的背景下通过体育活动塑造健康的精神体魄以及完善自我，美国许多著名的大学如斯坦福大学、密歇根大学、哈佛大学、耶鲁大学等既取得了学术声誉也取得了杰出的体育成绩。

（四）多元期：1955—1995 年

1955—1995 年，美国经历了大学体育的多元化发展时期，在此阶段美国不断调整大学体育的教育目标、课程内容、专业设置、校际竞赛、课余活动俱乐部等，整体呈现螺旋上升的趋势。20 世纪中晚期，美国社会发生大变革，美国的学科运动促使体育学科作为一门独立的学科大力发展，体育管理学、体育心理学等交叉学科如同雨后春笋发展起来，此阶段随着工业化的大力发展，美国竞技运动之风再次盛行，大学体育教学目标偏向于发展学生的运动技能，但在"进步主义"教育、"结构主义"教育等教育新思潮下，美国大学体育教育的目的从竞技能力的培养向运动技能与国民品质的培养发生转换。由于受到20 世纪 20 年代教育思潮改革发展的影响，美国体育被看成一种通过身体的教育，强调体育的教育功能。在美国教育飞速发展的同时，体育教育的发展也与其同步，诞生新的体育思潮，强调以"儿童""学生"为中心，通过游玩来发展儿童的本性。在新体育思潮下，美国学校体育内容相应丰富，不仅包括体质活动，还包括竞技体育运动、舞蹈、休闲娱乐活动、冒险运动等。[①] 总而言之，在公共体育方面呈现出一种螺旋式上升。20 世纪 50 到 60 年代，教学目标以体质健康为主，课程内容以个人健身运动为主，此阶段的"个人"强调的是个人的体质健康和运动技能的掌握；而 20 世纪 60 至 70 年代，美国大学体育的教学目标由体质健康转向运动教育，课程内容重视培养团队运动，以团队式的运动教育形成个人运动的培养过渡期。但 20 世纪 70 年代后，教学目标再次强调个体的体质健康，而课程内容则在团队体育的基础上实现个体的突

---

① 李卫东，侍崇艳，殷鼎等. 美国学校体育的历史演变 [J]. 体育学研究，2018（4）：16-20.

破，强调通过运动提升自我、改进生活方式、实现自我的个体体育。此外，大学体育也逐渐体现政府意志，例如在青年体格健全委员会的引导下，不到5年时间里，强调针对大学生体质健康的目标便取代了新体育所提出的社会化教育，并成为以美国卫生、体育和娱乐联合会为代表的美国体育组织和学者的共识，甚至没有任何的争论。此阶段美国大学体育在多元变化中不断前进，在强调体育工具性的同时不断寻找体育的本体价值。

（五）自由期：1995年至今

1995年至今，美国大学体育处于自由发展阶段。20世纪晚期，随着现代高新技术的发展，美国人民的生活方式不断发生改变，不良的生活方式比例急剧上升，从而导致了一些健康方面的问题，这些健康问题的出现增加了美国人民对健康问题的关注。据统计，近几年美国有近40%的成年人和19%的儿童、青少年处于肥胖状态。由于受到诸多青少年健康问题的困扰，美国大学体育的目标由强调运动技能的掌握转向通过体育培养学生养成健康的生活方式。美国国家健康学院以及社会各个营利和非营利组织等也从国家层面进行顶层设计、全力出击，对肥胖儿童、青少年及其干预研究投入了大量的资金和关注。国家健康、体育、娱乐和舞蹈联合会等机构也颁布了《走向未来——国家体育教育标准》，旨在从体育方面建立国家标准，通过体育锻炼的方式改善青少年身体健康，为青少年塑造健康的生活方式。与此同时，在美国大学公共体育方面，教学目标和内容实现多元化，大学公共体育的目标从单一的社会化教育扩展为社会化教育与增强体质并行；大学体育课程形式实现大范围的自由化，各州政府根据国家体育教育标准规定公立学校是否需要设立体育必修课程，而私立大学则根据自身需求决定是否开设体育必修课程。学校课程的开设以及学生课程的选择中体现出自主自由性。在校外俱乐部的开展过程中，部分学校的授课对象逐渐演变成包含教职工及其家属在内的所有俱乐部成员，授课对象的扩展体现出美国大学体育为群众体育服务的转变，大学体育的职能多元化。在校际竞赛方面，NCAA等民间自治协会越来越完善，校际间竞赛项目日益增多；学校俱乐部与地方社会组织之间联合举办的比赛在各方面都有一定的提升，无论是高水平比赛，中等水平比赛还是休闲娱乐竞赛都呈现出百花齐放、自由发展之景象。同时，此阶段的美国大学体育还广纳海外传统体育，实现真正意义上的体育自由，百花齐放。

二、美国大学群众体育现状

（一）体育文化

美国大学体育文化作为美国大学文化的亚文化，是一种强势文化，在美国大学校园中拥有显著的地位。在美国大学中，体育是大学的形象，富有特色的体育比赛和社团活动是大学的名片，著名运动员是大学的英雄。校园中的体育雕塑、体育标志、运动队服、体育吉祥物、体育场馆建筑等体育人工产品折射着大学体育价值观，影响着历代学生。历史悠久的体育场馆承载着美国大学的体育发展史，将大学的体育故事向每位师生娓娓道来；体育吉祥物诉说着对体育的追求；体育人物传递着美国大学体育的精神。美国大学体育文化主要从体育人工产品、体育价值观以及体育文化的地位中表现出来。在体育人工产品方面，美国大学的场馆建筑历史悠久，数量多，传奇的场馆"故事"广为流传，使得师生有着充足的归属感与荣誉感。体育建筑和设施是开展体育活动的物质基础，对标志性体育建筑的理解和描述深刻地体现着一所大学的体育文化。① 如美国私立大学耶鲁大学的耶鲁碗体育场（Yale Bowl），是为了举办1914 年哈佛与耶鲁的比赛而建立的，它在耶鲁人心目中是耶鲁大学橄榄球的吉祥地；而哈佛人认为哈佛运动场（Harvard Stadium）永久地改变了橄榄球运动史，为此感到无比自豪；公立大学北爱荷华大学的西馆（West Gymnasium）也被看作是北爱荷华大学女排比赛的吉祥地，北爱荷华大学女排曾在此创造了连续 51 场主场比赛不败的纪录。体育口号也是美国大学体育的一种人为产品的特色，每个学校都有属于自己的体育口号，通过体育口号表现体育理念，如耶鲁大学的"运动属于所有人（Athletics for All）"与体育校歌《牛头犬》，"牛头犬，牛头犬，我们的队伍决不会失败，当我们的歌声穿越深红阵线，那就是我们胜利的信号"。此外，吉祥物也是美国大学体育中一道亮丽的风景，不同的吉祥物背后都蕴含着不同的"故事"，如耶鲁大学的斗牛犬（Bulldog）、奥本大学的奥比虎（Aubie）以及田纳西大学的狗"黑烟（Smoky）"等等，都无一例外地体现了美国大学对体育的重视与推崇。美国大学校园中也随处可见对体育人物的宣传，借助榜样的力量推动校园体育文化氛围的形成，激励在校学生积极参与体育竞赛，为自己、为学校争夺荣誉。如哈佛大学便有专门的体育英雄榜，榜上所列全是取得了优异的比赛成绩和名次或者是取得了体育与学术双丰收的运动员和教练员，他们因此创造了历史，为哈佛大学或者美国争

---

① 夏晓勤，蓝劲松. 中美两国大学体育文化研究 [J]. 比较教育研究，2005（10）：47-51.

得了荣誉。除了注重线下体育文化的塑造，美国大学线上体育文化的塑造也同步推进，美国大学体育线下新闻媒介主要有体育新闻报纸和体育杂志等，线上的主要包括体育网站、体育新闻频道，用来传播体育赛事信息、专业运动员的事迹、业余体育信息和日常校园体育信息等。以耶鲁与北爱荷华大学为例，耶鲁大学拥有耶鲁牛头犬网站（Yale bulldog）、耶鲁每日新闻校报（Yale Daily News）、耶鲁信报（The Yale Herald）、广播、校内网络视频、电视、公共网络视频等体育传播媒体；而北爱荷华大学则拥有美洲豹网络（Panthers Network）、北爱荷华大学校报（Northern Iowan）、北爱荷华大学新闻（UNI News）、新闻资源（News Resources）等体育传播媒体助力校园体育文化的塑造。

在体育价值观方面，美国大学体育强调"以人为本"的核心观念，期望培养学生成为一个完整的人，培养体育锻炼能力和习惯，借助卓越的身体素质更好地融入和服务社会。美国推崇集体荣誉、个人价值，注重个人发展和大学体育与社区的互动关系，强调培养学生的团结合作精神、顽强拼搏精神、为集体荣誉而战的精神及努力拼搏的精神。美国大学体育价值观深受追求自由、平等，提倡个人奋斗、鼓励竞争的美国文化影响。美国大学校园尊重学生的个人选择，并在此基础上为学生提供最大限度的优化服务。因此，在体育服务中也是如此，在校园中经常可以看到"运动属于所有人""你会带来不同"等充满着人文关怀的体育标语，很好地传播了大学体育文化的理念。如耶鲁大学校园文化中传递出来的人人参与、凝聚共识、培养人才的大学群众体育理念则通过明确的运动口号与清晰的运动哲学观表现出来。实际上，耶鲁大学的体育哲学观将具备挑战乐趣的、带有愉悦乐趣的课余身体活动视为通识教育中重要的组成部分，而非可有可无的身体教育。并且，哈佛大学的人才培养理念也强调通过体育培养出追求卓越的人，培养出社会领袖和精英，培养出优秀的社会公民，培养出全面发展的、有教养的人。总而言之，根据美国大体协对美国大学体育价值观的概述可知，[①] 在美国大学中，体育是所有人的体育，是群众休闲、健身、娱乐与竞技体育互融互通的体育。美国大学把体育作为学生的业余爱好来培养，力图通过业余的体育活动使学生在社会实践中学会调节自己，使自身在学业、生活等多元的压力环境下达到平衡，追求卓越，培养社会精英与领袖；对学生的体育道德要以最高标准来要求，强调体育在思想品德教育中的重要作用。同时，美国高校群众体育中的校际比赛也立足于实现高等教育使

---

① National Collegiate Athletic Association, Core Values［EB/OL］. http：//www. ncaa. org/wps/wcm/connect/public/ncaa/about+the+ncaa/who+we+are/core+values+landing+page.

命，在完成对高等院校的提升目标中实现高校群众体育的发展；在群众体育的发展中兼容多民族运动文化，促进学生与教职工等大众群体平等参赛，为不同背景的教练员和管理人员提供就职机会。

（二）管理机制

美国大学分公立大学与私立大学两种，美国的教育管辖权归各州所有，有些州规定公立大学设置必修体育课程，有些州对公立大学不做要求，私立大学一般根据学校实际情况决定是否开设体育必修课程。因此，美国大学的体育管理机制也分为公立大学与私立大学两大类情况。在私立大学中，针对大学中的各类体育事务，学校设置体育部来进行专门的管理，这与我国当前众多学校的公共体育部性质一致。在公立学校中，往往会设置运动部与娱乐体育部两个专门性的机构互相协助，各司其职，分别管理囊括竞技体育与群众体育竞赛在内的大学校际体育竞技活动和面向全校师生及会员开放的娱乐体育活动。无论是公立学校还是私立学校，美国大学的体育管理机构的直接领导权都归大学校长或教务长所有，此外大多数大学会设立大学体育事务顾问委员会或者委派体育特务助理负责监督大学体育管理的实施，并及时向校长提出各种建议。[1] 在具体管理层面，美国大学群众体育机构的内部分层一般以体育场馆为单位或管理的功能为中心分配内部分支部门。常有负责体育设施与运营管理的体育设施及运营中心，负责组织协调竞赛的校内体育竞赛，管理校园俱乐部会员的体育俱乐部，以及户外娱乐体育、员工娱乐体育、水上运动项目中心等部门。比如耶鲁大学体育部下设 15 个分支部门，其中包含会计与财务服务、人力资源与行政管理、校际运动竞赛与体育设施、划船运动中心、体育市场运作、夏季运动集训营、水球与马术中心、运动医学院以及力量训练中心等。从美国各大高校体育管理部门的设立中可以看出一点，在美国无论是私立大学还是公立大学，一般都包含关于体育法规与政策、体育宣传与信息交流、网络信息技术、市场开发与运作、人力资源、大学生运动员服务、运动损伤治疗与康复等具有综合应用性的分支管理部门，[2] 需要多元人才的参与，为大学群众体育的发展提供多学科融合发展的平台。如爱荷华州立大学专门负责管理大学校际体育竞赛活动的运动部设立的若干个分支部门中便包含了大学生运动员服务办公室、体育交流、运动竞赛媒体宣传、法规与政策、体育市场运作、运动医学院等。[3] 而

① 隋晓航. 中美大学体育课程设置现状的比较 [J]. 体育学刊，2008，15（3）：61-66.
② 隋晓航. 中美大学体育课程设置现状的比较 [J]. 体育学刊，2008，15（3）：61-66.
③ Iowa State University. Athletics Dept. [EB/OL]. [2019-08-14]. http：// www. uiowa. edu. com/.

这种将体育与其他学科和知识联结起来的综合性平台恰巧是我国大学体育中最缺少的部分，也正因为缺少相应的部门让学生自主参与，而导致我国大学生接受公共体育教育机会偏少以及教职工群众中"体盲"居多的尴尬现状。

美国大学群众体育即其公共体育教育主要由公共体育课程（必修课与选修课）、校园娱乐体育（Campus Recreation）和校际体育竞赛（Intercollegiate Physical Education）三个部分组成。校际体育竞赛有专门的管理机制，绝大部分参赛运动队成员是具有体育特长的运动员，少数俱乐部中训练出来的具有高水平的运动员也可参加校际竞赛，但人数偏少，故此书不重点研究校际竞赛部分。体育专业教育是为体育专业的学生开展的，也不属于大学群众体育的研究对象。而美国大学体育中开设的公共体育课程（包含必修课与选修课）、校园娱乐体育［包含校内体育竞赛（Intramural Sports）、健身课程、娱乐课程等］则是符合群众体育概念的校园群众体育。从对象上来说，除了部分学校的必修课程只对该校本科生开放外，其他课程活动均对俱乐部会员开放授课。据2012年俄勒冈州立大学 Cardinal 教授对美国 354 所四年制本科高校的调查显示，[1] 354 所学校中有 161 所大学设立了具有体育学分的课程，其中 83.9% 的高校的学分体育课程由运动人体科学部、体育教育部等教学（或学术）部门管理，其余 16.1% 的高校体育课程由休闲体育部代为管理。美国大学体育中除了校际竞赛由 NCAA 管理之外，其余校内开设的体育相关活动，通常具有学分的理论课程往往由运动人体科学部负责管理，而实践课程由体育教育部负责管理；而无学分要求的面向具有会员资格的群众开放的健身课程、娱乐课程以及校内体育竞赛等活动均由校园娱乐体育部管理，而校园娱乐体育部则由聘任的主任直接负责，每个部门都聘任具有健康管理、工商管理、健康促进与运动科学或体育管理学学位的体育管理专业人员进行专职管理。而我国的大学生公共体育课程内容单一、课程设置传统、形式主义现象严重，模式化套路化的课堂比率大，课余比赛项目与课堂内容、课余体育活动内容并不呼应，形式大于内容，缺乏长期性的规划设计，并未普及到普通大学生群体与教职工。

（三）活动开展

美国大学惠及普通群众的体育活动的开展主要包含体育必修（选修）课程、健身课程、娱乐休闲课程、校内竞赛四大模块内容。必修课程的服务对象主要是全体在校大学生，服务内容是提供免费的教学服务；而选修课程、娱乐体育课程以及健身健康等课程的授课对象则是包含在校大学生、教职工以及其

---

[1]　https：//admissions. uiowa. edu/academics/sport-and-recreation-management.

他与大学有密切联系的社会人群在内的与大学相关系数较高的普通群众，不同的是这类课程往往是收费课程，需缴纳一定的学习费用。在必修体育课程方面，美国部分公立大学和私立大学的体育课程设置情况见表9-1。

表 9-1　美国部分大学体育课程设置情况①

大学名称	设置的体育课程	授课对象	可获得的学分	收费情况
哈佛大学（私立）	娱乐体育课程	哈佛大学在校学生、教师、员工、校友（符合一定条件的家庭成员）	无任何学分	对于学生，集体练习类课不收费，其他类型课都要缴纳学习费用
哥伦比亚大学（私立）	①必修体育课程；②选修体育课程；③个人训练课程	①哥伦比亚学院和工程专业的本科生；②具有哥伦比亚大学Dodge健身中心会员资格的本校学生、雇员及其家庭成员，临近学校的学生，雇员及其家庭成员；③哥伦比亚大学Dodge健身中心会员（年龄为18岁和18岁以上的会员）	①最少要求获得2个学分，最多可以获得4个学分；②不设学分；③不给予学分	①免费②收费③收费
耶鲁大学（私立）	选修体育课程	耶鲁大学的在校学生、教师、员工和校友	不设学分	收费
普林斯顿大学（私立）	选修体育课程	普林斯顿大学在校学生及其配偶；具有大学各类健身中心会员资格的本校教师、员工及其家庭成员、校友、社会人群	不设学分	收费

---

① 隋晓航.中美大学体育课程设置现状的比较［J］.体育学刊，2008，15（3）：61-66.

续表

大学名称	设置的体育课程	授课对象	可获得的学分	收费情况
俄勒冈州立大学（公立）	①选修体育课程；②选修体育实践课程；③野外探险课程	所有课程都面向俄勒冈州立大学的在校学生、教师、员工和大学 Eugene-Sprinfield 团体成员	选修体育课程最多可获 12 个学分	所有类别的体育课程都收取费用
宾夕法尼亚州立大学（公立）	健康体育课程	具有宾夕法尼亚州立大学健身中心会员资格的在校学生、现任教师和员工；大学退休教师和员工	不设学分	收费
俄亥俄州立大学（公立）	健康体育课程	具有俄亥俄州立大学娱乐体育中心会员资格的在校学生、教师和员工	不设学分	收费
华盛顿州立大学（公立）	娱乐性健康体育课程	具有华盛顿州立大学娱乐体育中心或训练中心会员资格的在校学生、教师、员工	不设学分	收费

　　随着美国高等教育自主化、自由化的不断发展，美国高等院校中的体育必修课比例呈现出整体减小的趋势，而选修课、健身娱乐等课程的比例却呈现出不断增大的趋势，并且增加的幅度也较大。根据 Cardinal 教授的研究显示，调查的 354 所本科高校中仅 140 所高校具有体育必修课（占 39.55%），其比例降至近一个世纪以来的最低点（见图 9-1）。[①] 虽然随着美国办校规模的增大，美国体育必修课程在逐渐减少，但在有体育必修课程的学校中仍然十分重视理论课与实践课并行，强调理论课与实践课同等重要。美国大学中的体育理论课主要内容包括健康体适能、健康生活方式、运动处方、医疗急救等方面，教师授课时可灵活采用课堂讲授、案例分析、网络教学等方式。[②] 美国大学的体育课自主选择性较强，学生可以自由选择在哪个学期上体育课。大部分学校对学生选课时间没有特殊的要求，只有少数学校要求入学第一学期或第一年必须选择上体育课。一般高校对学生的体育课达标没有特殊的要求，但也有少部分学

[①]　https：//admissions. uiowa. edu/academics/sport-and-recreation-management.

[②]　向剑锋. 美国高校公共体育教育现状及启示 [J]. 西安体育学院学报，2016，33（03）：372-377.

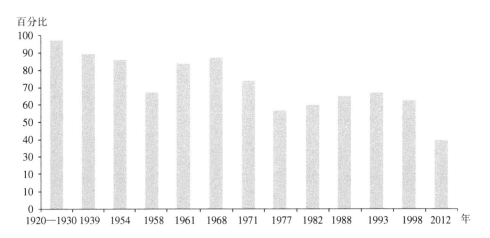

图9-1　美国大学近一个世纪开设体育必修课的美国高校比例柱状图

校与我国要求类似，如哥伦比亚大学以及康奈尔大学要求学生早日通过游泳测试，而北爱荷华大学要求本科生必须通过考核修满理论、运动技术和有氧运动3门课程的3个体育学分，考核不及格者必须重修，达到考核标准为止。[①] 虽然美国大学中为普通学生开设的体育必修课程在不断减少，但是其必修课程种类仍然很丰富，涉及多种项目，并对于运动技术要求较高的体育实践课，分别开设基础班、中级班和高级班等层次班，满足不同层次学生的需要。这与我国必修课程在量化的"单一性"与质化上"一视同仁"是有着本质的区别的。如哥伦比亚大学在2015年秋季学期开设了囊括个人项目、团体项目、室内运动、户外运动等项目在内的79门体育必修课程。康奈尔大学也开设了水上项目、球类运动等18个类别的常规课程和远足野营、攀登、自行车等7个类别的户外拓展课程，每个类别又分设多个子课程。

在健身与娱乐课程方面，美国几乎所有高校的体育休闲部都开设有健身课或者娱乐课程。健身课与娱乐课程一般不设学分，其授课对象主要为在校学生，但不仅限于学校学生，由于健身与娱乐课程一般由校园娱乐体育部代为管理，所以绝大多数学校的授课对象还包括教职工以及拥有学校体育俱乐部会员的社会人员。健身课一般包括集体课程和个体训练课程两部分，并以集体课程为主。集体健身课主要集中在形体健身和有氧健身等室内项目，在固定时间和

① 向剑锋. 美国高校公共体育教育现状及启示 [J]. 西安体育学院学报，2016，33（03）：372-377.

固定场馆内进行，每节课大约 30~50 分钟。① 而娱乐课程则不一定都在固定的室内展开，美国大学开展的娱乐项目往往包括徒步旅行、钓鱼、水上泛舟、野餐、山地自行车、探洞、攀墙和攀岩等户外娱乐活动。而健身课程与户外课程每学期在开学前会在相关的网站上公布课程安排以及缴费信息，并设置相应的课程套餐，学生与教职工等有参与体育课程意愿的人员可根据自身的情况在网上缴费报名，并选择试听，试听课程的时间为开学第一周。购买课程套餐的同学则可参加课程安排中任意课时的学习。如哥伦比亚 2015 年秋季套票为 175 美元，学生付费后可在开学后第一个月申请退课，但要被扣除 10 美元的退课费，而俄亥俄州立大学的学费中已经包含了健身课程的费用，学生可免费参加此类课程。户外娱乐课程则由相应的体育俱乐部负责，组织俱乐部会员进行户外娱乐课程。上课时间也十分自由，有套票的学生更加自由，只要到达场地仍有学习位置，便可参与到学习中，周末课时量较少，而周一到周五几乎每小时都有课程开设。但是，集体健身与娱乐课程也有一定的限制性，热销课程由于学员人数有限往往不能满足多数学员的需求。健身课程中的个体课程部分主要包含个体健康体适能指导、力量训练等专业性的健身指导训练，其费用比集体课程高，课程的课时量也相对较少。

美国校内体育竞赛体系是使得美国大学体育得以兴盛发展的动力源泉。美国高校校内体育比赛活动计划始终坚持"运动是良药"，以"全人运动"为己任。并将校内竞赛视为"面向所有人的运动"，面向全体师生，是高效群众体育的一种重要形式。校内体育竞赛注重的不是运动技能与运动水平，而是参与者的体育兴趣得以借助比赛的形式实现激增与延续，强调所有学生都有机会参与校内体育比赛。美国大学的校内体育竞赛体系一般分春、秋、冬三个赛季进行。根据参与者的体育技能水平，将校内体育比赛分为大比赛（Major Sports）、小比赛（Minor Sports）与特殊项目比赛（Special Events）三种。此外部分规模大的学校像校际比赛一样分为三个比赛联盟，即为技能水平高的学生准备的甲级联赛（A-league）、为普通学生社交娱乐健身等准备的休闲性的乙级联赛（B-league）以及为师生、员工、校友及附近居民设计的开放休闲式的丙级联赛（C-league），丙级联赛的队伍必须是由一定比例的男女队员混合组成，每队至少有两名女参赛队员。② 所有比赛的相关信息会根据不同的赛季做相应的调整并在比赛开始前进行详细的安排和计划，通过网站、邮件等形式进

① 向剑锋. 美国高校公共体育教育现状及启示［J］. 西安体育学院学报，2016，33（03）：372-377.

② 梁汉平. 美国高校休闲体育研究［J］. 哈尔滨体育学院学报，2012，30（1）：18-21.

行宣传，各学期的比赛项目会有所区别，一切都秩序井然，有条不紊。校内体育比赛项目有 3 对 3 篮球、5 对 5 篮球、桥牌、曲棍球、罚球大赛、冰球、室内足球、沙滩排球、极限飞盘等。校内体育竞赛也有严格的参赛规则，参赛规则中明确规定了参加比赛的队员必须出具体检证明，并自行购买相应保险，非学生与学校教职工的校友与社区居民需核查其会员身份才能参赛。并对参赛队伍的权利进行明确说明，比赛规则也有具体详细的说明，虽是校内竞赛，但标准皆按照校际竞赛体系严格制定、具体明确，如对弃权、重赛等都有明确的规定。在上述常规性体育竞赛活动的基础上，许多高校还创设了颇具特色的校内体育竞赛体系。哈佛大学的"会馆"体育赛事便是由十三个体育"会馆"构成，协助开展校内体育竞赛相关工作，以积分制的形式培育校内体育竞赛体系，争夺"施特劳斯杯"，哈佛大学的这一赛事体系的成立不仅为新生融入学校提供了平台，并从入校起就培养学生的竞赛意识，将大学中的体育文化融入学生的生活中。美国高校校内体育竞赛体系中值得我们借鉴的除了体系方面的构建，还有其对第三方平台的应用。在校内竞赛结构体系庞大的时候，面对繁重的竞赛组织工作，美国高校灵活应用 IMLeagues 等第三方网络平台开展体育俱乐部和校内体育竞赛的组织工作，为主办方提高工作效率，为参与者简化烦琐的操作程序。

（四）场馆设施

美国高校注重体育场馆设施的基础建设，场馆设施齐全，且大部分时间面向公众开放，足够满足美国高校群众体育发展的需求。美国大学体育场馆的预约、课程的选择等一些基本操作均可在体育网站上进行，美国大学的体育网站发展得相对成熟，内容丰富、功能齐全，诸多操作可以线上完成，给学生和员工提供了极大的便利，在一定程度上提高了工作效率，节约了大量的琐碎时间，并减少了人工耗损。美国大学体育场地虽绝大部分时间对外开放，但并未无偿开放，而是实行有偿开放制，利用场馆使用经费为校内开展其他体育活动提供经济支持。在体育场馆的建设中，美国高校更注重立足于大学群众的需求来建设体育场馆设施，注重的是体育设施的多样性与大众性、娱乐性、休闲健身性等多功能的融合，不局限于当下体育的发展，更多的是注重对未来体育的需求。更重要的是，美国大学将体育场馆、室外田径场、户外运动设施等体育教学设施视为与其他学科的实验室、教学教具同等重要，并无厚此薄彼的教育歧视，这种大学体育文化在一定程度上为体育场馆设施的建设提供了保障。例如，耶鲁碗体育场与哈佛运动场一样属于美国仅有的三个圆形运动竞技场之一，虽然它的建成比哈佛运动场晚了几年，但它却是世界上户内运动设施最齐全的场馆之一，体育馆内有划船训练中心、游泳池、综合训练场、休闲运动场所等丰富多样的运动区域，同时也是诸多美国体育代表队的训练场所和艺术击剑沙龙的重大礼仪场所，记载着耶鲁多少年来的风雨历史，是耶鲁人引以为傲的建筑。除私立学校外，美国公立大学也拥有大规模的体育设施，如北爱荷华大学拥有包括高尔夫球场在内的先进装备的八个体育场馆，全校的体育场馆面积达到 30 万平方米，人均面积达到 23.077 平方米，学生拥有足够的体育运动空间。总而言之，在场馆设施中，美国大学不仅注重场馆的实用性、美观性，更重视其文化历史意义，在其他体育设施的供给中强调对学生进行体育活动需求的满足。

三、美国大学群众体育发展经验与启示

（一）体育文化：弱势转强势，价值取向多元化

美国大学体育文化在校园文化中具有强势地位。学校体育场馆设施齐全先进、体育标志和吉祥物多样、传播媒体运营规模大，体育教育目标与理念贴近生活，既实用又体现无微不至的人文关怀。更重要的是美国大学体育文化在学校中具有举足轻重的地位，并非可有可无的边缘文化，美国大学体育文化在美国被公认为是培养与孕育社会精英的文化，培养优秀公民的文化。而我国大学体育文化在学校文化中还处于弱势地位，这充分说明我国大学体育的核心价值还没有广泛渗透到学生与教职工的心中，还没有形成人人都是参与者、人人都是责任人以及人人都是建设主体的局面，[①] 还没有形成人人主动参与体育的自觉意识。我们可以通过挖掘整理大学校园背后的体育历史"故事"，通过体育建筑、体育人工产品传承体育故事，从根源上加速体育文化的创造，重视大学体育文化的宣传，加强体育文化与体育活动的宣传力度，借助第三方网络媒体开发新颖的体育文化方式，打造校园体育文化生活圈，立体多维地传播高校校园群众体育文化。与此同时，把大学体育活动与社会活动结合起来，更多地宣传大学体育活动，传播大学体育理念，让体育活动走出体育人的圈子，塑造立体多元的体育活动。另一点值得被注意的是在美国大学中，体育文化的价值、体育活动的作用就如日常吃穿住行一样被师生所熟识，甚至被学生们发自心底地推崇。所以美国大学更多的是关心如何通过体育这项活动体现大众参与者自身的价值，使其进一步对自我实现认知以及如何通过努力拼搏、共同奋斗为集体争得荣誉，为集体奋斗，更强调人本位。因而，大学的体育价值观和体育精

① 王志章. 中美两国体育文化软实力分析 [J]. 北京体育大学学报，2010, 33（6）：13-17.

神更应该结合自己学校的特色，把体育价值和体育精神融合在日常的体育活动中，以学生为主体，通过活动这一载体来加以推广和宣传，践行体育文化，实现弱势文化向强势文化的转变。同时，强调大学群众体育文化的价值多元化取向，强调"以生为本"，最大限度调动学生的积极性、主动性和创造性，使学生充分认识到自己是大学体育文化的创造者、主体文化的参与者，从而营造一种积极健康、充满活力的大学体育文化，鼓励学生在大学体育文化实践过程中张扬个性，充分发挥自身的才干。

（二）管理机制：专职管理，扩展服务范围

首先，美国大学体育的管理机制是分别设置两个或者一个专门的管理部门，专门聘请具有管理学位的专职管理人员，只有与学分有关的课程会由体育教育部门或者学术部门管理。而我国没有体育院系的普通高校一般是设置一个体育部或者公共体育艺术部负责管理大学公共体育，由体育教师专门管理，而这部分体育教师大都没有管理学背景，因而对大学体育的管理略显不足。其次，美国大学体育专门性管理机构依据管理的功能和以大型体育中心为单位划分和设置分支部门是适应日益扩展的现代大学体育活动内容和范围的必然选择，我国一部分普通高校的大学体育专门性管理机构以某一个运动项目或某一个群体为单位划分和设置分支部门的方式已经不适应现代大学体育管理的实际需求。最后，美国部分大学为了更好地各司其职，设立两个专门性的管理机构，分别管理竞赛体系与娱乐休闲体系，但又不完全隔离开，而是呈现螺旋递进式关系，紧扣彼此，共同推进，不仅利于提升高水平运动队的校际体育训练与竞赛水平，同时也利于更好地管理好普通在校大学生的娱乐体育活动。而我国大学体育管理中对群众体育的管理往往只是为了完成教学任务，对于其他类型的校内竞赛、大众健身课程、群众户外娱乐课程等为了减少管理中的"麻烦事"，为了避免"麻烦事"，很少主动积极地构建，更别提管理了。管理体制内部实则是教师管理，学生的活动兴趣得不到满足，自然也不会积极参与到体育活动的管理中，大学体育管理中缺乏学生主体的参与，变成体育教师的个人舞台。因此，在大学体育管理机制中应充分借鉴美国大学的经验，集中课外体育管理权，有力促进课外体育活动有计划地开展。我国大学群众体育管理机制从表面上看是在校体育运动委员会的领导下，体育部、团委和各个院系共同协作管理的机制，但实际上多头管理、无实权等操作给大学群众体育的发展带来了许多实践的尴尬。此外，我国的大学体育管理制度应在我国大学生体育意识的基础上注重体育娱乐部门的营造，帮助学生终身体育意识和习惯的形成。再者，从管理层面扩大课外体育的对象范围，为学生与教职工甚至部分与学校联系密切的社会人士搭建沟通的桥梁，让学生通过体育活动参与到不同的沟通交流环境中，在体育运动中获得身体锻炼的同时收获更多。另外，现在我国大学体育教师管理制度可以使大部分体育教师"一劳永逸"，从而自然而然地滋生懒惰的情绪，造成体育教师教学传统化、固定化、技能化的局面，并且在一定程度上导致了具有各类健身项目教学专长的体育教师不能顺利进入现有体育教师队伍之中，所以应逐步更改我国大学的体育教师聘任制度，加大外聘体育教师比例，采用优胜劣汰的竞赛机制激发体育教师圈应有的活力与激情。同时，我国体育管理机制应增加多种体育活动服务性收费渠道，通过多渠道吸金投资，收缴适当的服务费盘活自己，促进课外体育活动可持续发展。

（三）活动开展：大学校，小社会

美国大学体育活动的开展实际上就是一个大学校的小社会。大学校是针对活动的参与对象而言，让更多与大学有关的人员参与到高校群众体育活动中来，为在校教职工及相关人员搭建娱乐休闲的交往平台，使其在工作的同时享受一定的体育教育资源。同时为在校学生创建一个充满竞争与合作的小型社会，以期通过体育活动的开展锻炼学生的社会适应能力，培养出有素养、全面发展的人，并能促进师生之间更多的沟通交流，从而实现真正意义上的新型师生关系，促进教学相长。但我国的实际情况却是教职工体育活动是由学校工会全权负责的，自主性极强，惠及教职工人数较少，并未为学校全员搭建有效的体育活动平台。因此，在我国大学体育的活动开展中，首先，可以考虑利用学校已有体育资源为在校教职工开设健身娱乐等体育课程，一方面可以不增加教职工体育锻炼和休闲体育活动支持性财政投入的前提下促进教职工的身体健康水平，提高大学教职工身体素质。另一方面还可以为教职工提供更多的参与体育锻炼的机会，预防老年疾病，同时快速和高质量地搭建一个多方面、多功能、多视角的体育活动平台。其次，纵观我国大学体育的发展史不难发现，在我国大学体育课程的开设中，健身体育课程的影子实在难以寻觅。因而可根据我国现有大学体育现状以及每个大学的师资力量与特色，在大学体育课程教学内容中，增加健身类内容的比重，照顾大学中的体育弱势群体，使人人参与体育，人人重视体育，人人乐于体育成为可能。再次，扩展我国体育必修课程的受众范围，开展丰富的户外娱乐活动项目，让体育不再拘泥于课堂，让体育走出课堂，走入社会，走入生活。相比于美国而言，我国实行的体育必修课程其实是我国大学群众体育推行的一大优势，但受师资力量、教学条件、传统教学理念等因素的影响，我国高校公共体育课程在开设必修课程的连贯性方面还有待加强，无法让部分师生在体育活动中临时性的体育兴趣得以延续、体育习惯无法形成。同时，我国高校公共体育课程涉及的运动项目范围较窄，在趣味运动、野外拓展等娱乐、实用性项目中占据劣势地位，缺少对生活刻画的趣味性与多样性。因此，我国高校可在学习美国高校开设体育必修课的同时，增加集体健身课和体育俱乐部的组织方式，大力推行多级多维课堂，调动大学体育主力军——学生的核心组织与领导协调作用，充分发挥学生的自主创新性与灵活变通性，提高体育课程的多元性，拓宽群众体育的影响范围，满足学生日益增长的健身需求。最后，美国大学体育活动开展中值得借鉴的是其校内体育竞赛活动的开展。我国大学校园中的体育竞赛近年来虽然一直在寻求改革之路，但现实反映出了校园竞赛依旧注重技能，依旧是体育优等生的圈子，而体育弱势群体无力踏入此圈。美国校内体育竞赛从定义上便是面向所有人的运动，在校内竞赛体系与竞赛项目的设置上也与学校开设的体育课程十分契合，体系设置上更是体现出人本位思想。校内体育竞赛活动是大学体育文化得以持续发展，学生体育兴趣得以激发和保持的动力源泉，因而我国大学体育应加强校内大学体育竞赛体系的建立，设置的项目切合学生娱乐锻炼的需求，与学校体育课程吻合，设立多梯度的群众体育比赛级别，固定赛季，多方动员、助力校内体育竞赛的可持续发展。

第八章　"世界一流大学"目标下
中国大学群众体育展望

《牛津词典》把"世界一流"定义为：在世界范围内公认为拥有卓越的品质或标准，能与世界上最好者媲美或竞争。[①] 因此，"世界一流大学"一定是世界范围内最卓越的大学，在教育和研究领域出类拔萃，引领世界；不仅是知识的传播者，更是知识的发现者和创造者。[②] 对于大学群众体育的发展而言，诸多一流大学已经实现了大学群众体育的稳定发展，能够为学生和教职工提供良好的运动环境，营造了全员参与的体育文化氛围。我国的大学群众体育经历了多年的发展，虽然形成了能够服务于学生和教职工的体育管理模式，但是在实际的操作过程中却无法展现出大学群众体育发展的优越性。为此，笔者以"世界一流大学"为目标，以我国大学群众体育发展的实际情况为基础，对我国大学群众体育的发展进行展望，以期能够在"世界一流大学"目标下构建中国特色的大学群众体育发展路径。

第一节　吸纳国外大学群众体育的发展理念
开拓我国大学群众体育的新道路

欧美国家十分重视学校体育、大众体育与竞技体育的协调发展。德国在浓厚的"以人为本"的大众体育社会氛围影响下，各个大学体育工作的核心理念与德国奥林匹克联合会提出的大众体育发展是为了通过体育活动为人们提供健康的生活方式相一致。众所周知，英国是现代体育的发源地，其体育的发展也呈现出自下而上的特点，整个国家的体育氛围十分浓厚。英国的大学群众体育不仅能够促进学生和教职工拥有健康的体魄，还能够帮助他们在合作、竞争、彼此尊重和自我实现的过程中得到发展。美国的大学群众体育以竞技文化

---

① 柳逸青. 论一流大学的文化气质——以剑桥大学下午茶为例 [J]. 重庆高教研究，2014，2 (01)：84-88.

② 陈海明. 从世界一流大学的共同特征看其对"双一流"建设的启示 [J]. 成都理工大学学报 (社会科学版)，2019，27 (03)：58-61.

作为根基，构建出美国大学群众体育的长盛不衰。如哈佛大学体育的价值在于健康、幸福、娱乐和社交，鼓励更多的学生、教职工和校友参与其中，培养学生在紧张的学习生活之余学会利用业余时间锻炼，形成一种健康的生活习惯，从体育中收获健康的体魄，体会参与的乐趣。[①] 显然，欧美国家在大学群众体育方面均取得了稳定的发展，一定程度上取决于欧美一流大学中的体育文化，它是引导学生和教职工积极参与的动力源泉。在美国，各个高校充分利用竞技体育的"天然属性"满足社会诉求，逐渐形成了一个具有美国民族特色的、坚持业余性、以学校为中心的竞技体育体系。[②] 换言之，美国的大学群众体育依靠强有力的竞技体育支撑，在学校内形成了良好的体育文化氛围，能够带动学生和教职工积极参与其中，进而构建出和谐的校园体育文化氛围。反观我国的大学群众体育，学生和教职工参与体育活动大多依赖于学校的组织，而且参与的群体也是少部分体育爱好者，缺乏校园体育文化的引领，以致大学群众体育工作尚未有实质性的突破。

习近平总书记强调，高校只有抓住培养社会主义建设者和接班人这个根本任务，才能办好中国特色的世界一流大学。[③] 大学群众体育的新道路旨在开辟广大群众参与体育活动的新纪元，能够为广大学生和教职工提供优质的体育服务，并能在和谐的校园体育文化氛围中增强体质，使学生和教职工能够为学校建立"世界一流大学"付出努力。除此之外，各个高校应广泛吸纳欧美一流大学的体育发展理念，取其精华，从而成为我国大学群众体育的文化内涵，打破现有的教职工和学生的两套管理体系，实现真正意义上的大学群众体育。在课程体系建设方面，打破现有的大学体育选修课制度，采用多等级授课模式，致力于服务各个阶段的学生，保证学生能够在体育课中习得一定的技能。此外，对于硕士、博士及教职工，以体育服务站的方式为他们提供专业上的指导，鼓励他们利用空闲时间参与体育活动。在课余体育活动方面，将教职工体系与学生体系进行融合，实现学生与教职工的"同场竞技"，有助于构建和谐的校园体育文化。在社团活动方面，突出体育社团的"专业性"，既能为学生和教职工提供体育技术上的援助，又能组织高规格的活动，让每一位成员都能参与其中。在训练与竞赛方面，由教育部门牵头实现多级联赛体系构建，能够让更多的学生参与到比赛中去，从而将教学与竞赛有效地联系起来。此外，对于教职工的训练与竞赛以加强身体锻炼为主，在规则上降低难度，增加比赛的

① 周正卿. 关于世界一流大学体育课程建设的思考——兼论大学与体育的现代性契合 [J]. 运动, 2016 (13)：10-11, 76.

② 张学兵. 谈中美大学体育差异——访美随感 [J]. 体育研究与教育, 2018, 33 (02)：27-29.

③ 张军. 内涵发展，世界一流大学建设关键 [N]. 学习时报, 2019-08-02 (006).

流畅性。所以，大学群众体育的发展更应该肩负起新时代的重任，不仅能够促进学生和教职工的身心健康，还能够在实践的过程中提供普通课堂无法实现的教育过程，促进高校综合实力的提升，紧跟"世界一流大学"发展的脚步。

第二节　丰富大学群众体育文化的新内涵
助力我国"双一流"高校建设

体育文化的含义一般分为内、中、外三层：内层是体育文化的核心，主要包括体育理想、体育道德、体育意识形态等；外层是体育物质层面，包括体育设施、体育场地等有形资产；中层主要是体育规章制度等。[①] 纵观我国大学群众体育的发展，随着学生和教职工对于体育的需求日益增长，大学群众体育的文化内涵也发生着改变。从最初注重身体锻炼的学生体育日渐发展成为集内、中、外三层为一体的大学群众体育文化，各个层次所表现出来的文化特性，构成了大学群众体育文化的新内涵。从内层的体育文化核心来看，大学群众体育除了促进学生和教职工的身体健康外，还肩负着体育理想、体育道德及体育意识形态的培养，以期通过参与体育活动培养他们的意志品质，以便于更好地适应学习和工作。从外层的体育物质层面来看，随着科技水平的发展，体育场馆设施的变化可谓是日新月异。各个高校的体育场馆设施均能体现出不同的文化特色，能够满足学生和教职工的日常锻炼需求，其精心打造的物质文化也成为吸引他们参与体育活动的重要原因。从体育文化的中层来看，上至国家教育部门，下至各个高校，都在致力于体育规章制度的修订与完善，力求能够为学生和教职工参与体育活动保驾护航。显然，大学群众体育文化的内、中、外三层结构能够满足各个高校的体育工作，但随着时代的发展，就需要在三层结构中更加精细化，从微观层面构建整个大学群众体育文化的新内涵，全面推动大学群众体育的发展。

习近平总书记指出："办好中国的世界一流大学，必须有中国特色。"[②] 对于我国"双一流"高校建设过程中的大学群众体育，也要在广泛吸纳国外先进理念的同时注入中国符号，并使之成为"双一流"高校建设中的催化剂。《统筹推进世界一流大学和一流学科建设总体方案》中明确指出，"加强大学文化建设，增强文化自觉和制度自信，形成推动社会进步，引领文明进程、各具特色的一流大学精神和大学文化"。从我国"双一流"高校建设的顶层设计

---

① 纪惠芬. 从十九大报告解读群众体育国策和体育强国内涵 [J]. 广州体育学院学报，2019，39（02）：5-8.

② 朱道辉，孙淑慧. 建设世界一流体育大学的内涵与着力点 [J]. 成都体育学院学报，2018（06）：6-8.

中可以看出文化建设的重要性，大学群众体育文化作为大学多元文化中的一部分，更应该肩负起"双一流"高校建设中文化引领的重任，从而推动学校综合实力的提升。首先，笔者认为大学群众体育文化应该建立在"全员参与"的基础上，无论是校级竞赛还是社团活动，都应该满足更多人的锻炼需要，让各个水平段的学生和教职工均能参与其中。其次，注重大学体育项目的文化建设，以文化引领学生和教职工参与其中。据悉，我国的很多高校都有校本体育项目，成为整个学校体育工作的代名词，吸引了广大学生和教职工的关注，对于学校发展体育事业起到了引领作用。如学校在发展竞技性校本项目的同时，为广大师生提供参与的平台，他们可以在校本文化的激励下自主地参与其中，更好地实现大学群众体育文化的构建。最后，在丰富大学群众体育文化内涵的同时，需要不断地适应社会经济的发展需求，了解学生和教职工实际的锻炼需求，进而为他们提供优质的服务，促进大学群众体育的良性发展。总而言之，在"双一流"高校建设的背景下，大学群众体育应积极肩负重任，从文化建设方面服务于大学"双一流"建设的目标，推动整个高校体育事业的发展。

第三节　健全大学群众体育组织管理机构
　　　　实现教职工与学生一体化的融合机制

进入新世纪以来，科技全方位进入社会生产生活领域，开始全面取代生活中各种被动的身体活动，人们在享受前所未有的自由的同时，也因身体活动的缺少而陷入威胁其生存的健康困境。多年以来，学校体育在我国体育事业的发展中具有举足轻重的作用，也在多年的实践中总结出一套组织管理体系，为学校体育的发展保驾护航。然而，科技时代的来临减少了人们的体力活动，由"被迫动"转向"不动"，人们的健康问题日益成为体育学者关注的重点。基于此，大学群众体育组织管理机构的健全迫在眉睫，科技革命的冲击不单单是影响了学生的生活，而是面向社会全体成员，需要我们勇于打破现有的体系，迎合时代的发展。现行的教职工体育主要由校工会负责，没能很好地满足教职工的锻炼需求。如王鹏、蒋健保在《新时代高校工会体育工作研究》中通过对浙江省13所高校进行实地调研，总结出浙江省高校工会体育工作开展过程中存在的问题，即组织不力、职能不清和保障不足。显然，在学校体育圈中，圈内的资源主要是保障学生的体育活动，势必会忽略教职工的体育活动，因此在制度、组织、经费、场地和专业指导方面得不到保证，使教职工的体育活动大打折扣。对于大学群众体育而言，学校体育工作的重心要面向学校的全体人员，要将学生和教职工的身体健康作为大学群众体育的首要任务，积极调整现有的组织结构，能够为他们提供优质的体育服务，从管理体系层面彻底打破学生和教职工分级管理的模式。

在平时的比赛中，我们经常可以看到父子、师生毫无顾忌地参加同一比赛，学生和教职工同样也可以毫无顾忌地参加同一体育活动，只是我们尚未准备就绪。从组织管理机构来看，当前学生和教职工分级管理的模式阻碍了学生和教职工体育的一体化发展，潜移默化地形成了学生和教职工的两套管理体系。首先，组织管理机构上应该在学生端和教职工端建立统一的大学群众体育服务机构，由主管领导根据学生和教职工的体育需求制定长期的发展路线，从宏观层面对大学群众体育进行把握，制定切实可行的顶层设计；其次，各个部门应该紧紧围绕教学、训练、课余活动和竞赛制定配套措施，能够保证大学群众体育各个部门各司其职，并且能够促进整个大学群众体育的良性循环；最后，通过精心策划校园体育活动，积极引导学生和教职工共同参与其中，使他们能够在参与中体会到校园体育的文化氛围，并能从中获得实质性的收获。尤其要注重校领导的牵头作用，营造出更加和谐、温馨的场面，同时也能为公务繁忙的领导们带来身心上的放松，从而能够更好地投身学校"双一流"建设。事实上，改革开放以来，在计划经济向市场经济转型的过程中，随着单位制的消解，人们的身份由"单位人"转化为"社会人"，单位体育不可避免地走向衰落，而围绕"社会人"构建的社会体育兴起。大学群众体育较其他单位最大的不同就是其资源配置齐全，无论是场地设施还是专业人员，都能成为社会体育发展最有力的推动者。所以，大学群众体育应该肩负起"社会人"的体育活动，将学生和教职工的体育活动有效落实，从而"以点带面"地推动整个群众体育的发展。

第四节 加强高校体育场馆设施的信息化建设 推动全员参与的场馆服务转型

体育场馆设施是大学群众体育发展的物质基础，一个学校的体育场馆设施的数量及其运营的效益在一定程度上体现着大学群众体育的开展程度以及大学对大学群众体育的重视程度。我国大学体育场馆设施的建设与服务在近年来虽实现了不同程度上的突破，但整体上呈现出体育场馆设施供给不足、服务方式传统等现象，与英、美、德等世界一流大学的体育场馆设施水平相比仍有一段距离。此外，在高新技术飞速发展的时代，智能化的体育设施及信息化的管理模式在大学群众体育的应用中并未普及，仅在部分高校的竞技体育训练中有少数配置。因此，在建设世界一流大学的目标下，首先，应调查我国高校现有体育场地设施现状进行前期分析，根据我国体育场地设施现状规划我国大学体育场馆的建设，结合中国高校教育特色的体育场馆设施建设的"黄金计划"，颁布大学体育场馆设施可持续发展的政策文件，推出我国大学体育场馆设施建设的十年规划，打开我国大学体育场馆设施建设高速发展的大门；合理兴建高校体育场馆设施，充分发挥高校体育场馆在体育教学、体育训练、课后群众体育娱乐等方面的作用，扩大体育场馆服务对象，惠及全校师生以及家属，鼓励人人参与体育，营造欢快娱乐的校园体育文化，推动大学群众体育发展。其次，结合大学文化特色建筑，借助具有文化底蕴的大学体育场馆设施提高高校知名度以及增加高校收入等等，为我国大学群众体育、休闲体育以及学校形象营造等方面带来积极作用，充分发挥体育场馆在高校群众体育发展中的综合作用。

加强大学体育场馆设施建设的同时需注意灵活规划，注重长远性和系统性，强调场馆的设计、融资、兴建和运营管理达到一体化水平，推动体育场馆运营的现代化转型，为我国大学群众体育的发展铺垫新的物质起点。例如，注重一馆多用，体育场馆不仅用于体育教学还可承接多种赛事，打造属于各大高校专有的品牌体育赛事，鼓励高校教职工与学生等群众多方面了解体育、参与体育，营造浓厚的群众体育氛围。如橄榄球场可承接曲棍球、棒球、足球、田径和摩托车等赛事，冰球馆可承接篮球、速滑、拳击、室内足球等赛事。① 强调高校体育场馆采用融合式开发模式，强调开放形式多样化，注重体育教育、竞赛、健身、休闲娱乐和旅游的融合，积极开发相关的配套设施，多角度切入大学生生活，融入现代大学校园教职工的日常生活中。让大学体育场馆相关配套建设不再"死气沉沉"，不再只为"体育优胜者"服务，而是注入更多与现代大学群众需求相关的新鲜血液，把大型体育馆打造成一个以体育活动为核心的人人乐意前往的文化娱乐场所，极大地开发体育场馆设施的群众性与参与性，刺激校园人人参与体育的文化形成。保障高校体育场馆设施的"续航"能力，实行合理严格的管理制度与财务规划，预留足够的后期维修资金，促进场馆功能的持续性发展，帮助建设可持续性发展的高校群众体育，保障高校师生参与体育活动的连续性。强化场馆"造血功能"，多方联合举办体育赛事、体育娱乐活动等，利用体育活动的收入加大场地设施管理投入，促进全员参与体育、大学群众体育全面开花的同时，塑造场馆的持续经营能力，加强高校体育场馆的自我修复能力。

借助信息化时代的高新技术，助力高校体育场馆设施的信息化建设，增强大学群众体育建设的体验感与新鲜感，提高体育场馆服务效率，助力全员参与服务转型。在体育设施的匹配中逐渐向具备科学指导性、便捷性以及可折叠性

---

① 何斌，席玉宝，王郅，等. 美国高校大型体育场馆的建设与运营 [J]. 武汉体育学院学报，2016，50 (10)：58-64.

等多种锻炼价值的体育设施过渡，一方面可以锻炼参与者的动手能力，塑造与其他多种能力培养相结合的体育活动，另一方面科学设备融入大学群众体育设施建设中，加强对参与大学群众体育活动的普通学生与教职工及其家属的科学指导，对不认同体育价值的学生与教职工建立健康管理档案，帮助他们建立对体育的正确认识以及合理的价值观，并充分体现出对高校中大众参与者的人文关怀，培养大学中普通大众的体育兴趣。此外，智能化设备的投入更有利于体育场馆中的空间再利用，实现"一馆多用"。除了设备智能化，体育场馆设施建设服务系统信息化也是大学群众体育发展中的一条必经之路。在世界一流大学的目标下，我国大学群众体育的建设必然带来我国大学群众体育服务对象的全面增加。因此，我国大学体育场馆服务体系也应加快现代化转型的步伐，用户信息实现现代数据化管理、场馆租赁预约实行线上办理、体育场馆设施租赁逐步一体化以及建立体育场馆会员个人健康评估定期发放机制等，利用信息化的管理便利，简化流程，丰富内容，改善高校群众体育的环境，为在校学生与教职工及其家属提供高质量的体育活动场所和体育服务。以大学大众健身需求为出发点，建设全民健身类的体育场馆，使场馆的建设服务于民、惠及于民，推动全员参与的场馆服务转型。

最后，在精神层面，注重营造大学体育场馆设施等人工文化产品的归属感，挖掘体育场馆背后的"体育故事"，有利于丰富校园文化生活和传承高校体育文化，从而实现体育场馆建设、大学体育精神文化建设以及大学群众体育兴趣培养。大学校园中的体育雕塑、体育标志、运动队服、体育吉祥物、体育场馆建筑等体育人工产品折射着大学体育价值观，影响着历代学生。历史悠久的体育场馆承载着大学的体育发展史，将大学体育故事向每位师生娓娓道来，传递着大学体育的精神，挖掘体育场馆背后的文化，打造具有归属感的体育人工文化产品，对培养大学校园中师生的体育认同感与归属感具有积极的意义。总而言之，在世界一流大学的目标下，我国大学群众体育的发展仍有很大的进步空间，在体育场馆设施建设方面，我国大学群众体育发展应以"人人参与体育"为核心理念，以可持续性发展为原则，以信息时代的高新技术为工具，以多方人才融合发展为方式，加强高校场馆设施建设，实现全员参与的场馆服务转型，促进我国大学群众体育的蓬勃发展。

第五节　促进大学群众体育与其他行业的融合实现多行业协同发展的新局面

2016 年 12 月 7 日，习近平总书记在全国高校思想政治工作会议上发表重要讲话，对我国高等教育发展提出了"四个服务"的明确要求，即为人民服务，为中国共产党治国理政服务，为巩固和发展中国特色社会主义制度服务，为改革开放和社会主义现代化建设服务。"四个服务"对于大学群众体育工作同样具有指导意义，更加凸显出高等教育是服务社会主义现代化建设的。从当前国内体育事业的发展来看，体育与文化、教育、医疗、养老、健康、旅游等行业的融合发展，是今天体育发展过程中面临的不可忽视的显著特征，特别是体育产业与旅游产业、养老产业、教育产业、互联网产业的融合发展更是展现出深刻而又不可逆转的前景。[①] 大学群众体育活动的举办需要人力、物力、财力的支持，学校可以投入到体育工作上的资源有限，因而阻碍了大学群众体育的发展。事实上，大学群众体育与文化、传媒、健康等行业的融合发展具有很强的时代性，我们能够借助高校平台实现大学群众体育的新局面，实现高校与其他行业的共赢。

此外，学生和教职工参与体育活动除了锻炼身体外，更重要的一点是他们能够在运动场上实现自我。美国心理学家亚伯拉罕·哈罗德·马斯洛认为，自我实现是"有这样一种人，能够充分开拓和利用自己的天赋、才能、潜力等因素，能够实现自己的愿望，对自己力所能及的事物总是尽力去完成，使自己不断趋向完美"。[②] 显然，在参与体育活动的过程中，无论胜利与否，每一次的自我超越都像是自我实现，并且激励着自己追求卓越。身处信息时代的我们，更是能够深刻地感受到自我实现的内在价值。微信、微博等社交软件的"微风"彻底改变了人们的生活方式，对于人们参与体育活动来说同样有着积极的影响。如我们经常可以在朋友圈看到有人"晒"自己在运动场上的帅照，以此向朋友们展示自己在运动场上的成功。基于此，大学群众体育的发展也应该紧跟社会发展的脚步，深入学生和教职工参与体育实现自我的心理，积极引入专业体育活动组织机构，全方面管理大学群众体育赛事，为学生和教职工提供优质的赛事策划，并能在比赛中进行媒体直播和专业摄影，记录他们参与体育活动的点点滴滴，让他们尽可能地在运动场上实现自我，并且更加愿意参与体育活动，促进大学群众体育的发展。

① 任海，张佃波，单涛，等. 体育改革的总体思路和顶层设计研究 [J]. 体育学研究，2018，1 (01)：1-12.

② 郭克建. 体育与自我实现的熔接 [J]. 南京体育学院学报（自然科学版），2012，11 (05)：127-130.

参考文献

专著类：

［1］郝光安. 北京大学体育史［M］. 北京：人民体育出版社，2008.

［2］中国科协学会学术部. 中国体育：体育强国的辨析与建设［M］. 北京：中国科学技术出版社，2009.

［3］王晓毅. 中国大学生体育协会发展研究［M］. 北京：北京体育大学出版社，2012.

［4］田国祥，李斌，康彪. 中国学校体育发展史［M］. 兰州：甘肃人民出版社，2011.

［5］国家体育总局. 拼搏历程 辉煌成就：新中国体育60年（综合卷）［M］. 北京：人民出版社，2009.

［6］张金桥. 我国学校体育发展方式转变研究［M］. 天津：天津社会科学院出版社，2017

［7］田祖国，孙麒麟. 现代大学体育制度研究［M］. 上海：上海交通大学出版社，2016.

［8］中国群众体育现状调查课题组. 中国群众体育现状调查与研究［M］. 北京：北京体育大学出版社，2005.

［9］于可红，张俏. 世界一流大学与体育文化互动发展研究［M］. 杭州：浙江大学出版社，2015.

［10］毛泽东. 体育之研究［M］. 北京：人民体育出版社，1979：3-9.

［11］卢元镇. 体育的社会文化审视［M］. 北京：北京体育大学出版社，1998：156-163.

［12］曲宗湖，杨文轩. 域外学校体育传真［M］. 北京：人民体育出版社，1999：189-230.

［13］易剑东. 体育文化学［M］. 北京：北京体育大学出版社，1999：101-105.

［14］曲宗湖，刘绍增，邢文华. 新中国学校体育50年回顾与展望［M］. 北京：北京体育大学出版社，2000.

［15］邹继豪，季克异，林志超，等. 面向21世纪中国学校体育［M］. 大连：大连理工大学出版社，2000.

［16］陈融. 体育设施与管理［M］. 北京：高等教育出版社，2004.

［17］谷世权. 中国体育史［M］. 北京：北京体育大学出版社，1997.

［18］崔乐泉，杨向东. 中国体育思想史：近代卷［M］. 北京：首都师范大学出版社，2008.

［19］王其慧，李宁. 中外体育史［M］. 武汉：湖北人民出版社，1988：153-155.

［20］孙汉超，秦椿林. 实用体育管理学［M］. 北京：人民体育出版社，2003.

［21］周学荣，谭明义. 社会体育学概论［M］. 哈尔滨：黑龙江人民出版社，2003.

［22］KAPLAN，NORTON. The stategy-focused organisation：how balanced scorecard companies thrive in the new business environment ［M］. Boston：Harvard Business School Press，2001.

期刊类：

［1］陈智寿，吴文彩. 二十年学校体育改革的回顾——献给纪念"扬州会议"二十周年座谈会 ［J］. 体育学刊，1999（6）：1-4.

［2］曲宗湖，郑厚成. 我国高校体育改革的历史回顾与发展前景 ［J］. 学校体育科学，1996，8（3）：20-27.

［3］卢元镇. 世纪之交体育运动发展的回顾与展望 ［J］. 体育科学，2000，20（3）：1-6，9.

［4］刘力. 高校体育教学理论与教学方法的研究——评《体育教学法》［J］. 教育发展研究，2018，38（4）：85.

［5］肖剑，潘允忠. 我国中等体育运动学校发展研究 ［J］. 体育文化导刊，2008（5）：99-100.

［6］詹祥粉，白洁. 近代我国高等院校体育思想演变探析 ［J］. 体育文化导刊，2016（2）：184-188.

［7］熊晓正. 中华人民共和国体育的历史基础 ［J］. 体育文史，1999（6）：18-22.

［8］梁娅红. 近年关于中国近代体育的研究综述 ［J］. 体育文化导刊，2012（08）：133-136.

［9］钟秉枢，董进霞. 高等教育发展与北京体育大学教学改革 ［J］. 北京体育大学学报，2002（1）：83-85.

［10］陈元欣，王健. 我国大型体育场馆赛后运营现状、制约因素与对策 ［J］. 上海体育学院学报，2010（5）：19.

［11］鲁长春. 学校体育设施资源的社会共享问题研究 ［J］. 教学与管理，2013（19）：18-21.

［12］牛同舟，张博. 国内外学校体育设施的比较研究 ［J］. 体育世界（学术版），2008（4）：100-102.

［13］王菁. 发达国家学校体育场地设施管理现状及对我国的启示 ［J］. 西安体育学院学报，2012（1）：43-46.

［14］黄睿. 我国学校体育资源利用分析 ［J］. 体育文化导刊，2014（1）：138-140.

［15］隋国增. 高校体育设施向社会开放研究 ［J］. 体育文化导刊，2015（12）：121.

［16］牟柳，刘尚礼. 课内外一体化教学模式在高校公共体育教学中的应用 ［J］. 西南师范大学学报（自然科学版），2019，44（8）：144-148.

［17］姜丽. 公共服务理论下高校体育场馆社会化服务的现实困境与发展路径研究 ［J］. 广州体育学院学报，2019，39（4）：63-66.

［18］王文. 高校体育文化环境育人功能及实现路径 ［J］. 体育文化导刊，2018（5）：99-102，146.

［19］向征. 高校体育场馆产业运作模式研究 ［J］. 体育文化导刊，2008（10）：104-105.

［20］巴玉峰，何亚辉. 高校体育无形资产开发研究 ［J］. 体育文化导刊，2008，10（9）：102-103.

［21］纵艳芳，童锦，董俊. 高校体育场馆课余运营现状的调查及 SWOT 分析——以安徽省部分高校为例 ［J］. 河北体育学院学报，2010，24（5）：9-14.

［22］霍建新，李苇. 北京高校综合性体育馆经营现状研究［J］. 北京体育大学学报，2007，30（5）：612-613.

［23］崔颖波，何志林，李建国. 日本发展大众体育的特点及趋势——"社会体育"政策篇［J］. 体育与科学，2003（1）：10.

［24］LIN，LU，CHEN，et al. Association Between Proactive Personality and Academic Self-Efficacy［J］. Current Psychology，2014（4）.

［25］SIMIEN，ARINZE，MCGARRY. A Portrait of Marginality in Sport and Education：Toward a Theory of Intersectionality and Raced-Gendered Experiences for Black Female College Athletes［J］. Journal of Women：Politics & Policy，2019，40（3）.